Science et quête de sens

Sous la direction de Jean STAUNE

Science et quête de sens

PRESSES
DE LA
RENAISSANCE

Ouvrage réalisé
sous la direction éditoriale d'Alain NOËL

Tous les textes en anglais ont été traduits par Alessia Weil, excepté
« Science et Transcendance » de Michael Heller, traduit par Ursula
E. Reich-Pleines. Cet ouvrage a été publié grâce au soutien de l'Uni-
versité Interdisciplinaire de Paris et de la Fondation John Templeton.

Si vous souhaitez être tenu(e)
au courant de nos publications,
envoyez vos nom et adresse, en citant ce livre,
aux Éditions des Presses de la Renaissance,
12, avenue d'Italie, 75013 Paris.
Et, pour le Canada,
à INTERFORUM Canada inc.,
1050, bd René-Lévesque Est,
Bureau 100,
H2L 2L6 Montréal, Québec.

Consultez notre site Internet :
www.presses-renaissance.fr

ISBN 2.7509.0125.1

Préface

Conformément à la célèbre formule de Galilée : « La religion dit comment on va au Ciel, pas comment va le Ciel », la modernité a été caractérisée par une sorte de « Yalta » philosophique : la science s'occupe des faits, la religion des valeurs.

Cette position peut paraître extrêmement raisonnable. Elle permet d'éviter la confusion des genres et ses conséquences néfastes comme lorsque l'interprétation des textes religieux pouvait amener à condamner certaines théories scientifiques. Elle est défendue par de nombreux penseurs et un scientifique comme S. J. Gould l'a popularisée sous l'acronyme NOMA (Non Overlapping Magisteria – non-recouvrement des magistères).

Néanmoins, l'analyse de l'évolution des idées en Occident montre qu'un tel « séparationnisme » est de plus en plus difficile à tenir lorsqu'on aborde les questions relatives au sens de notre existence.

Sommes-nous apparus par hasard dans un Univers lui-même dépourvu de toute signification ? Sommes-nous des « hommes neuronaux » qui n'ont « plus rien à faire de l'esprit » ? Ou notre existence – voire celle de l'Univers tout entier – s'inscrit-elle dans un processus, voire un projet ?

7

Si, d'un côté, la science s'interdit de se poser des questions liées à la signification et à la finalité et que, de l'autre, elle donne une vision mécaniste et réductionniste de l'homme et du monde, il est évident que, dans la pratique, la fameuse « séparation » n'est pas respectée et que la science contribue au désenchantement du monde et à la progression du « non-sens ». Et cela d'autant plus que des scientifiques franchissent allégrement la barrière de séparation, comme le montrent les citations des trois prix Nobel suivants :

« Plus nous comprenons l'Univers, plus il semble dépourvu de signification » (Steven Weinberg) ; « L'homme ne peut se leurrer de l'espoir qu'il participe à quoi que ce soit qui le dépasse, il sait enfin qu'il est seul dans l'immensité indifférente de l'Univers d'où il a émergé par hasard » (Jacques Monod) ; « L'hypothèse stupéfiante, c'est que vous, vos joies et vos peines, vos souvenirs et vos ambitions, le sens que vous avez de votre identité et de votre libre arbitre, ne sont rien de plus que le comportement d'un vaste assemblage de cellules nerveuses et des molécules qui y sont associées. Comme l'Alice de Lewis Caroll aurait pu le formuler : tu n'es rien d'autre qu'un paquet de neurones » (Francis Crick).

Loin de moi l'idée de leur jeter la pierre, comme l'ont fait certains en affirmant qu'ils étaient « sortis de leur magistère ». En effet, il est évident que les théories scientifiques relatives à l'origine de l'Univers, la nature de la matière, la nature de la conscience, le déroulement de l'évolution de la vie, ont forcément des implications philosophiques et métaphysiques. Elles ne peuvent pas être complètement neutres par rapport aux conceptions que les différentes traditions de l'humanité ont élaborées à propos de l'homme et du monde.

Mon premier point est donc que le séparationnisme n'est pas tenable. Que, sans aucune confusion des genres, il faut admettre qu'il existe, aux frontières de la science, un domaine où l'intersection de celle-ci avec les religions, la spiritualité, le sens, n'est pas nulle. Où des questions philosophiques et métaphysiques doivent être abordées même si elles dépassent le cadre strict de la science, car elles sont induites par des découvertes scientifiques.

Un corollaire de ce premier point est que la science, depuis le siècle des Lumières jusqu'au XXe siècle, s'est trouvée associée à une progression du non-sens, à la fois pour des raisons objectives (ses découvertes semblaient conforter les tenants de cette position) et parce que les tenants de l'existence d'un sens dans l'Univers (de grands scientifiques chrétiens comme, par exemple, Louis Pasteur ou Louis Leprince-Ringuet) s'en sont tenus, plus encore que les défenseurs du « non-sens », à une position séparationniste.

Mon deuxième point sera que nous avons assisté, au cours du XXe siècle, à un retournement complet de tendance en ce qui concerne les implications métaphysiques des découvertes scientifiques. De l'étude de l'infiniment petit à celle de l'infiniment grand, de l'étude de la vie à celle de la conscience, une nouvelle vision du monde a *déjà* émergé. Elle « réouvre les chemins du sens », comme le dit Bernard d'Espagnat, voire va jusqu'à permettre « la convergence entre Science et Religion », comme l'affirme Charles Townes.

Elle va déconstruire les conceptions mécanistes, réductionnistes et matérialistes dans les sciences dites « de la matière ». De même va-t-elle poser la question (sans toutefois y répondre) du sens, voire celle de l'existence d'un créateur dans les sciences de l'Univers. Enfin, elle va montrer que la contingence ne règne pas en maître dans les sciences de la vie.

Certes, tout cela n'est pas nouveau. Comme l'a dit sir Arthur Eddington : « Depuis 1927[*], un homme intelligent

---

[*] Année au cours de laquelle a été effectuée la première synthèse de la mécanique quantique.

peut de nouveau croire en l'existence de Dieu ! » Mais il faut des décennies pour que de tels concepts issus des sciences fondamentales impactent la conscience du grand public (il faut même parfois beaucoup plus de temps pour qu'elles impactent celle des scientifiques eux-mêmes !) et modifient sa vision du monde.

Le prix Nobel Erwin Schrödinger, l'un des piliers de la révolution introduite par la mécanique quantique, a déclaré en 1951 : « Il faudra encore cinquante ans pour que ce que nous avons découvert ait un impact sur la société. » Nous y sommes...

En fait, cela fait près d'une vingtaine d'années que le grand public, les médias, les philosophes, sentent qu'« il se passe quelque chose en science ». Des dizaines d'ouvrages, de colloques, de débats, de polémiques, ont attiré l'attention sur l'émergence d'un « nouveau paradigme » scientifique qui intègre entièrement la question du sens au cœur même de sa démarche et non pas comme une curiosité amusante dont on s'occuperait quand on a fini de traiter tout le reste.

C'est dans un tel cadre que se situe le présent ouvrage. Il est d'une importance toute particulière pour plusieurs raisons :

— Tous les auteurs en sont des scientifiques de haut niveau : quatre d'entre eux ont reçu le prix Nobel, et, à l'exception de deux, qui sont également des prêtres, c'est en tant que scientifiques qu'ils s'expriment et non en tant que théologiens ou philosophes.

— Toutes les théories et faits auxquels ils se réfèrent ont été publiés dans de grandes revues scientifiques et font partie du corpus des connaissances admises par la communauté scientifique. Cela ne veut pas dire que nous rejetons les faits, les théories et les personnes autour desquels il y a polémique. Au contraire, dans une période de changement de paradigme comme celle que nous traversons, il est naturel qu'il y ait des polémiques et c'est souvent des théories les plus critiquées que proviennent des avancées majeures. Mais cet ouvrage montre – et c'est là un point essentiel – qu'il n'est pas nécessaire de faire appel à de telles théories, que le « noyau dur » de la science actuelle suffit pour nous donner les bases permettant à la science et au sens de se retrouver après une longue séparation.

— Les auteurs représentent de nombreuses traditions (musulmane, catholique, orthodoxe, protestante, bouddhiste, hindouiste, panthéiste) et de nombreux courants de pensée (comme nous allons brièvement l'analyser ci-dessous), parfois contradictoires, mais ils ont tous en commun de s'inscrire en faux contre des opinions comme celles de Monod, Weinberg et Crick, que nous avons citées. Non, les connaissances scientifiques de pointe ne nous incitent pas à penser que nous ne sommes que le résultat d'événements fortuits et sans signification. Pour tous, la science n'est plus une science fermée sur elle-même mais ouverte à la question de la signification.

— Cet ouvrage va permettre au public français de découvrir certains auteurs comme les prix Nobel de physique Charles Townes et William Phillips, qui n'ont encore jamais été traduits en français, mais aussi de découvrir la partie émergée d'un iceberg. En effet, la plupart des textes présentés ici sont issus de rencontres et de débats privés et publics auxquels les auteurs ont participé en compagnie de nombreux autres scientifiques représentant toutes les grandes disciplines scientifiques et issus de toutes les grandes traditions religieuses et spirituelles. Initié par le CTNS de Berkeley (Centre pour la théologie et les sciences naturelles, www.ctns.org), soutenu par la Fondation John Templeton (www.jtf.org), avec la participation de l'Université interdisciplinaire de Paris (www.uip.edu), ce processus, intitulé « Science et quête de sens », qui a duré huit années, concerné plus de 120 scientifiques, généré 20 événements dans 10 pays (*cf.* www.ssq.net), est lui-même inclus dans un domaine plus vaste encore.

Cet ouvrage permettra donc au public de prendre connaissance à la fois de l'étendue, de la diversité, de la solidité et du sérieux de cette évolution susceptible de conduire à un « réenchantement du monde », selon l'expression du prix Nobel de chimie Ilya Prigogine, malheureusement récemment décédé, qui y a lui aussi participé.

Mais en quoi consiste exactement ce domaine (qui se développe rapidement au vu du nombre de chaires et de cours qui sont créés autour de ce thème) traitant des implications philosophiques et métaphysiques de la science actuelle – que nous appelons « Science et quête de sens » alors que les Anglo-Saxons le dénomment « Science et spiritualité » ou « Science et religion » (le terme « religion » recouvrant, en anglais, un domaine plus large qu'en français) ?

Cela sera mon troisième point, et il sera lui-même divisé en trois sous-parties :

La première approche pourrait être caractérisée d'« apophatique » ou de « négative », en référence à la théologie du même nom qui ne nous dit pas ce que Dieu est, mais ce qu'il n'est pas. Cette approche ne nous dira donc rien de positif sur la question du sens. En revanche, elle va déconstruire les approches sur lesquelles se reposaient les tenants du non-sens. Elle sera essentiellement basée sur des résultats négatifs qui nous disent pourquoi on ne saura jamais certaines choses, comme le principe d'incertitude en mécanique quantique ou le théorème d'incomplétude de Gödel en logique.

Il est extrêmement important de comprendre que cette approche est *à l'opposé* du « défaitisme épistémologique », consistant à dire « on ne saura jamais cela », voire – pis encore –, à en conclure « donc cela vient de Dieu » (ce que les Anglo-Saxons appellent avoir recours à un Dieu bouche-trou – « *God of the Gaps* »). En effet, dans les domaines dont nous parlons ici, *on sait très bien*, et parfois avec une extraordinaire précision scientifique, *pourquoi on ne saura jamais*.

Par exemple, on sait très bien, grâce à la mécanique quantique, pourquoi on ne connaîtra jamais à la fois la position et la vitesse d'une même particule, ou, grâce au théorème de Gödel, pourquoi on n'aura jamais un système d'axiomes qui sera à la fois complet et cohérent.

Bernard d'Espagnat, Thierry Magnin, mais aussi Bruno Guiderdoni, se rattachent ici à cette approche, dont l'un des résultats les plus importants pour les questions que nous aborderons en est la démonstration – encore une fois, scientifique et non philosophique – du caractère non ontologique du monde dans lequel nous vivons, immergés comme nous le sommes dans le temps, l'espace, l'énergie et la matière.

Le fait qu'un autre niveau de réalité existe au-delà du temps et de l'espace ne prouve en rien qu'un sens ou qu'un projet existe dans cet autre niveau (il pourrait bien être totalement chaotique) mais cela redonne une crédibilité nouvelle à ce qui constitue l'affirmation centrale de toutes les grandes traditions (même celles non monothéistes comme le bouddhisme ou le taoïsme) : l'idée qu'un autre niveau de réalité existe au-delà de l'espace et du temps, et que l'esprit de l'homme est d'une façon ou d'une autre relié à cet autre niveau. Ainsi se réouvrent des portes que la science classique avait fermées.

La deuxième approche sera, elle, positive (on pourrait faire une analogie avec la théologie « cataphatique », également appelée « positive », qui, elle, nous parle directement de Dieu). Il s'agit de recenser des « symptômes de sens », des faits qui, sans le prouver, tendent à suggérer de façon directe qu'un sens pourrait bien exister dans l'Univers, ou que notre existence n'est pas un événement contingent mais s'inscrit bien dans un processus.

Cette approche est adoptée ici avec plus ou moins d'intensité par Paul Davies, Trinh Xuan Thuan et William Phillips, qui évoquent tous le fameux « principe anthropique ». Ce principe repose sur la constatation que si l'on change un tant soit peu les constantes fondamentales de l'Univers, celui-ci n'est plus adapté au développement de la vie et de la conscience. Cela constitue un argument (mais pas une preuve car il se pourrait qu'il existe une infinité d'univers, chacun constitué de caractéristiques différentes) en faveur de l'existence d'un principe créateur.

En biologie, Christian de Duve rejette à la fois l'opinion de ceux qui affirment que les lois naturelles ne peuvent expliquer l'apparition et le développement de la vie et l'argument de ceux qui affirment que la vie et les produits de l'évolution ne sont que les résultats d'un processus totalement contingent.

À l'opposé d'une vision qui a été répandue par de nombreux auteurs, selon lesquels, si l'évolution recommençait sur une planète identique à la Terre, elle donnerait des résultats totalement différents, Christian de Duve soutient l'idée selon laquelle là où les conditions le permettent, les lois de la Nature conduisent non seulement à l'apparition de la Vie mais également à des formes évoluées de Conscience. Ainsi, les contraintes qu'exercent ces lois de la Nature sur le vivant font que, même si les mutations ont lieu purement par hasard, notre existence fait partie d'un processus, donc n'est pas dépourvue de sens.

La troisième approche est, elle, d'ordre méthodologique. Elle va insister (à la surprise de certains) sur le fait que les démarches du croyant et du scientifique sont beaucoup plus proches qu'on ne l'imagine. En effet, un chercheur scientifique doit, au départ, avoir une certaine foi. Une foi en l'intelligibilité du monde, une foi dans le fait qu'un ordre existe, que le monde n'est pas un pur chaos mais qu'il est – au moins en partie – compréhensible. Le (bon) chercheur doit être humble devant la Nature, doit être prêt à changer d'avis et doit, bien entendu, rechercher avant tout la vérité. Si les faits démentent ses théories, il doit lui-même le faire savoir à ses collègues, même si cela doit handicaper sa carrière.

Or, toutes ces valeurs – recherche de la vérité, humilité, foi en l'intelligibilité du monde – sont aussi celles du (bon) « chercheur de Dieu » – ou du divin pour les non-monothéistes. Ainsi, il existe un parallélisme fort entre ces deux démarches et c'est ce que Charles Townes, Jean Kovalevsky et Thierry Magnin vont analyser ici. Cela constitue une démonstration particulièrement forte de la non-existence d'un soi-disant « irréductible antagonisme entre science et religion ». (Jean Bricmont)

Mon quatrième et dernier point concernera le fond du sujet lui-même : la science a-t-elle vraiment quelque chose à dire sur le sens (sens de notre existence, sens de l'existence de l'Univers) ?

Il n'échappera pas au lecteur attentif qu'une contradiction fondamentale existe à l'intérieur même de cet ouvrage entre deux écoles de pensée qui abordent de manière opposée la façon dont science et sens peuvent interagir.

Les premiers (dont Paul Davies, ici), diront à la suite d'Einstein : « L'Univers est porteur de sens parce que nous pouvons le comprendre, parce qu'il existe un lien entre notre esprit et la structure de l'Univers (ou l'esprit de son créateur pour ceux qui croient en Dieu). » Les seconds, à l'instar de Bernard d'Espagnat ou Thierry Magnin, diront : « L'Univers est porteur de sens parce que nous ne pouvons *pas* le comprendre – le "dévoiler" – entièrement. Parce que la science elle-même nous démontre qu'il y a un "au-delà" de ce que la science peut appréhender. »

Certes, s'il est bon d'échapper à la pensée unique et s'il est positif que le « nouveau paradigme » repose sur des approches diverses et variées, nous ne devons pas moins en être habités par un certain souci de cohérence.

Poussons en effet ces deux raisonnements jusqu'au bout. Supposons d'abord que le monde soit parfaitement compréhensible. Qu'une « théorie du tout » nous explique la raison pour laquelle l'Univers a exactement les caractéristiques qu'il a et pourquoi la vie, et même l'homme, devaient apparaître.

Les matérialistes s'empresseront d'en conclure : « Vous voyez bien que nous n'avons nul besoin d'un Dieu ou d'un principe créateur pour expliquer le monde. Tout s'explique parfaitement tout seul. » « Pas du tout », répondront les spiritualistes, « c'est la preuve que la Nature correspond à un projet qui a été soigneusement programmé dans ses moindres détails ».

Plaçons-nous maintenant à l'opposé de cette pensée, où la science démontrerait le caractère arbitraire des lois de la nature, certaines valeurs plutôt que d'autres ayant surgi aléatoirement d'un chaos sous-jacent. « C'est bien la preuve que l'Univers ne repose sur aucun projet », en concluraient les matérialistes. « Pas du tout, pour qu'un tel ordre puisse surgir d'un tel chaos, il est nécessaire que Dieu, sans violer les lois de la Nature, ait orienté l'évolution de l'Univers », répondront les spiritualistes.

De ces débats, on pourrait conclure que « tout se vaut », que les rapports entre la Science et le Sens sont totalement d'ordre subjectif puisque dans tous les cas, toutes les opinions restent aussi crédibles les unes que les autres. Et qu'ainsi la discipline qui étudie l'évolution des rapports entre la Science et le Sens n'existe simplement pas et qu'il n'y a « rien de nouveau sous le soleil ».

Pourtant, je ne crois pas que ce soit le cas. Il me semble d'ailleurs que le texte de Michael Heller nous montre la façon dont nous pouvons nous sortir de cette impasse.

Dans les dernières pages de son texte, Heller tente de montrer (d'une façon certes partielle et qui mériterait bien des développements vu l'importance du sujet) que l'on peut considérer les deux approches *en même temps*.

Que notre compréhension du monde est suffisamment extraordinaire pour qu'on puisse y voir le signe d'une connexion entre l'esprit de l'homme et celui de l'éventuel concepteur de l'Univers. Mais le fait qu'existe aussi un autre niveau de réalité, situé hors du temps, de l'espace, de l'énergie et de la matière, vient renforcer – et non contredire – l'idée selon laquelle l'Univers est porteur de sens puisque nous sommes dans la situation où, *à la fois* nous pouvons comprendre la partie de l'Univers qui nous est accessible, et où d'autres dimensions existent, susceptibles d'abriter ce qui serait à l'origine du « projet » dont notre niveau de réalité serait la réalisation.

Voilà comment on peut concevoir, au-delà des oppositions de façade, l'existence d'une cohérence globale derrière l'analyse des évolutions scientifiques et les propos philosophiques qui sont présentés ici. Aux lecteurs de juger si cela constitue quelque chose de « nouveau sous le soleil » et si tout cela est bien le signe d'une rupture avec une époque durant laquelle la Science et les questions de signification paraissaient être sur deux planètes différentes. Dans tous les cas, nous pouvons, me semble-t-il, nous réjouir du fait que le public français ait, désormais, à sa disposition un tel ouvrage, qui représente un témoignage de grande valeur sur l'évolution des idées concernant l'Univers et la place que l'humanité y occupe en ce début de IIIe millénaire.

Jean STAUNE

VERS UNE SCIENCE OUVERTE

I

De la science à la philosophie

Bernard d'Espagnat

Physicien théoricien. Professeur honoraire à l'université Paris XI où il dirigea le laboratoire de physique théorique. Membre de l'Académie des Sciences morales et politiques, il fut l'élève de Louis Leprince-Ringuet et étudia auprès de N. Bohr, E. Fermi et L. de Broglie. Premier physicien théoricien à être nommé au CERN, il est considéré comme l'un des plus grands spécialistes de la non-localité et des implications philosophiques de la physique fondamentale. Il est l'auteur de nombreux ouvrages sur ces thèmes dont *Traité de physique et de philosophie*.

Une réouverture des chemins du sens ?

Introduction

Nous savons tous que le mot « comprendre » a deux sens. Quand on dit que l'on a compris la démonstration d'un théorème, le terme n'a pas la même signification que lorsqu'on dit qu'il faut comprendre son prochain. Dans le premier cas, seul intervient un processus intellectuel, dans le second l'approche est principalement affective. Cette polysémie se retrouve, comme il va de soi, dans le mot « sens », même si, généralement, le contexte dans lequel celui-ci est employé suffit à orienter vers une acception ou vers l'autre. Ainsi, de nos jours, lorsqu'on évoque, en termes généraux, la « question du sens », le *sens* dont il s'agit paraît, à première vue, n'avoir guère de rapport avec la compréhension d'un théorème. Autrement dit, il semble assez clair que quand on cherche le « sens de l'existence » c'est plutôt du côté de la seconde acception qu'il faut se tourner.

Et effectivement, si l'on regarde de ce côté, on constate vite qu'une sorte de force instinctive a toujours poussé les hommes à extrapoler la « compréhension de notre prochain » à la totalité de l'existant. Je veux dire que les êtres humains ont toujours cherché à comprendre le Grand Tout – l'Être – plus ou moins de cette manière. De l'*éveil* du Bouddha à l'immense résonance philosophique du mot biblique « Je suis Celui qui suis », on retrouve la trame de cette intuition, qui a consisté à partir du sentiment inné du *sens* que nous procure la vie courante – le souci des parents pour leurs enfants a un *sens* immédiat et indiscutable – et à l'extrapoler du « prochain » – c'est-à-dire, en quelque sorte, du relatif, du « biologique » – à l'absolu.

Ce qu'il faut voir c'est que, à cet égard, les choses sont devenues moins immédiates. Jadis, cette transposition paraissait quasiment normale car l'homme était comme immergé dans un englobant qui le dominait de sa majesté. Les bois, la nuit obscure, les nuées, l'océan, étaient des éléments de son expérience vécue. Ils lui inspiraient un sens de l'illimité, du mystère, qui l'amenait très naturellement à une « compréhension » du monde dans la seconde accep-tion du mot « comprendre », celle, affective, qui est d'emblée porteuse de sens. Mais aujourd'hui la situation est autre. L'homme d'à présent, en majorité citadin, n'a plus guère affaire qu'à des objets artificiels. À des outils et méca-nismes – dont le paradigme est l'horloge – construits par lui, analysables par le moyen de concepts finalement simples, et que, par conséquent, il a le sentiment de bien comprendre. Mais de comprendre au *premier* sens – intellectuellement descriptif – du mot. Certes, tout comme son ancêtre, il est instinctivement porté à extrapoler son expérience – vécue, relative, quotidienne – à l'Univers dans son entier. Mais l'expérience en question, celle des mécanismes, l'incite, étant donné ce que l'on vient de voir, à adopter une concep-tion totalement mécaniste de ce qui *est*, évacuant comme aberrante toute notion autre que celles que lui suggère son intelligence de ces outils… et bloquant par là toute possibi-lité de comprendre l'Être au *second* sens du mot compren-dre, celui le plus susceptible de porter le *sens*.

Durant quelques siècles, il est vrai, cet effet de blocage fut enrayé, en quelque sorte, par le dualisme. Descartes, le fondateur du mécanicisme moderne, était fondamentalement dualiste. Il n'attribuait son mécanicisme qu'à la matière, non à l'esprit, lequel pouvait donc encore apparaître comme la citadelle du sens. Mais ensuite les scientifiques se sont intéressés de très près aux corps vivants, puis aux systèmes neuronaux etc. et ils ont tout naturellement appliqué – au reste avec de grands succès – leur grille de lecture mécaniciste à ces nouveaux objets d'étude. Or, quand un modèle s'avère très utile et très général, la tentation est grande de l'ériger en compte rendu de la vérité elle-même : en description de ce qui *est*. Autrement dit, ce mécanicisme – érigé en ontologie – donna à nombre de scientifiques l'idée qu'un jour on parviendrait à tout comprendre et qu'on y parviendrait dans le cadre d'un schéma ne soulevant aucun vrai problème d'ordre conceptuel ; idée « réductionniste » qui, bien évidemment, discréditait par contrecoup toute philosophie plus subtile (car pourquoi élaborer des vues complexes, éloignées de notre expérience courante, si tout, « en droit », peut s'expliquer par extrapolation directe de nos concepts familiers ?). Or si tout l'Univers, nous y compris, n'est qu'une collection de machines, conçues comme des assemblages de petits grains reliés entre eux par des forces, on ne voit vraiment plus comment les notions de « sens de l'existence » et de « valeur » pourraient être autre chose que de pures et simples illusions. Ainsi, relativement à la question du sens qui nous occupe, ce mécanicisme généralisé aboutissait effectivement à un blocage. Et de fait, il a constitué le fondement, implicite ou explicite, de beaucoup des proclamations de « perte de sens » que l'on a pu lire sous la plume de maints penseurs.

Fausseté du mécanicisme

Dans ces conditions, voyez-vous, je pense que, pour une personne qui se donnerait pour but de « retrouver le sens »

– mais cela sans puérilité, d'une façon non superficielle, sans prendre ses désirs pour des réalités – la première chose à faire serait de se renseigner sur la véracité ultime de cette vision mécaniciste. J'entends, non pas sur sa véracité en tant que modèle commode, de guide utile pour l'action, etc. – véracité évidente et donc indéniable ! – mais sur sa vérité « ontologique ». Sur le niveau de vraisemblance scientifique de la thèse selon laquelle le mécanicisme serait la trame d'une description correcte du « fond de l'être », excluant qu'il y ait rien de plus profond. À cet effet, cette personne, si elle veut mener sa recherche de façon sérieuse, sans tricher, devra, bien entendu, principalement s'enquérir de ce qu'a à dire la physique, science, comme on dit, « de la matière », c'est-à-dire science du support de toute « mécanique » concevable. Or elle apprendra là des choses non banales. Elle apprendra que, contrairement aux apparences superficielles, contrairement même à ce que nous croyons tous avoir appris, au lycée ou dans l'exercice d'un métier quelconque, la vraisemblance en question est tout bonnement égale à zéro. Les découvertes de la physique contemporaine ont pour implication – tacite mais inéluctable – que le mécanicisme n'est rien d'autre qu'une *apparence*. En tant que manière simple de se représenter les choses usuelles il est d'une efficacité presque sans faille, qui s'étend même à des objets aussi ténus que les grosses molécules dont traite la biologie moléculaire. Mais nous savons tous que l'efficacité d'un modèle n'est pas une preuve de sa vérité : le modèle géocentrique fut une représentation utile du monde, permettant la prédiction correcte d'un nombre très appréciable de phénomènes. Il n'empêche que nul ne pourrait y voir aujourd'hui une fidèle description de la vérité. En ce qui concerne le mécanicisme il en va tout juste de même. En tant que modèle, il est excellent. En revanche, conçu comme une ontologie, autrement dit considéré comme étant une description du fondement ultime des choses, il est, je le répète, une ontologie *erronée*. Il n'est plus soutenable d'aucune façon. Manifestement, la découverte de cette « déficience ontologique » ouvre comme une brèche. Concernant le « réel » – ou l'Être – des spéculations philosophiques autrement subtiles que l'ontologie mécaniciste retrouvent de ce fait droit de cité. *A priori*, il est concevable que, parmi elles, il y en ait de valables qui redonnent une place au sens.

Bien entendu, je ne dis pas que cela, à lui seul, *restaure* le sens. Nous n'en sommes encore qu'au début de notre recherche, et la question du sens est d'autant plus ardue que la notion même de « sens » diffère d'un esprit à l'autre. Au stade où nous en sommes, une seule chose, finalement, apparaît comme pleinement établie. C'est qu'aujourd'hui toutes les théories scientifiques qui se proposent de dépasser le simple niveau de l'utilitaire doivent faire appel à des concepts, voire à des modes de réflexion, fort éloignés de toute modélisation calquée sur les vues de la « vie courante ». En conséquence, pour avancer sur un terrain solide il nous faut, provisoirement, mettre de côté la question qui nous occupe ; il nous faut prendre le temps de nous informer de certains des traits essentiels des théories nouvelles dont il s'agit. C'est seulement au prix de ce détour (qu'on réduira ici à l'essentiel) qu'il nous sera possible de poursuivre notre quête du « sens du sens ».

L'étape einsteinienne et son « dépassement » quantique

Comme il est naturel, les « nouvelles » théories scientifiques dont il vient d'être question (les théories qui virent le jour dans la première moitié du XXe siècle) visèrent au départ, tout comme les anciennes, à une authentique description du monde ; autrement dit elles aspirèrent d'abord à fournir ce qu'en langage philosophique on appelle une ontologie. Mais pour cela, je l'ai noté, elles durent faire appel à des concepts fondamentaux tout à fait différents des concepts de base du mécanicisme, et définis, en fait, à partir des mathématiques. En théorie de la relativité, par exemple, ce qui fait figure d'assise ultime ce n'est pas la matière, les atomes, les particules, etc. C'est une *structure mathématique*, faisant appel à des notions telles que celles de temps relatif, d'espaces à courbure, etc. Or une structure mathématique, c'est quelque chose qui ne paraît pas être radicalement séparable de la notion de pensée. Comme le disent certains physiciens théoriciens de haute volée, c'est un *logos*. Et ce que la théorie de la relativité suggère – au moins à certains – c'est que ce *logos* est en réalité un monde en soi, entièrement constitué de subtiles symétries et harmonies.

Nous reviendrons sur cette vision, qui est très belle et très profonde. Toutefois il nous faut noter qu'elle ne constitue pas – qu'elle ne constitue plus… – l'étape ultime de la théorie de la connaissance telle qu'elle paraît se dégager de notre science. Plus précisément, la relativité d'Einstein s'inscrivait encore dans le cadre de ce qu'on appelle à présent la physique classique. Alors que – comme chacun le sait – pour ce qui concerne l'étude des molécules, des atomes, des particules, etc. (mais aussi des objets macroscopiques lorsque l'on peut pousser leur étude suffisamment en profondeur), cette physique classique a dû céder la place à une autre, la physique dite « quantique », fondée sur des axiomes tout différents. Or si l'on étudie à fond lesdits axiomes, si l'on examine en détail comment ils sont mis en œuvre pour l'analyse des effets physiques observés, on constate que quelque chose les distingue assez radicalement de ceux de la physique classique comme de ceux des autres sciences. Ce « quelque chose », c'est le fait qu'ils sont construits essentiellement comme des règles de prédiction d'observations. En conséquence, ils ne sont pas véritablement descriptifs, au sens d'une description d'une réalité extérieure conçue comme indépendante des structures de notre esprit. Il résulte de ceci que si la physique quantique est indépassable et universelle – comme beaucoup d'indices semblent le montrer –, la science ne nous donne pas authentiquement accès au Réel au sens ontologique du mot, mais seulement aux liens entre phénomènes. Relativement à notre réalité empirique courante, celle, précisément, des phénomènes, le Réel en soi – ou « ontologique » – ne peut donc plus être pensé que comme une sorte de *surréel* non connaissable tel qu'il est. Dans ces conditions, le *logos* – que le mathématicien se voit explorant tel, justement, qu'il existe en soi – n'est manifestement identifiable ni à ce surréel ni à la réalité empirique...

Un « *espace libre* » *de conjectures envisageables*

Mais attention ! De l'idée que l'Être ne peut être scientifiquement dévoilé gardons-nous de passer à celle que la science n'aurait rien à dire le concernant. La vérité est, tout d'abord, que la science – cela va de soi – nous informe valablement sur la réalité *empirique*, qui est celle qui, pratiquement, nous concerne. Mais, au-delà, la vérité est aussi que si la Nature – au sens le plus fondamental du terme – refuse de nous dire ce qu'elle est en soi, en revanche, quand nous l'interrogeons avec une suffisante insistance, elle consent finalement à nous dire, un peu, ce qu'elle n'est pas. En termes moins imagés, je poserai que, dans le champ des conjectures possibles sur l'Être, la physique délimite une sorte d'*espace libre*. Les conjectures extérieures à cet espace libre ne sont pas toutes nécessairement absurdes, mais – au moins à mes yeux de physicien ! – elles sont hautement artificielles et peu plausibles. Alors que, à l'inverse, celles qui sont intérieures à l'espace en question me paraissent acceptables et même, pour certaines, séduisantes.

Faute de place, je dirai juste un mot concernant cette ligne de démarcation. Le point central est celui-ci. Du fait que notre entendement ne nous révèle pas le Réel tel qu'il est en soi, il suit, je le rappelle, que nos lois physiques portent seulement sur les phénomènes et non sur ce « réel » ultime ; et que donc, en particulier, *l'évolution temporelle* décrite par ces lois n'est pas l'évolution temporelle du Réel. Il semble bien, par conséquent, que le temps ne soit pas une réalité en soi. Qu'il ne soit, finalement, rien d'autre qu'une pure et simple représentation, cela étant vrai, même du « temps cosmique » des astrophysiciens. En d'autres termes l'Être, le Réel ultime, paraît être *é-ternel*, au sens étymologique du terme : premier par rapport au temps.

Cette importante indication, que la physique contemporaine nous donne, doit, me semble-t-il, nous conduire à dénoncer la confusion couramment faite entre les deux notions d'« éternité » et d'« immortalité ». Le mot « immortalité » désigne, de toute évidence, un type particulier d'évolution *dans* le temps (de même que le repos n'est qu'un cas particulier du mouvement). Si le temps n'est rien d'autre qu'une représentation humaine, l'immortalité, elle aussi, ne peut donc être qu'une telle représentation : conclusion qui va à rebours de tout ce que le terme « immortalité » ainsi que ses « harmoniques » – vie future, etc. – visent, pour nous, à exprimer. C'est la notion d'*éternité*, dans son sens étymologique, qui permet d'échapper à ce cercle vicieux conceptuel puisqu'elle signifie une relativisation du temps lui-même par rapport à ce qui « réellement est ». S'il en va bien ainsi, ce que représentent véritablement les tympans de nos cathédrales c'est l'émergence des justes hors du cercle du temps et des phénomènes, et leur accès à l'Être même. Et cela, même si le but conscient de leurs auteurs fut de décrire des événements inscrits *dans* le temps.

En conséquence, ne figurent dans ce, mien, *espace libre* – dont je viens de parler – que les « conjectures ontologiques » qui conçoivent l'Être comme premier par rapport au temps. Et, de même, n'y figurent que les conceptions selon lesquelles la réalité empirique – celle des phénomènes, celle dans laquelle nous sommes immergés – n'est pas l'ultime réalité. Les conceptions, autrement dit, selon lesquelles l'existence en soi est l'apanage d'un surréel distinct du réel empirique, lequel n'en est, si l'on peut dire, qu'un reflet.

Retour à la question du sens

Notre détour par les données – ou disons, plus modestement, par les « indications » – en provenance de la physique actuelle, va maintenant nous servir dans une quête du sens que nous voudrions exempte de circularité et cohérente. Je propose, pour plus de clarté, de la scinder en deux parties, relativement indépendantes. Dans la première, nous partirons de la conception que l'on pourrait appeler la « vulgate religieuse relative à la question ». Nous en étudierons le « pour » et le « contre », et nous chercherons à savoir si, et dans quelle mesure, ses présupposés sont compatibles avec l'une au moins des conjectures ontologiques intérieures à « l'espace libre » que j'ai décrit. Dans la seconde, nous examinerons si, au vu des connaissances actuelles, il est possible de se construire une conception du « sens » qui soit indépendante de toute préconception traditionnelle et qui soit « porteuse » cependant.

Le point de départ religieux

Dans la conception religieuse traditionnelle, la notion de « sens » (de la vie, etc.) se rattache à celle de salut et par là

31

à celle de vie future. Telle est sa première caractéristique. La seconde est qu'elle fait appel à la notion d'un Dieu qui attend de nous quelque chose, c'est-à-dire qui a comme attribut quelque chose comme une volonté.

Prise au pied de la lettre, la notion de vie future génère pour moi, on l'a vu, une difficulté, du fait qu'elle suppose l'idée d'un temps réalité-en-soi. Rappelons-nous cependant que cette difficulté peut être levée d'une manière satisfaisante. Il suffit de substituer au concept d'une vie future incluse dans le temps de nos horloges (concept, de toute manière bien naïf, on en conviendra !) celui d'une existence authentiquement é-ternelle, c'est-à-dire affranchie du temps. Quant à l'idée de Dieu, au vu de l'actuelle physique, elle ne pose plus, à l'heure présente, de problèmes insurmontables aussi longtemps que (dans la ligne de Descartes et de bien d'autres) on l'identifie simplement à l'Être (cela, en raison du fait que, de toute façon, le Réel en soi est clairement à distinguer du réel empirique, est premier par rapport au temps, etc.). En revanche, reconnaissons qu'à une personne réfléchissant à ces problèmes avec une mentalité de physicien il peut à première vue paraître intolérablement artificiel d'attribuer au Réel en soi – à l'Être – quoi que ce soit qui ressemble à de la volonté, de l'intention, etc., bref d'y voir un Dieu au sens habituel… (ou même d'y voir, moins spécifiquement, « du divin » : la nuance s'impose, me semble-t-il, car la notion d'un dessein, ou d'une intention, n'implique pas nécessairement le caractère personnel de « ce » en quoi réside une intention).

À y regarder de plus près, il m'apparaît toutefois qu'une telle attribution, tout en appartenant évidemment au domaine du spéculatif, est une conjecture moins inacceptable qu'il ne semble. Au vu des données de la science actuelle, j'estime en effet[1] que la conscience, loin d'être (ainsi que le voudrait la vulgate actuellement reçue) une pure et simple émanation de la réalité empirique, émerge, au contraire, de l'Être soit *antérieurement* soit *conjointe-ment* avec elle, comme – si l'on veut – l'autre face d'une même médaille (étant entendu que les mots « antérieu-rement » et « conjointement » désignent une priorité ou une concomitance conceptuelle et non temporelle). Dans ces conditions, si l'une de ces entités émergentes – la réa-lité empirique – préserve (comme il semble) certaines tra-ces ou « reflets » de l'Être, il est naturel de conjecturer qu'il en va de même de l'autre, autrement dit de la cons-cience. En d'autres termes, l'idée devient plausible, selon laquelle l'Être lui-même jouit d'attributs dont tels et tels traits de notre pensée (et parmi eux celui d'avoir des inten-tions) donnent une image non radicalement trompeuse, bien que, sans aucun doute, extrêmement imparfaite et déformée. Au reste, je ne suis pas le seul à penser ainsi. Dans la dernière partie de sa carrière, le physicien David Bohm conjectura, on le sait, l'existence d'un fondement commun – profond et caché – de la matière et de l'esprit, ne coïncidant ni avec l'une ni avec l'autre. Et, lors d'une de ses interviews[2], en réponse à une question, il n'hésita pas à dire que, puisque ce fondement est celui, à la fois, de la matière et de l'esprit, il doit, à son avis, être doué d'une sorte de conscience de soi. Si l'on admet cela, il devient très naturel de considérer que le fondement en question a un attribut (intemporel) dont notre faculté de désirer, notre quête de ce qui est bon, est une sorte de pâle reflet. L'idée qu'il puisse nous demander – ou, tout simplement, attendre de nous – ceci ou cela, prend alors les couleurs du concevable.

Une approche plus dégagée de préconceptions culturelles

Nous le notions : physiciens et scientifiques en général sont naturellement peu portés à spontanément attribuer à l'Être quoi que ce soit – volonté, amour, intention, etc. – qui relève en quelque manière de la notion de pensée. Il n'en a pas toujours été ainsi. Il ne semble pas qu'aux yeux de Descartes l'identification de Dieu et de l'Être ait soulevé une difficulté de cette espèce. Mais quand un homme de science actuel prononce le mot « Être », il pense spontanément à l'Univers, lequel, apparemment, ne pense ni n'éprouve rien. Relativement à la question du sens, cela crée un sérieux problème car, demandent beaucoup, « quelles aspirations, quels élans peut susciter un ensemble de galaxies, si grand soit-il, qui ne *sent* rien et ne *veut* rien ? Pascal ne nous a-t-il pas fait toucher du doigt sa fondamentale infériorité relativement à ce roseau *pensant* qu'est l'homme ? »

Chez nombre de nos contemporains – qu'ils soient ou non scientifiques –, ce positionnement constitue une sérieuse pierre d'achoppement sur la voie conduisant au sens. Il est bon, toutefois, de noter qu'il en va moins souvent ainsi parmi les physiciens théoriciens. Ceux-ci savent, en effet, que si l'Être est, en quelque manière, représentable, ce ne peut être que par le canal des mathématiques. Or nous avons déjà noté que les structures mathématiques sont choses qui se rapprochent de la pensée. Très naturellement l'importance de leur rôle incite beaucoup de physiciens théoriciens à adopter, explicitement ou non, une conception assez platonicienne de ce qui *est*. À nourrir, comme je le disais, une vision selon laquelle ce qui, au premier chef, existe c'est ce *logos* dont nous parlions, de sorte qu'à leurs yeux c'est à partir de ce monde-là que nous devons comprendre le monde physique. Or le *logos* a pour essence de subtiles symétries et harmonies, ce qui en fait un réceptacle de beauté. À l'évidence, le scientifique qui entrevoit ce monde et sa beauté n'est pas, vis-à-vis de lui, dans une situation très différente de celle où se trouvait l'homme d'autrefois, entrevoyant les mystères de la nature. Comme lui il trouve – tout naturellement – qu'il y a du sens à se lancer dans une quête admirative de ce monde entraperçu. Il y discerne le sacré. Einstein est un de ceux qui ont intensément éprouvé une telle expérience et qui ont tenté de la dire, tout en la généralisant. « L'homme, a-t-il écrit, éprouve l'inanité des désirs et des buts humains et le caractère sublime et merveilleux de l'ordre qui se révèle dans la nature et dans le monde de la pensée. Il ressent son existence individuelle comme une sorte de prison et veut vivre la totalité de ce qui est comme une chose qui a une unité et a un sens[3]. »

Cette manière d'accéder au sens n'est pas praticable par tous. Il reste vrai que nous avons du mal à discerner et à construire une notion de « sens » qui soit « porteuse » sur la base de l'idée d'un Être dénué de toute espèce d'intentions. Mais si nous revenons par la pensée à ces hommes d'autrefois, dont nous remarquions tout à l'heure qu'ils découvraient très naturellement le « sens » à partir du spectacle de l'Univers, nous constatons qu'au fond, pour eux comme pour Einstein, la notion d'un dessein animant ledit Univers n'était pas la principale idée motrice de leur élan. Parmi eux, une telle notion, lorsqu'elle était explicitée par leurs penseurs, se faisait plutôt jour, me semble-t-il, à titre secondaire : en tant qu'interprétation paraissant plausible de l'immense majesté du Monde. J'estime qu'aujourd'hui l'idée d'un Réel en soi – d'un « Surréel » –, situé à la source de toute existence et dépassant considérablement nos possibilités de conceptualisation, peut susciter chez nous les mêmes sentiments sans qu'il y ait glissement de sens de notre part.

En résumé, j'estime qu'en dépit d'une indéniable obscurité – inhérente au thème ! – on peut discerner au moins deux cheminements de pensée permettant de répondre positivement à la question du sens. L'un d'eux – celui que nous avons vu en dernier – convient à ceux qui jugent que la rigueur de l'esprit scientifique s'accommode mal de simples conjectures, et cela, même en un domaine dans lequel il est reconnu que la science ne pose que des garde-fous. L'autre, plus proche de la tradition spiritualiste, est mieux adapté à la mentalité de ceux qui n'éprouvent pas – ou moins – de réticences de ce type mais, en revanche, ont une vision plus restrictive de ce qui peut fournir « du sens au sens ». L'option entre les deux est affaire de choix personnel.

Paul Davies

Professeur de philosophie naturelle au Centre australien d'astrobiologie à l'université Macquarie, Sydney. Il a reçu la médaille Kelvin de l'Institut anglais de physique. Il a été professeur à l'université de Cambridge et de Londres, puis professeur de physique théorique à l'université de Newcastle-upon-Tyne. De 1990 à 1996, il a été professeur de physique mathématiques puis de philosophie naturelle à l'université d'Adélaïde. Il a publié plus de vingt-cinq ouvrages spécialisés et de nombreux autres destinés au grand public, dont certains consacrés aux questions métaphysiques en science.

Entrapercevoir l'esprit de Dieu

Nous vivons, tel que cela est scandé partout, à l'ère scientifique. Le grand public, et plus encore les scientifiques eux-mêmes, jugent la science comme allant de soi. Ils s'attendent à ce qu'elle fonctionne. Mais pourquoi la science décrit-elle si bien notre monde, et comment se fait-il que les êtres humains aient accru leur aptitude à comprendre les principes profonds sur lesquels l'Univers repose pour fonctionner ?

Bien sûr, la science n'est pas tombée toute cuite dans l'esprit de ses fondateurs, tels Galilée, Descartes ou Newton. Ils ont, en effet, été fortement influencés par deux traditions qui ont prévalu dans la pensée européenne. La première était la philosophie grecque. Dans les cultures les plus anciennes, les gens savaient que l'Univers n'est pas totalement chaotique et capricieux : il existe un ordre défini dans la nature. Les Grecs croyaient que cet ordre pouvait être compris, du moins en partie, grâce au raisonnement humain. Ils maintenaient que le monde physique n'était pas absurde mais bel et bien rationnel et logique, et donc, en principe, intelligible pour nous, êtres humains. Ils ont découvert que certains processus physiques avaient une base mathématique cachée et ils ont pensé à bâtir un modèle de la réalité basé sur des principes arithmétiques et géométriques.

La seconde grande tradition était la vision du monde juif, vision selon laquelle l'Univers a été créé par Dieu à un moment défini du passé et ordonné selon une série de lois préétablies. Les juifs croyaient que l'Univers évoluait en une séquence unidirectionnelle – ce que nous appelons aujourd'hui le temps linéaire –, selon un processus chronologique défini : création, évolution et dissolution. Cette notion de temps linéaire – au sein de laquelle l'histoire de l'Univers a un début, un milieu et une fin – fait figure de contraste important face au concept de cyclicité cosmique, le mythe qui prévaut au sein de presque toutes les cultures anciennes. Le temps cyclique – le mythe de l'éternel retour – découle de l'association humaine aux cycles et rythmes de la nature, et reste une composante majeure des systèmes de croyance de nombreuses cultures d'aujourd'hui. Il s'étend également sur les pays de l'Ouest, émergeant occasionnellement pour infuser notre art, notre folklore ou notre littérature.

L'idée d'un monde librement créé par Dieu et ordonné de façon particulière et appropriée à l'origine d'un temps linéaire constitue un lot puissant de croyances, et a été repris à la fois par la chrétienté et l'islam. Un élément essentiel de ce système de croyances est que l'Univers *n'a pas* à être tel qu'il est : il aurait pu être différent. Einstein affirma un jour que la chose qui l'intéressait le plus était de savoir si Dieu avait le choix quant à la forme de sa création. D'après les traditions judaïque, islamique et chrétienne, la réponse est oui.

Bien que non conventionnellement religieux, Einstein parlait souvent de Dieu et exprimait un « sentiment » partagé, je pense, par de nombreux scientifiques, incluant ceux qui étaient athées. Il s'agit d'un sentiment que l'on décrirait comme étant une révérence faite à la nature et une fascination profonde pour l'ordre naturel du cosmos.

Si l'Univers n'avait pas à être tel qu'il est – si, pour paraphraser Einstein, Dieu avait le choix –, alors le fait que la nature soit si frugale, que l'Univers soit autant rempli de richesses, de diversité et de nouveauté a une profonde signification. Le fait qu'il soit également *intelligible* pour au moins une espèce, sur une planète donnée, est tout aussi profondément signifiant.

Certains scientifiques ont essayé d'arguer que si seulement nous en savions assez sur les lois de la physique, si nous devions découvrir une théorie finale qui unirait toutes les forces fondamentales et les particules de la nature en un schéma mathématique unique, alors nous trouverions que cette « super-loi », ou théorie du Tout, décrirait un monde unique, logiquement consistant. En d'autres termes, la nature du monde physique serait entièrement une conséquence de la nécessité logique et mathématique. Il n'existerait aucun choix la concernant. Selon moi, c'est manifestement erroné. Il n'y a, en effet, pas la moindre once d'évidence que l'Univers soit logiquement nécessaire. En effet, en tant que physicien théoricien, je trouve qu'il est facile d'imaginer des univers alternatifs qui soient tout aussi logiques, et ainsi des concurrents égaux du nôtre pour incarner la « réalité ».

C'est le « ferment » intellectuel découlant de la réunion entre la philosophie grecque et la pensée judéo-islamico-chrétienne qui a fait émerger la science moderne avec son temps linéaire unidirectionnel, son « insistance » sur la rationalité de la nature et son emphase sur les principes mathématiques. Tous les premiers scientifiques tels que Newton furent religieux, d'une façon ou d'une autre. Ils percevaient leur science comme un moyen de découvrir des traces de l'ouvrage de Dieu dans l'Univers.

Ce que nous appelons désormais les lois de la physique était alors perçu comme la création abstraite de Dieu : des pensées, en quelque sorte, dans et de l'esprit de Dieu.

41

Donc, en faisant de la science, ils pensaient que l'un d'eux pourrait arriver à entrevoir l'esprit de Dieu. Quelle recherche audacieuse et grisante !

Ensuite, durant trois siècles, la dimension théologique de la science a disparu. Les gens pensaient qu'il allait de soi que le monde physique soit à la fois ordonné et intelligible. L'ordre sous-jacent de la nature – les lois de la physique – était alors simplement accepté par la plupart des scientifiques comme un fait brut. Le fait que l'ordre qui régit les lois de la nature nous soit en partie compréhensible est accepté comme un acte de foi partagé.

Il est devenu à la mode, dans certains cercles, de soutenir l'idée selon laquelle la science est finalement une imposture, que nous, scientifiques, lisons l'ordre *dans* la nature et non *d'après* la nature, afin que les lois de la physique deviennent nos lois et non ne restent celles de la nature. Il s'agit d'un non-sens total. Vous auriez énormément de difficulté à convaincre un physicien que la loi d'attraction universelle de Newton reposant sur la masse et le carré inversé de la distance entre les corps n'est qu'une concoction purement culturelle. Je soutiens le fait que les lois de la physique *existent réellement* dans le monde, et que le travail du scientifique est de les découvrir, pas de les inventer. Vraies de tout temps, les lois que vous trouvez dans les livres, si elles s'apparentent parfois à des spéculations ou approximations, sont toujours le miroir, même imparfait, d'un ordre qui existe réellement dans le monde physique. Bien sûr, de nombreux scientifiques ne pensent pas qu'accepter la réalité d'un ordre dans la nature – l'existence de lois « à l'extérieur » – veuille dire qu'ils adoptent pour autant une vision théologique du monde.

Acceptons, alors, que la nature soit réellement ordonnée de façon mathématique – que « le livre de la nature », pour citer Galilée, « est écrit dans un langage mathématique ». Même ainsi, il est facile d'imaginer un Univers ordonné, qui, malgré tout, reste franchement au-delà de la compréhension humaine, à cause de sa subtilité et de sa complexité. Pour moi, la magie de la science réside dans le fait que l'on *peut* comprendre au moins une partie de la nature – et peut-être, en principe, sa totalité – en utilisant la méthode de recherche scientifique. Il est profondément étonnant que nous, êtres humains, puissions faire cela ! Pourquoi les règles qui gouvernent l'Univers devraient-elles être accessibles à l'intellect humain ?

Le mystère est encore plus grand lorsqu'on prend en compte le caractère crypté des lois de la nature. Lorsque Newton a vu la pomme tomber, il n'a fait que voir une pomme tomber. Il n'a pas vu une série d'équations différentes relier le mouvement de la pomme avec celui de la Lune. Les lois mathématiques qui sous-tendent les phénomènes physiques ne nous sont pas apparentes *via* l'observation directe ; elles doivent être soigneusement extraites de la nature en usant de procédures complexes de recherche en laboratoire et de théories mathématiques. Les lois de la nature nous sont cachées, et ne sont révélées qu'après une somme incalculable de travaux. Heinz Pagels a décrit cela en disant que les lois de la nature sont écrites dans une sorte de code cosmique, et que le travail du scientifique est de démanteler le code et de révéler le message – celui de la Nature ou celui de Dieu, selon chacun de nous mais, quoi qu'il en soit, révéler *notre* message. Ce qui est extraordinaire, c'est que les humains se soient révélés posséder un talent aussi fantastique pour le décryptage du code. C'est le prodige et la splendeur de la science ; nous pouvons l'utiliser pour décoder la Nature et découvrir les lois secrètes qui font battre l'Univers !

Nombre de personnes souhaitent trouver Dieu derrière la *création* de l'Univers ainsi que dans le big-bang qui l'a amorcé. Ils imaginent un être supérieur délibérant pour

43

l'éternité, pressant un bouton métaphysique et produisant une gigantesque explosion. Il me semble que cette image est parfaitement incorrecte. Einstein nous a montré que l'espace et le temps *font partie* de l'univers physique et ne sont pas des arènes préexistantes au sein desquelles l'Univers est apparu. Dans le modèle le plus simple de la théorie du big-bang, l'origine de l'Univers représente le début de l'existence, non seulement de la matière et de l'énergie, mais également de l'espace et du temps. Le temps lui-même a commencé avec le big-bang. Si cela semble étonnant, ce n'est en aucune manière nouveau. Déjà, au Ve siècle, saint Augustin proclamait que « le monde a été fait avec le temps, pas dans le temps ». Selon James Hartle et Stephen Hawking, ce début d'existence de l'Univers n'a pas besoin d'être un processus supra-naturel. Il pourrait avoir lieu entièrement naturellement, en accord avec les lois de la physique quantique, qui permettent à des événements de survenir de façon parfaitement spontanée.

L'origine de l'Univers, cependant, n'est pas la fin de l'histoire. Des preuves stipulent que, dans sa phase primordiale, l'Univers se trouvait dans un état d'extrême simplicité, presque dénué de la moindre particularité : peut-être était-il une soupe uniforme de particules subatomiques, ou bien simplement un espace vide en expansion. Toute la richesse et la diversité de la matière et de l'énergie que nous pouvons observer aujourd'hui n'a été, depuis le début, qu'une séquence longue et compliquée de processus physiques s'auto-organisant. Quelle chose incroyable que ces lois physiques ! Non seulement elles permettent à un univers de naître spontanément mais en plus elles l'encouragent à s'auto-organiser et à s'auto-complexifier jusqu'à faire émerger des êtres conscients qui puissent se pencher sur l'improbable drame cosmique et réfléchir sur tout ce que cela peut vouloir dire.

Il est désormais possible de penser que j'ai totalement mis Dieu hors jeu. Et, en effet, qui a besoin d'un dieu lorsque les lois de la physique peuvent occasionner un travail aussi splendide ? Reste que nous sommes assujettis à la question brûlante suivante : d'où proviennent les lois de la physique ? Et pourquoi ces *lois-ci*, précisément, et non d'autres ? Plus spécifiquement : pourquoi un ensemble de lois peut-il conduire des gaz issus du big-bang à produire des structures complexes telles que la vie, la conscience et l'intelligence et des activités culturelles telles que la religion, l'art, les mathématiques et la science ?

S'il existe une signification ou un but à l'existence, tel que je le crois, nous avons alors tort de nous attarder sur l'événement originel. Le big-bang est parfois assimilé à « la création », alors qu'en réalité, la nature n'a jamais *cessé* d'être créative. Cette créativité permanente, qui se manifeste dans l'émergence spontanée de la nouveauté, de la complexité et de l'organisation de systèmes physiques, est guidée par les lois mathématiques sous-jacentes que les scientifiques sont tellement occupés à découvrir.

Maintenant, les lois dont je parle ont le statut de vérités intemporelles – contrairement aux états physiques de l'Univers qui changent avec le temps, et apportent la vraie nouveauté. Ainsi sommes-nous confrontés, en physique, à la réémergence du plus vieux des débats philosophiques et théologiques : la conjonction paradoxale entre l'éternel et le temporel. Les premiers penseurs chrétiens ont lutté avec le problème du temps : Dieu est-il pour quelque chose dans la cavalcade du temps ou n'y est-il pour rien ? Comment un Dieu réellement atemporel pourrait-il se rattacher à des êtres temporels tels que nous le sommes ? Mais comment un Dieu qui se rattache à un univers changeant peut-il être considéré comme éternel et invariablement parfait ?

De fait, la physique a son mot à dire sur ces questions. En notre siècle, Einstein nous a montré que le temps n'était pas simplement « là » comme une toile de fond universelle et absolue à l'existence, mais qu'il était intimement entrelacé avec l'espace et la matière. Comme je l'ai dit, le temps s'est révélé comme étant une partie intégrante de l'univers physique ; en effet, il peut être déformé selon le mouvement et la gravitation. Or, quelque chose qui peut être modifié de cette manière n'est pas absolu. Le temps est donc une partie contingente du monde physique.

Dans mon propre domaine de recherche – appelé la gravité quantique – une grande partie de notre attention a été dédiée à la compréhension de la façon dont le temps lui-même aurait pu naître du big-bang. Nous savons que la matière peut être créée par des processus quantiques. Il y a maintenant une acceptation générale entre physiciens et cosmologistes du fait que l'espace-temps peut aussi trouver son origine dans un processus quantique. D'après les dernières recherches, le temps pourrait ne pas être du tout un concept primitif, mais quelque chose qui a « congelé » depuis le ferment quantique flou du big-bang ; une relique, pour ainsi dire, d'un état particulier qui s'est congelé à partir du bouillonnement cosmique originel.

Si le temps est une propriété contingente du monde physique plutôt qu'une conséquence nécessaire de l'existence, alors toute tentative de calquer l'objectif final ou le dessein de la nature sur un Être ou un Principe temporel semble vouée à l'échec. Bien que je ne souhaite pas affirmer que la physique ait résolu l'énigme du temps – loin de là –, je crois que l'évolution de notre compréhension scientifique du temps a éclairé l'ancien débat théologique de façon importante. Je ne cite ce sujet qu'en tant qu'exemple du dialogue animé qui subsiste entre la science et la théologie.

Alors, où est Dieu dans cette histoire ? Pas spécialement dans le big-bang qui est à l'origine de l'Univers, ni dans des ingérences qui interviendraient dans les processus physiques qui génèrent la vie et la conscience. Je préférerais que la nature s'occupe d'elle-même.

L'idée d'un Dieu qui serait uniquement une force supplémentaire ou un agent travaillant dans la nature, faisant bouger les atomes ici et là, en concurrence avec les forces physiques, est peu inspirante. Selon moi, le vrai miracle de la nature se trouve dans les lois ingénieuses et inébranlables du cosmos ; des lois qui permettent à l'ordre complexe d'émerger depuis le chaos, à la vie d'émerger depuis la matière inanimée, et à la conscience d'émerger à partir de la vie, sans besoin d'une intervention occasionnelle supranaturelle ; des lois qui produisent des êtres qui, non seulement posent des questions géniales sur l'existence mais qui, également, *via* la science et d'autres méthodes de recherche, commencent même à leur trouver des réponses.

Vous pourriez être tenté de supposer que n'importe quel vieux ramassis de lois produise un univers complexe d'une certaine sorte, constitué d'habitants prédisposés à croire qu'ils sont spéciaux. Eh bien non ! Il se trouve que des lois sélectionnées de façon hasardeuse mènent presque inévitablement soit à un chaos mortel, soit à une simplicité ennuyeuse au sein de laquelle il ne se passe jamais rien. Notre propre Univers se tient délicieusement en équilibre entre ces alternatives déplaisantes, offrant un mélange actif de liberté et de discipline, une sorte de créativité restreinte. Les lois de notre Univers n'assujettissent pas les systèmes physiques de façon aussi rigide qu'ils ne puissent accomplir que peu de choses, ni ne sont une recette de l'anarchie cosmique. Bien au contraire, elles encouragent la matière et l'énergie à se développer le long du chemin de l'évolution qui mène à de nouvelles variétés, ce que Freeman Dyson a appelé « le principe de diversité maximale » : ce qui, dans un certain sens, veut dire que nous vivons dans l'univers le plus intéressant possible.

Des scientifiques ont récemment identifié un régime baptisé le « bord du chaos » : une description qui caractérise certainement les organismes vivants, où l'innovation et la nouveauté se combinent avec la cohérence et la coopération. Le bord du chaos semble impliquer la sorte de liberté légale que j'ai décrite précédemment. Des études mathématiques stipulent qu'atteindre un tel état d'instance exige des lois d'une constitution très spéciale. Si nous pouvions tripoter un bouton et changer les lois existantes, ne serait-ce que de façon infime, nous aurions beaucoup de chance d'assister à la décomposition de l'Univers tel que nous le connaissons et à sa chute dans le chaos.

Il est évident que l'existence de la vie telle que nous la connaissons – voire de systèmes encore bien moins élaborés tels que les étoiles stables – serait menacée ne serait-ce que par la plus petite altération des forces fondamentales. Les lois qui caractérisent notre Univers actuel – en tant qu'opposé au nombre infini d'univers alternatifs possibles – semblent presque forgées – parfaitement réglées, ont affirmé certains commentateurs – pour que la vie et la conscience puissent émerger. Pour citer de nouveau Freeman Dyson, c'est presque comme si « l'Univers savait que nous allions venir ». Je ne peux rien vous prouver, mais quoi que ce soit, c'est certainement très intelligent !

Certains de mes collègues adoptent la même perception des faits scientifiques que la mienne, mais renient toute signification plus profonde. Soit ils laissent de côté l'effarante ingéniosité des lois de la physique et l'extraordinaire adéquation de la nature en tant que lot de merveilles existant par hasard. Soit, ils adoptent comme alternative la théorie des multivers. Selon cette théorie, ce que nous appelons « l'Univers » n'est en fait qu'une composante infinitésimale d'un système bien plus grand. Il existe d'autres régions dans l'espace, ou bien des univers entiers existant en parallèle du nôtre, au sein desquels les lois sont différentes. Peut-être que toutes les lois possibles se manifestent et ainsi sont révélées quelque part, dans un univers. Mais seule une toute petite fraction d'univers permet à ces lois d'exister de telle façon que la vie puisse émerger, ainsi que des êtres tels que nous, qui pouvons étudier notre monde et nous étonner de la façon propice dont les lois ont été arrangées.

Quoi qu'il en soit, ils auraient tort de lire la moindre signification dans cette observation, étant donné que de tels observateurs ne sont simplement que les gagnants d'une vaste loterie cosmique. Les autres univers, moins hospitaliers, resteront invisibles.

La théorie des multivers semble être devenue l'explication clé des scientifiques pour justifier la remarquable capacité de notre Univers à accueillir la vie. Mais cette théorie me pose problème.

Tout d'abord il est nécessaire de présumer que tous les univers sont dotés de lois d'une certaine sorte. Nous devons encore en expliquer la « légalité ».

Deuxièmement, si la théorie des multivers est juste, nous devrions vivre dans l'univers capable d'accueillir la vie *le moins* compatible avec l'émergence de la vie intelligente, parmi ceux capables d'accueillir la vie. En effet, s'il y a une infinité d'univers, ceux les mieux réglés pour le développement de la vie doivent aussi être les plus rares. Or, quand on analyse les caractéristiques ingénieuses de notre Univers, on constate qu'il n'existe aucune preuve qu'il soit tout juste acceptable pour la vie.

Troisièmement, le statut ontologique de la théorie des multivers est, d'après moi, isomorphe au théisme classique. Les deux théories invoquent une instance invisible infiniment complexe pour expliquer l'Univers que nous percevons : le multivers fait appel à des univers cachés ; le théisme, à une déité cachée. Il existe une branche des mathématiques connue sous le nom de la théorie de l'information algorithmique qui peut être utilisée afin de quantifier la complexité de théories selon le contenu d'information caché dans leurs hypothèses. Je conjecture que, défini dans le langage précis de la théorie d'information algorithmique, le multivers et le théisme classique paraîtraient tous deux également – et infiniment – complexes. On pourrait dire que la théorie des multivers est uniquement du théisme déguisé en jargon scientifique. Mon espoir personnel est qu'il existe une « troisième voie », dans laquelle l'ingénuité, la « favorabilité » biologique, la précision de l'Univers, seront expliquées sans faire appel à des instances invisibles complexes.

Si l'on rejette l'explication des multivers, alors les lois de l'Univers mettent l'accent, avec force, sur un sens plus profond et sous-jacent à l'existence. Certains l'appellent finalité ; d'autres, dessein. Ces mots chargés de sens, qui dérivent de catégories humaines, capturent imparfaitement ce en quoi *consiste* l'Univers. Mais, qu'il consiste en quelque chose, je n'en ai aucun doute.

Où nous, êtres humains, nous ajustons-nous à ce grand schéma cosmique ? Pouvons-nous regarder l'Univers et, tels nos ancêtres, déclarer « Dieu a créé tout cela pour nous ! » ? Je pense que non. Sommes-nous alors un accident de la nature, la conséquence étrange de forces aveugles et dénuées d'objectif, un sous-produit d'un univers mécaniste et irréfléchi ? Je rejette également cette idée. L'émergence de la vie et de la conscience, je le maintiens, est écrite dans les lois de l'Univers de façon basique. Néanmoins, l'actuelle forme physique et l'arrangement mental général de l'*Homo sapiens* contiennent de nombreuses caractéristiques accidentelles dénuées de signification particulière. Si l'on répétait l'évolution de l'Univers, il n'y aurait ni système solaire, ni Terre, ni personnes humaines. Mais l'émergence de la vie et de la conscience à un moment donné et quelque part dans le cosmos est, je crois, assurée par les lois sous-jacentes de la nature. L'origine de la vie et de la conscience ne sont pas dues à des interventions miraculeuses mais n'étaient pas non plus des accidents improbables et stupéfiants. Elles étaient, je crois, partie intégrante de l'ouvrage naturel avancé des lois de la nature et en tant que telles, les questions sur notre existence autant que sur la conscience découlent ultimement des bases de l'existence physique – ces lois ingénieuses et à bon escient.

C'est la raison pour laquelle j'ai écrit, dans mon livre *L'Esprit de Dieu* : « Nous sommes réellement prévus pour être là. » Par « nous », j'entends en tant qu'humains conscients, pas en tant qu'*Homo sapiens* spécifiquement. Ainsi, bien que nous ne soyons pas au centre de l'Univers, l'existence humaine a *bel et bien* une signification puissante plus large. Quelque signification que puisse avoir l'Univers dans sa globalité, le témoignage scientifique suggère que, de façon limitée bien que profonde, nous sommes partie intégrante de son dessein.

Comment peut-on tester ces idées de façon scientifique ? L'un des grands défis de la science est de comprendre la nature de la conscience en général, et la conscience humaine en particulier. Nous ne comprenons toujours pas comment l'esprit et la matière sont reliés ni quel processus a mené à l'émergence de l'esprit à partir de la matière en premier lieu.

Deuxièmement, si je suis dans le vrai en affirmant que l'Univers est fondamentalement continuellement créatif et que les lois de la nature encouragent la matière et l'énergie à s'auto-organiser et à s'autocomplexifier jusqu'au point que la vie et la conscience émergent naturellement, alors il y aura une tendance universelle ou « directionnalité » vers l'émergence d'une plus grande complexité et diversité. Nous pourrions alors nous attendre à ce que la vie et la conscience existent à travers tout l'Univers. C'est la raison pour laquelle j'attache autant d'importance à la recherche d'organismes extra-terrestres, qu'il s'agisse de bactéries sur

51

Mars, ou de communautés technologiquement avancées de l'autre côté de la galaxie. La recherche peut s'avérer sans espoir – la distance et les chiffres sont certainement décourageants – mais il s'agit d'une quête glorieuse.

Si nous *sommes* seuls dans l'Univers, si la Terre est l'unique planète supportant la vie parmi des milliards d'entre elles, alors le choix est sans équivoque. Soit nous sommes le produit d'un événement supranaturel unique, soit nous sommes un accident ahurissant d'improbabilité et de manque d'à-propos. D'autre part, si la vie et l'esprit sont des phénomènes universels, s'ils sont écrits dans la nature à son niveau le plus profond, alors, le fait que l'existence ait un objectif ultime s'imposerait.

Je crois que la science actuelle, si nous avons le courage de l'épouser, offre la voie la plus digne de confiance vers la connaissance du monde physique. Je ne dis bien entendu pas que les scientifiques sont infaillibles ni que la science doive être transformée en religion moderne. Mais je pense que si la religion devait progresser, elle ne pourrait ignorer la culture scientifique ; elle ne doit pas non plus avoir peur de le faire, étant donné que, tel que je l'ai dit, la science révèle la merveille qu'est l'Univers. Et cet Univers n'est pas le jouet d'une déité capricieuse, mais une expression cohérente, rationnelle, élégante et harmonieuse d'un sens profond et intentionnel.

Christian de Duve

Prix Nobel de médecine 1974 pour ses découvertes sur la structure et le fonctionnement de la cellule, fondateur de l'Institut international de pathologie cellulaire (IPC), professeur émérite à l'Université catholique de Louvain et à l'université Rockefeller de New York. Il a développé de nombreuses réflexions sur l'apparition et l'évolution de la Vie qu'il a exposées dans *Construire une cellule* et *Poussière de Vie*.

Les mystères de la Vie :
y a-t-il « quelque chose d'autre » ?

Introduction

La science est fondée sur le *naturalisme*, notion selon laquelle toutes les manifestations ayant cours dans l'Univers sont explicables par l'intermédiaire des lois connues de la physique et de la chimie. Cette notion représente la pierre angulaire de l'entreprise scientifique. Et nous pouvons fermer nos laboratoires si nous n'y souscrivons pas ! Si nous partons de l'hypothèse selon laquelle ce que nous étudions n'est pas explicable, nous éliminons la recherche scientifique en elle-même.

Contrairement à l'opinion exprimée par certains scientifiques, cette nécessité logique n'implique pas que le naturalisme doive être accepté comme un *a priori* philosophique, une doctrine ou une croyance. Tel qu'employé en science, il s'agit d'un postulat, une hypothèse de travail souvent qualifiée de naturalisme méthodologique par des philosophes pour cette raison, postulat que nous devrions être prêts à abandonner si nous étions confrontés à des faits ou à des événements qui défient chaque tentative d'explication d'ordre naturaliste. Seulement à ce moment-là pouvons-nous alors accepter l'intervention de « quelque chose d'autre » en tant que dernier ressort, après avoir essayé, de toutes les façons possibles, d'expliquer en termes naturalistes un phénomène donné. Même en atteignant ce point, en imaginant qu'il puisse être reconnu, nous devrions encore avoir à distinguer deux alternatives : le « quelque chose d'autre » est-il une loi de la nature qui nous était inconnue avant de nous être divulguée par notre recherche, tel que c'est arrivé plusieurs fois par le passé ? Ou s'agit-il d'une action réellement surnaturelle ?

Par le passé, la vie, avec tous ses doutes et mystères, fut un terrain idéal pour la croyance en « quelque chose d'autre ». Largement mise en sourdine par les avancées spectaculaires en biologie de ce dernier siècle, cette position est revenue en force *via* une petite – mais sonore – minorité de scientifiques, dont les opinions ont été largement relayées dans divers cercles philosophiques et religieux.

Je tiens ici à vérifier brièvement si certains phénomènes biologiques existent réellement, comme cela est revendiqué, et défient vraiment chaque tentative d'explication naturaliste, rendant nécessaire l'invocation de « quelque chose d'autre ». Avons-nous atteint une étape où tous les chemins scientifiques ont été épuisés ? Si cela était le cas, devrions-nous élargir notre notion de ce qui est naturel ? Ou avons-nous rencontré l'authentique super-naturel ?

En traitant ces questions, je tiens pour acquis le fait que le lecteur est familier avec – au minimum – les éléments de base de la biologie contemporaine. De même ai-je strictement limité les références. Pour toute information complémentaire et un traitement plus détaillé de ces sujets, se reporter à mes travaux précédents[1] et à un livre récent[2].

La nature de la Vie

La recherche dans les mécanismes qui soutiennent la vie représente l'un des succès les plus spectaculaires de l'approche naturaliste. Je peux me porter témoin de cet étonnant exploit. Lorsque je fus exposé pour la première fois à la biochimie, seul un certain nombre de petites composantes biologiques – comme le sucre, les acides aminés, les purines, les pyrimidines, les acides gras, et quelques autres – avaient été identifiées. La façon dont ces molécules étaient créées par des organismes vivants était encore largement inconnue. Pas une seule macromolécule découlant de leurs combinaisons n'avait encore été caractérisée. Du métabolisme, seuls quelques sentiers centraux, tels que la glucolyse et le cycle de l'acide tricarboxylique, avaient été minutieusement démêlés. L'enzymologie n'en était encore qu'à ses premiers pas. De même que la bioénergétique, qui, à cette époque, se résumait à la découverte récente de l'ATP et à quelques allusions au rôle de cette substance en tant que fournisseur universel d'énergie biologique. Quant aux transferts génétiques de l'information, nous n'en savions rien. Nous ne connaissions même pas la fonction de l'ADN et encore moins sa structure !

Nous étions difficilement découragés par la médiocrité de ces accomplissements. Au contraire, nous les percevions comme des triomphes phénoménaux. Ils ouvraient de nouvelles perspectives qui témoignaient du fait que la vie pouvait être appréhendée *via* les outils de la biochimie et ainsi nous encourageaient fortement à poursuivre notre recherche. Cependant, les problèmes non résolus s'accumulaient à l'horizon et leur résolution paraissait encore lointaine. Pour ma part, jamais, dans mes rêves les plus fous – et je ne pense pas que l'un de mes contemporains n'en ait rêvé non plus – je n'avais imaginé que je vivrais assez pour les voir élucidés.

Pourtant, c'est ce qui est arrivé. Nous connaissons désormais la structure de toutes les catégories majeures de macromolécules et nous avons les moyens d'isoler et d'analyser la moindre de ces molécules. Nous comprenons de façon détaillée la plupart des chemins métaboliques, incluant, en particulier, les processus biosynthétiques principaux. Nous avons également une compréhension approfondie des mécanismes par lesquels les organismes vivants récupèrent de l'énergie de leur environnement et la convertissent en différentes tâches. Mais ce qui est le plus impressionnant, c'est que nous connaissons maintenant la façon dont les informations biologiques sont codées, stockées, reproduites et énoncées. C'est à peine une exagération que d'affirmer que nous en sommes arrivés à comprendre les mécanismes fondamentaux de la vie. Plusieurs lacunes, dans notre connaissance, doivent encore être comblées. De même pouvons-nous nous attendre à quelques surprises – souvenons-nous de la découverte des gènes divisés en plusieurs parties. Cependant, nous connaissons, dans l'ensemble, le *modèle de base de la vie*, et cela au point que nous sommes désormais capables de manipuler la vie en connaissance de cause et à dessein.

La leçon que l'on peut tirer de ces accomplissements remarquables est que la vie est *explicable en termes naturalistes*. En réalité, de nouveaux principes ont été découverts qui régissent le comportement de molécules complexes telles que les protéines et les acides nucléiques, ou gouvernent les propriétés de complexes multimoléculaires, tels que les membranes, les ribosomes ou les systèmes multi-enzymatiques. Cependant, rien n'a jusqu'ici été révélé qui ne soit pas explicable d'après les lois de la physique ou de la chimie. Ces disciplines ont simplement été énormément enrichies par les nouvelles découvertes. Ainsi, la vision selon laquelle les organismes vivants seraient constitués de matière « animée » par « quelque chose d'autre » n'est absolument pas justifiée.

L'histoire de la Vie

La connaissance biologique contemporaine a révélé une autre information majeure : tous les organismes vivants

connus descendent d'une *forme unique de vie ancestrale.*
Déjà soupçonnée par les premiers évolutionnistes, cette
perspective a été confortée par la détection, au sein de tous
les organismes vivants analysés, de fortes ressemblances
existant aux niveaux cellulaire et moléculaire, et cela indépendamment de leur diversité apparente. Que l'on observe
des bactéries, des protistes, des plantes, des moisissures ou
des animaux – y compris des humains –, on trouve invariablement le modèle de base mentionné ci-dessus. Il existe
bien entendu certaines différences. Sinon, tous les organismes seraient identiques. Mais les différences sont clairement reconnues comme des variations du même thème
central. *La Vie est une.*

Ce fait est maintenant indéniablement établi par les ressemblances existant entre les séquences d'ARN ou par les
protéines qui accomplissent les mêmes fonctions dans des
organismes différents, ou bien encore entre les gènes
d'ADN qui codent ces molécules. Le nombre d'exemples de
ce genre se compte maintenant par centaines et continue de
croître. Il est absolument impossible que des molécules
ayant des séquences aussi similaires aient pu surgir indépendamment les unes des autres en deux – voire plusieurs –
lignes biologiques distinctes, à moins d'attribuer au développement de la vie un degré de déterminisme que même le
plus enthousiaste partisan de cette opinion se refuserait de
considérer.

Ces similitudes de séquence ne prouvent pas seulement
la parenté existant entre tous les organismes assujettis à ce
genre d'analyse ; elles peuvent également servir à établir des
relations phylogénétiques sur la base de l'hypothèse, sujette
à de nombreux perfectionnements, selon laquelle plus le
temps que les propriétaires de molécules ont eu pour évoluer séparément est long – c'est-à-dire plus le temps qui
s'est écoulé depuis qu'elles ont divergé depuis leur dernier ancêtre commun est long –, plus les différences de

séquence sont nombreuses. Cette méthode, désormais largement appliquée, a confirmé et renforcé plusieurs des phylogénies précédemment dérivées des données paléontologiques ; elle a, de plus, permis à de telles reconstructions d'être étendues jusqu'aux nombreuses lignées qui n'ont pas laissé de fossiles identifiables.

Il est naturel que les premiers espoirs suscités par cette nouvelle technologie puissante aient été tempérés. Des hypothèses sous-jacentes ont été taxées de simplification excessive. Des algorithmes distincts sont mis en compétition pour analyser au mieux la diversité des changements génétiques qui doivent être pris en compte. Plus important encore, le transfert horizontal de gènes – c'est-à-dire le transfert de gènes entre espèces distinctes, par opposition à leur transfert vertical de génération en génération – a été reconnu comme une complication majeure dans la tentative d'utilisation des données moléculaires pour reconstruire l'arbre de vie, et plus particulièrement ses premières ramifications. Ces difficultés, cependant, n'affectent que la forme de l'arbre, pas sa réalité. *L'évolution biologique est un fait indéniable.*

L'origine de la Vie

Où, quand et plus particulièrement comment la vie a-t-elle débuté ? Si nous n'avons pas de réponses à ces questions, du moins ne sommes-nous plus complètement dans le noir les concernant. En effet, grâce à des traces de fossile qui ne peuvent être réfutées, nous savons désormais que des formes élaborées de vie bactériologique – avec des réminiscences d'organismes photosynthétiques connus comme une cyanobactérie – existaient sur Terre il y a au moins 3,55 milliards d'années. Des organismes plus primitifs doivent même avoir existé avant cette date, peut-être y a-t-il de cela 3,8 milliards d'années, si les dépôts carboniques enrichis en C_{12} trouvés au Groenland sont des preuves d'activité biologique.

En considérant le fait que la Terre n'était physiquement pas à même d'accueillir la vie durant au moins le premier demi-milliard d'années après sa naissance, il y a de cela 4,55 milliards d'années, il apparaît que notre planète a commencé à porter des organismes vivants 250 millions d'années après qu'elle soit devenue capable de le faire.

On ne sait pas si les premières formes de vie terriennes ont surgi localement ou sont venues d'autre part. Néanmoins, comme il n'existe actuellement aucune preuve soutenant une origine extra-terrestre, la plupart des chercheurs acceptent l'hypothèse plus simple d'une origine locale – qui a l'avantage de permettre au problème d'être défini dans le cadre des conditions de physique et de chimie, révélée par des données géologiques, qui ont pu prévaloir sur Terre au moment où la vie est apparue. Notons que le vieil argument selon lequel étant donné que pas assez de temps n'était disponible sur Terre pour le développement naturel de quelque chose d'aussi complexe, même l'organisme vivant le plus primitif, ne peut être considéré comme valable. Il est généralement admis que si la vie est apparue naturellement, elle n'a pu le faire qu'en un temps relativement court, qui doit probablement être davantage compté en millénaires qu'en millions d'années. Quelque chemin que les sentiers aient emprunté, les taux de réaction chimique doivent avoir été suffisamment appréciables pour que des intermédiaires fragiles aient pu atteindre des concentrations suffisantes et ainsi aient permis d'enclencher l'étape suivante. Donc, sur la Terre pré-biotique, la vie peut être apparue et avoir disparu à de multiples reprises avant de s'enraciner. À cette hypothèse est venue s'ajouter une preuve importante, découverte ces trente dernières années. Des analyses chimiques de comètes et de météorites et des analyses spectrales de la radiation venant d'autres parties du système solaire et du cosmos nous ont appris que des substances organiques – y compris des acides aminés et d'autres composants potentiels de la vie –, étaient largement présentes dans le cosmos. Ces composants sont probablement essentiellement le produit de processus chimiques spontanés, et non celui d'une activité biologique. Ainsi, non seulement les synthèses organiques se passent-elles d'organismes vivants, mais en plus, peuvent-elles procéder sans l'aide humaine sur une grande échelle.

La dénomination « chimie organique » est erronée. Il ne s'agit, en effet, que de chimie carbonique, qui se trouve être la chimie la plus banale et répandue dans l'Univers, tout en étant extraordinairement riche grâce aux propriétés associatives uniques de l'atome de carbone. Il semble raisonnable de supposer que ce sont les produits de cette chimie cosmique qui ont fourni les matières premières à la base de la formation des premiers organismes vivants.

Mais la question est : Comment ? Depuis que le pionnier russe, Alexander Oparin, a le premier abordé le problème en 1924[3] et plus particulièrement après les expériences historiques de Stanley Miller en 1953[4], certains des meilleurs chimistes organiques du monde se sont acharnés sur cette question dans leurs laboratoires, adoptant comme prémisse de base le postulat naturaliste, l'hypothèse selon laquelle l'origine de la vie peut être expliquée en termes de physique et de chimie. Utilisant la même prémisse, de nombreux témoins, comme moi, ont spéculé sur le sujet ou proposé des modèles. Un certain nombre de faits très intéressants a été découvert, tandis qu'un nombre encore plus important d'idées suggestives ou de « mondes » – le monde ARN, le monde pyrophosphate, le monde du sulfure de fer, le monde des thioesters en sont des exemples – a circulé. Des dizaines de livres, des centaines de papiers scientifiques, un journal spécialement créé pour l'occasion, une société totalement dédiée au sujet, des congrès et des symposiums réguliers, attestent tous de la vitalité de cette nouvelle discipline scientifique.

Les opinions sont divisées quant à ce qui a été accompli par toutes ces activités. Alors qu'on a beaucoup appris, il est évident qu'on est encore loin d'expliquer l'origine de la vie. Ce n'est pas surprenant, vu l'immense complexité du problème. Mais le postulat naturaliste doit-il être abandonné pour autant ? Avons-nous atteint le stade où toutes les tentatives d'explication naturalistes ont échoué et où nous devrions faire appel à la notion de « quelque chose d'autre » ?

Quiconque ayant connaissance de ce domaine doit nécessairement répondre à cette question par un « non » emphatique. Le problème a, en effet, été à peine survolé. Ainsi, affirmer, à cette étape, que l'origine de la vie est inexplicable en termes naturalistes, ne peut qu'être basé sur une reddition *a priori* à ce que le biochimiste américain Michael Behe, un défenseur éminent de cette thèse, appelle « la complexité irréductible ». Il la définit dans son livre *La Boîte noire de Darwin*[5], comme l'état d'« un système simple composé de plusieurs parties bien assorties interagissant ensemble qui contribuent à la fonction de base, et au sein duquel le déplacement de la moindre partie causerait la fin du fonctionnement du système ». Pour donner un exemple d'un système complexe irréductible, Behe évoque « l'humble souricière » dont chaque partie ne peut avoir été constituée que par quelqu'un qui, préliminairement, devait avoir en tête sa configuration totale. Ainsi, selon Behe, il en est de même pour de nombreux systèmes biochimiques complexes, tels que les flagellum des bactéries ou la coagulation sanguine.

Cet argument n'est pas nouveau. Il a été élaboré il y a de cela deux siècles par le théologien anglais William Paley, qui utilisa l'image d'une montre pour prouver l'existence d'un horloger divin. Ce qui est nouveau, en revanche, tout autant que surprenant, est l'utilisation du savoir biochimique moderne comme support à une « conception intelligente » de la vie, une découverte qui, selon Behe, « rivalise avec celles d'Einstein, de Lavoisier et Schrödinger, de Pasteur et Darwin ». Il s'agit d'une revendication étrange pour une « découverte » qui, plutôt que de résoudre un problème, retire celui-ci du domaine de la recherche scientifique.

Les analogies mécaniques – qu'il s'agisse de montres ou de souricières – sont des images pauvres de la complexité biochimique. Les protéines, qui sont les composants principaux des systèmes biochimiques, n'ont rien de la rigidité de parties mécaniques. Leur nom, qui a pour origine le nom grec *protos* (« premier »), leur a été attribué en 1838 par Gerardus Johannes Mulder, le chimiste hollandais, nom qui aurait tout aussi bien pu être dérivé du dieu Protée, célèbre pour son aptitude à prendre presque n'importe quelle forme.

Comme cela est bien connu, remplacer un acide aminé simple par un autre peut totalement altérer les propriétés d'une protéine. Même sans la moindre altération de séquence, la forme d'une protéine peut changer par simple contact avec un « moule » modifié, tel que le prouvent les agents de maladies telles que celles de la « vache folle » et son équivalent humain, la maladie de Creutzfeld-Jakob. Appelés « prions », ces agents infectieux consistent en des protéines anormalement formées qui, selon leur découvreur, le scientifique américain Stanley Prusiner, se multiplient dans le corps en conférant leur forme anormale à leurs homologues normaux[6]. Affirmer, comme cela est implicite à la théorie de Behe, qu'une protéine jouant un rôle donné ne peut pas être dérivée d'une molécule ayant accompli une autre fonction dans un système antérieur est une assertion gratuite. On connaît, en effet, de nombreux exemples de protéines ayant changé de fonction au cours de l'évolution. Les cristallins, les protéines des lentilles, en témoignent.

La *prise en compte du temps* est ce qui manque au raisonnement de Behe. Il est vrai que les systèmes biochimiques contemporains manifestent ce qu'il appelle « une complexité irréductible ». Qu'un seul élément du système de coagulation du sang vienne à manquer et une perte majeure d'efficacité fonctionnelle se fait sentir, tel que démontré par l'hémophilie et d'autres désordres du même acabit. Mais ce dont l'argument fait fi, c'est que le système a derrière lui des centaines de millions d'années d'évolution durant lesquelles son assemblage lent et progressif s'est fait selon une longue succession d'étapes dont chacune pourrait être expliquée en termes naturalistes. Le fait que les détails de ce cheminement n'ont pas encore été démêlés n'est pas la preuve que cela ne pourrait pas avoir eu lieu.

L'histoire moléculaire des protéines elles-mêmes doit également être prise en compte. Les protéines d'aujourd'hui sont le produit d'une très longue histoire évolutive, temps durant lequel a eu lieu une énorme quantité de diversifications innovatrices et d'adaptations. Il est également admis que même leurs ancêtres les plus lointains doivent déjà avoir été d'une complexité considérable pour soutenir le genre de vie bactérienne révélé par les premiers microfossiles. Si ces protéines ancestrales avaient surgi d'un seul coup, et déjà entièrement développées, on serait alors en effet en droit d'invoquer la « complexité irréductible » uniquement explicable par une « conception intelligente ». Mais tout ce que nous en savons indique que ce n'est pas ce qui est arrivé.

Les protéines portent la preuve indubitable d'une *construction modulaire*. Elles consistent en un certain nombre de petits domaines, ou motifs, dont beaucoup sont présents dans des combinaisons diverses au sein d'un certain nombre de protéines différentes, indiquant fortement qu'elles ont servi de composantes dans quelques processus d'assemblage combinatoire. Ce fait induit que les précurseurs des modules ont existé à un moment donné en tant que peptides indépendants qui ont effectué, dans certaines protocellules primitives, les équivalents rudimentaires des fonctions structurales et catalytiques transmises aux protéines dans les cellules actuelles. Cette hypothèse est compatible avec les calculs théoriques du chimiste allemand Manfred Eigen, montrant que les premiers gènes doivent avoir été très courts pour que leurs informations survivent aux nombreuses erreurs qui doivent avoir investi les systèmes de reproduction primitifs[7].

Cette simple hypothèse donnée, on peut visualiser une étape primitive au développement de la vie, soutenue par des peptides courts et soumise à une sorte d'évolution darwinienne durant laquelle un lot de peptides systématiquement amélioré émergerait lentement par sélection naturelle. Supposons que l'un des résultats de ce processus puisse se dupliquer sans erreur et qu'ainsi un gène d'une taille deux fois plus grande puisse apparaître. Alors, la combinaison aléatoire de gènes existants pourrait progressivement générer un nouveau lot de peptides plus efficaces, de deux fois la longueur des précédents. La concurrence darwinienne permettrait une fois de plus une amélioration progressive de ce lot, conduisant finalement à une nouvelle série du même genre, mais d'un niveau supérieur de complexité, et ainsi de suite.

Ce modèle fournit une réponse à une objection souvent associée à la nécessité de l'existence d'une instance guidant le processus, récemment ravivée et perfectionnée par le mathématicien américain William Dembski, un leader du mouvement moderne de « conception intelligente », *intelligent design*[8]. L'objection porte sur le fait que la vie n'utilise qu'une partie infinitésimale de ce qui est connu comme l'espace des séquences, c'est-à-dire le nombre de séquences possibles. Prenons, par exemple, le cas des protéines. Ces molécules sont de longues chaînes d'acides aminés ficelés les uns aux autres. Considérons un ficelage long d'une centaine d'acides aminés, ce qui est relativement petit pour une protéine, puisque les protéines sont composées d'environ vingt espèces différentes d'acides aminés. Cette molécule figure parmi 20^{100} ou 10^{130} (1 suivi de 130 zéros) protéines possibles de la même taille. Ce chiffre est si incroyablement immense que même des trillions de trillions d'univers ne pourraient recevoir qu'une fraction infinitésimale des molécules possibles.

Il est ainsi totalement impossible que la vie puisse être parvenue à l'ordre qu'elle utilise par une sorte d'exploration aléatoire de l'espace des possibles, c'est-à-dire par un assemblage aléatoire de séquences, soumis à la sélection naturelle. De là l'affirmation selon laquelle le choix a été dirigé par une instance supranaturelle, qui d'une certaine manière « savait » vers où nous allions. Avec le modèle progressif proposé de genèse des protéines (*via* des acides nucléiques), modèle fortement soutenu par ce que l'on connaît de la structure des protéines, cette revendication devient inutile. Selon ce modèle, le chemin menant aux protéines actuelles est passé par une succession d'étapes, dont chacune a impliqué un espace des possibles qui avait été précédemment réduit par la sélection à une taille compatible avec une exploration extensive, sinon exhaustive.

Comme toute conjecture, le modèle proposé n'a de valeur qu'en tant que guide pour des études vouées à tester sa validité. Une des lignes de recherches possibles qui, je pense, est suivie dans certains laboratoires, consiste à chercher dans des mélanges de petits peptides générés de façon aléatoire des activités catalytiques ressemblant à celles des enzymes. Ensuite, selon les résultats de ces expériences et d'autres, le modèle sera soit rejeté soit toujours considéré, probablement dans une forme modifiée. Mais cette question n'a rien à voir avec la discussion présente. Le fait que l'on *puisse* proposer un modèle plausible et que l'on *puisse* développer des expériences à son sujet suffit à montrer que nous n'avons pas encore atteint l'étape où toutes les tentatives d'explication de la genèse des systèmes biochimiques complexes en des termes naturalistes auraient échoué.

L'exemple donné illustre l'importance des connaissances en biochimie pour la recherche sur l'origine de la vie. Loin de décourager une telle recherche, tel que Behe l'aurait fait, notre toute nouvelle compréhension des complexités chimiques de la vie peut ouvrir des chemins de qualité pour une expérimentation fructueuse. Les organismes actuels accomplissent, par des réactions qui sont maintenant bien comprises et expliquées en termes naturalistes, ce qui est estimé avoir eu lieu il y a 4 milliards d'années. Ils transforment des petits composés organiques – ou même inorganiques – en des cellules vivantes fonctionnelles. Pour être honnête, ils le font dans le contexte de cellules vivantes existantes, et également avec l'aide de milliers d'enzymes spécifiques qui n'existaient pas sur la Terre pré-biotique. Mais ce fait n'impose pas nécessairement l'opinion, défendue néanmoins par de nombreux experts de l'origine de la vie, selon laquelle les chemins métaboliques d'aujourd'hui différeraient totalement de ceux par lesquels la vie a initialement surgi. Au contraire, il y a de fortes raisons de croire que le métabolisme actuel est né de la chimie pré-biotique initiale de façon congruente, c'est-à-dire par voie d'une filiation chimique directe. Il est ainsi tout à fait possible – même probable selon moi – que les chemins métaboliques actuels contiennent de nombreuses traces reconnaissables des réactions par lesquelles la vie s'est produite. Il reste aux générations futures de chercheurs à décrypter cette histoire et à conduire les expériences appropriées.

Évolution

Une majorité de biologistes souscrit, sous une forme ou une autre, aux principaux tenants de la théorie – initialement proposée par Charles Darwin – selon laquelle l'évolution biologique serait le résultat de variations génétiques ayant eu lieu *accidentellement*, passivement passées au crible par la *sélection naturelle* selon l'aptitude des variantes *à survivre et à produire une descendance dans les conditions environnementales prévalentes.* Ce qui, pour Darwin, était largement le produit d'une intuition affable, uniquement renforcée par l'observation, a reçu un puissant soutien de la biologie moderne, qui a étoffé en termes moléculaires clairs les vagues notions de continuité héréditaire et de variabilité évoquées par Darwin.

En particulier, preuve a été obtenue que des mutations ayant lieu naturellement résultent de causes qui n'ont aucun rapport – sauf de façon fortuite – avec leurs conséquences évolutionnistes. Comme Darwin le postulait, la variation aléatoire prime, sans savoir où elle va mener. La sélection vient ensuite, s'appliquant de façon tout aussi aléatoire selon la somme totale des pressions environnementales – y compris celles exercées par d'autres organismes vivants.

Il existe, bien entendu, quelques dissidents. Je ne parle pas ici des créationnistes et autres idéologues qui rejettent non seulement la sélection naturelle mais encore nient l'occurrence même d'une évolution biologique. De même n'ai-je pas non plus à l'esprit les débats, souvent ennuyeux, parfois acrimonieux, qui ont la cote entre évolutionnistes sur des questions telles que le gradualisme, le saltationisme, les équilibres ponctués, la dérive génétique, la formation des espèces, les dynamiques de population, et d'autres aspects spécialisés de la théorie darwinienne. Les dissidents auxquels je me réfère acceptent l'évolution mais rejettent une explication purement naturaliste du processus.

Cette position a un passif aussi long que distingué. Plus particulièrement encore dans la tradition française : en se référant au philosophe Henri Bergson, auteur de *L'Évolution créatrice* et père du concept de l'« élan vital », de nombreux biologistes ont défendu une opinion téléologique de l'évolution, perçue comme dirigée par un agencement spécial qui a, d'une certaine façon, induit des changements selon un plan préconçu. Souvent associé au « vitalisme », le « finalisme » est tombé en disgrâce face aux succès croissants de la biochimie et de la biologie moléculaire. Ces dernières années, le finalisme a profité des querelles existant dans le camp des darwiniens, pour imposer son retour. Il bénéficie d'une sorte de réminiscence dans certains cercles français, souvent teintée de notes religieuses liées aux attentes du jésuite Pierre Teilhard de Chardin de réconcilier science biologique et foi catholique.

Dans le monde anglo-saxon, en revanche, elle se cache dans une sorte de nébuleuse appelée « holistique », incarnée par des écrits tels que ceux de Lynn Margulis[9], reconnue mondialement pour sa précoce – et correcte – défense de l'origine endosymbiotique de certains « organites cellulaires » et, plus récemment, pour son plaidoyer en faveur du concept de James Lovelock, intitulé « Gaia », et de la théorie de l'« autopoïèse » de Francisco Varela, biologiste devenu mystique, récemment décédé.

Dans une veine différente, le biologiste théoricien américain Stuart Kauffman, un expert en simulation sur ordinateur de « vie artificielle », exprime également son refus de la théorie darwinienne classique. Il croit que des systèmes biologiques, en plus d'obéir à la sélection naturelle, possèdent une aptitude intrinsèque puissante à « s'auto-organiser », créant de « l'ordre à partir de rien[10] ». Le physicien anglo-australien Paul Davies, auteur de best-sellers aux titres évocateurs tels que *The Mind of God*[11] (*L'Esprit de Dieu*) et *The Fifth Miracle*[12] (*Le Cinquième Miracle*), tout en déclarant s'en remettre aux explications naturalistes, n'hésite pas à invoquer un « nouveau type de loi physique », pour expliquer l'aptitude de la vie à « circonvenir ce qui est chimiquement et thermo-dynamiquement "naturel". » Des opinions plus explicitement « finalistes » de l'origine de la vie et de l'histoire sont défendues dans deux livres récents : *Darwin's Black Box* (*La Boîte noire de Darwin*) de Behe, précédemment mentionné et *Nature's Destiny* (*Le Destin de la Nature*) sous-titré de façon caractéristique *How the Laws of Biology Reveal Purpose in the Universe* (*Comment les lois de la biologie révèlent un dessein dans l'Univers*), par le biologiste néo-zélandais Michael Denton[13].

Les dissidents ne rejettent pas catégoriquement les explications darwiniennes. Ils acceptent de telles explications pour de nombreux événements ayant cours dans ce qui est connu comme la microévolution, ou l'évolution horizontale, selon ma terminologie, processus par lequel la diversité est générée à l'intérieur d'un même plan d'organisation. Ils seraient tentés, par exemple, d'attribuer à la sélection naturelle la diversification des fameux pinsons des Galapagos, qui, d'après les observations de Darwin, avaient des becs aux formes variables d'une île à l'autre, car chacun avait dû s'adapter à l'alimentation disponible sur son île. Mais ils nient qu'un mécanisme seul puisse être à l'origine des étapes principales réalisées en macroévolution, ou évolution verticale, qui impliquent des changements majeurs dans le plan des organismes. La transformation d'un dinosaure en un oiseau ou le moindre des autres « sauts » apparents, révélés par les documents fossiles, appartiennent à cette catégorie. Dans de tels cas – toujours selon l'argumentaire –, de nombreuses modifications majeures ont dû avoir lieu simultanément, ce qui rend inconcevable tout chemin naturel impliquant des intermédiaires viables. Pour illustrer ce point, Behe mentionne la conversion d'une bicyclette en Mobylette. La dernière peut être dérivée de la première de façon conceptuelle mais pas physique. Cependant, comme nous l'avons vu, les engins mécaniques sont des modèles pauvres pour les systèmes vivants.

Tout comme avec l'origine de la vie, la question doit rester indéterminée étant donné que les détails du chemin évolutionniste nous sont inconnus et qu'il est peu probable que nous les élucidions dans un futur proche. Le problème pourrait même être plus difficile que celui de l'origine de la vie, puisque l'évolution est un processus historique qui s'est déroulé sur plusieurs milliards d'années, en laissant très peu de traces. Cependant, dans notre analyse de ce processus, avons-nous atteint une étape où les explications naturalistes doivent être abandonnées et où faire appel à « quelque chose d'autre » soit devenu obligatoire ? Il est évident que non. La théorie darwinienne s'est vue contrée par un argument clé : l'absence de « chaînons manquants ». Mais la pénurie n'est aucunement la preuve de « l'absence de », particulièrement dans un domaine où la « chance de la trouvaille » joue un rôle principal. Sans *Archaeopteryx* et l'empreinte presque miraculeusement préservée de ses plumes dans une roche de Bavière, découverte en 1864, nous n'aurions eu aucun soupçon quant au chemin qui a mené des reptiles aux oiseaux jusqu'aux découvertes de nature similaire qui ont été réalisées il y a peu de temps en Chine. Personne ne peut prédire ce que l'avenir nous prodiguera.

Ici aussi, la science moderne, loin de mettre en avant « la complexité irréductible » peut, au lieu de cela, révéler des façons insoupçonnées de réduire la complexité. Une percée spectaculaire de cette sorte a eu lieu récemment avec la découverte des homéogènes. Il s'agit de gènes qui contrôlent l'expression d'un très grand nombre de gènes – jusqu'à 2 500, selon leur découvreur, le biologiste suisse Walter Gehring, qui a passé en revue ce fascinant domaine[14]. Pour ne donner qu'un exemple, le gène appelé « sans yeux » de la mouche drosophile a le pouvoir, à lui seul, de déclencher la cascade entière des événements nécessaires au développement d'un œil totalement fonctionnel.

Notons que l'on trouve le même gène dans une large variété d'invertébrés et de vertébrés, où il effectue la même tâche, même si les yeux qui en résultent peuvent être aussi différents que les yeux à lentille simple des mammifères, ou bien encore le même œil à lentille simple mais différemment construit chez les céphalopodes, les yeux à facettes multiples des arthropodes, et les yeux primitifs des vers de terre.

Plus étonnant encore, le gène « sans yeux » de la souris est parfaitement actif lorsqu'il est inséré dans une mouche drosophile ; mais le produit de cette action est un œil de drosophile typique et non un œil de souris. Le déclencheur est le même, mais la batterie des gènes qui sont mis en marche est différente d'une espèce à l'autre, ce qui aboutit à la formation d'yeux entièrement différents.

De telles découvertes ne sont pas seulement appropriées au développement embryologique ; elles éclairent également des processus évolutionnistes en montrant comment des changements phénoménaux du phénotype peuvent être occasionnés par des mutations simples. Les « sauts » mystérieux pourraient, après tout, se révéler explicables en termes naturalistes. Ils pourraient même être ouverts à l'étude expérimentale...

L'élusif « quelque chose d'autre »

Faire appel à « quelque chose d'autre » n'est pas seulement stérile de façon heuristique, puisque cela étouffe la recherche ; c'est également maladroit conceptuellement, du moins dans sa formulation moderne. À l'époque où finalisme et vitalisme étaient regroupés dans une seule même théorie universelle, du moins la position philosophique avait-elle le mérite d'être cohérente intérieurement. Une « force vitale » mystérieuse était supposée guider les organismes vivants dans toutes leurs manifestations.

Une fois que la position devient sélective, acceptant une explication naturaliste pour certains événements et la rejetant pour d'autres, on est confronté à la tâche quasi impossible de définir la ligne de démarcation entre les deux. La leçon tirée de l'histoire, c'est que cette frontière n'a pas arrêté de bouger au fur et à mesure que l'inexpliqué, considéré comme inexplicable par certains, fut expliqué. De nombreux biologistes souhaitent extrapoler cette tendance historique jusqu'à un point du futur où tout sera expliqué.

De peur d'être accusé de préjuger du résultat, nous n'avons pas besoin d'être aussi optimistes en déclarant simplement que la seule position défendable intellectuellement est d'accepter le naturalisme comme une hypothèse de travail pour la conception d'expériences appropriées et de montrer les succès passés comme justifiant fortement une telle position.

Behe, lui, n'accepte pas cette position. Pour lui, la frontière est fixée, déterminée par les limites de la « complexité irréductible ». D'un côté de la frontière, les événements sont dirigés par les lois naturelles. De l'autre, il y a l'intervention d'une entité qu'il n'hésite pas à identifier comme Dieu. Cette intervention ne se contente pas de mettre en place la vie pour ensuite la laisser fonctionner par elle-même, pour ainsi dire. Le Dieu de Behe accompagne la vie tout au long de l'évolution afin de fournir un coup de pouce chaque fois que cela est nécessaire pour qu'une certaine barrière de probabilité soit surmontée. Behe n'offre aucune suggestion quant à la nature moléculaire ou à la cible de ce coup de pouce. On peut rester perplexe face à cette image : un ingénieur divin créant l'Univers avec tout son ensemble de lois naturelles et qui, ensuite, occasionnellement, casse les lois de sa création afin d'accomplir un objectif particulier qui, hypothétiquement, inclut l'avènement de l'humanité. Pourquoi ne pas imaginer un Dieu qui, depuis le début, a créé un monde capable de donner naissance à la vie dans toutes ses manifestations, incluant l'esprit humain, par le seul exercice des lois naturelles ?

C'est ce que Denton postule, mais dans une forme périlleusement proche de l'opinion de Behe quant à une interférence directe, bien qu'il la présente comme « entièrement cohérente avec l'assomption naturaliste basique de la science moderne ». Denton embrasse non seulement le concept anthropique d'un univers qui, physiquement, serait réglé avec précision, ajusté de façon unique pour la vie, mais encore le fait-il d'une façon « hyperanthropocentrique ». Il imagine le scénario évolutionniste dans son entièreté, avec l'humanité en tant que l'accomplissement suprême, comme écrit depuis le début dans les petits caractères des molécules d'ADN originales. Et il trie les arguments moléculaires censés soutenir une telle notion, ne laissant, dans le déroulement de l'évolution, presque aucune place pour les événements fortuits. Il va jusqu'à envisager des « mutations dirigées », des « réarrangements génétiques préprogrammés » et une « évolution auto-dirigée ». Il admet même la possibilité que certains changements évolutionnaires aient pu être soutenus non pas par leurs intérêts immédiats mais futurs. En discutant des développements du poumon caractéristique des oiseaux, il trouve « difficile de ne pas être enclin à voir un élément de prévision dans l'évolution du poumon aviaire, qui peut parfaitement s'être développé dans les oiseaux primitifs avant que sa pleine utilité ne soit exploitée ».

Denton trouve cette notion « parfaitement compatible avec un modèle d'évolution dirigé », mais n'offre aucune suggestion quant à comment la direction pourrait être manifestée, se contentant du vague concept d'un Créateur qui a « doté les organismes... d'un degré limité de créativité véritable ».

Une vue équilibrée

Le naturalisme n'a pas atteint les limites de son pouvoir explicatif. Au contraire, tout ce qui a été accompli jusqu'ici encourage la croyance selon laquelle l'origine et l'évolution de la vie sont, tout comme les mécanismes fondamentaux de la vie, explicables en termes naturalistes. La recherche guidée par cette supposition reste, face à ces problèmes, une approche valide et prometteuse. De nombreux chercheurs extrapolent cette attitude scientifique dans une vision philosophique du monde qui nie toute signification cosmique à l'existence de la vie, y compris à sa manifestation la plus complexe à ce jour : le cerveau humain. De telles affirmations doivent être saluées avec autant de vigilance que celles qui postulent l'intervention de « quelque chose d'autre ».

Indépendamment de n'importe quelle position *a priori* que nous serions tenté d'entretenir, un fait se détache de façon irréfutable : nous appartenons à un univers *capable* de donner naissance à la vie et à l'esprit. Cela prend le contre-pied d'une phrase célèbre du biologiste français Jacques Monod, qui affirma : « L'Univers n'était pas enceint de la vie, ni la biosphère de l'homme[15]. » Tel que montré par les présentateurs du principe anthropique, et réitéré par Denton (*op. cit.*), ce fait implique un degré considérable de réglage physique de notre Univers. Même des changements mineurs apportés à n'importe laquelle des constantes physiques modifieraient l'équilibre matériel au point que soit il n'y aurait pas d'univers, soit l'univers existant serait tel que, pour une raison ou une autre, la vie ne pourrait pas y naître ou y subsister.

Pour Denton, ce fait signifie que l'Univers est « conçu » pour héberger la vie. D'autres, cependant, sont heureux de laisser cette conception au hasard. Le chimiste anglais Peter Atkins[16], défenseur militant de l'athéisme scientifique, fait appel à une « fluctuation extrêmement improbable qui aurait été gelée » pour expliquer la naissance de notre Univers. Et il conclut : « L'Univers peut émerger de rien, sans aucune intervention. Par hasard. » Selon le cosmologiste anglais Martin Rees[17], notre Univers est unique – connaissable car ajusté pour la vie – au sein d'une collection gigantesque d'univers, un « multivers », produit par le hasard. Le physicien américain Lee Smolin[18] a adopté la même idée, mais dans un contexte évolutionniste. Il défend l'idée selon laquelle de nouveaux univers, dotés de constantes physiques légèrement différentes, peuvent émerger d'univers existants par l'intermédiaire des trous noirs. L'aptitude à former des trous noirs apparaît ainsi comme une mesure de la prolifération cosmique et sert de facteur sélectif dans le processus évolutionniste. Les propriétés particulières de notre Univers ont cours parce qu'il se trouve qu'elles sont associées à la production d'un nombre particulièrement important de trous noirs.

De telles spéculations sont fascinantes mais sans rapport avec la question principale. Qu'il ait été créé par un concepteur, par hasard, ou *via* une évolution, qu'il soit unique ou seul parmi une multitude, notre Univers a *bel et bien* donné naissance à la vie et, à travers un long processus évolutionniste, à une forme vivante dotée de l'aptitude à appréhender, *via* la science mais également d'autres approches, telles que la littérature, l'art, la musique, la philosophie ou la religion, quelques aperçus de la mystérieuse « réalité suprême » qui se cache derrière les apparences accessibles à nos sens[19]. Ce fait est pour moi magistralement important.

À cet égard, j'accepte le principe anthropique, mais dans sa connotation factuelle et non téléologique. L'Univers est « ainsi fait », pas nécessairement « fait pour ». Je rejette également le parti pris anthropocentrique que Denton ou d'autres défenseurs du finalisme allouent au principe. L'humanité n'existait pas il y a 3 millions d'années, contrairement à la vie qui est présente depuis plus de mille fois plus longtemps. Il n'existe aucune raison de croire que notre espèce représente un sommet de l'évolution et restera inchangée pour les milliards d'années à venir, ce qui est le temps minimum, selon les cosmologistes, durant lequel la Terre restera adaptée à la vie.

Au contraire, il semble hautement probable que l'humanité, comme toutes les autres espèces vivantes, continuera à évoluer, peut-être par l'intermédiaire d'une aide humaine. Il est tout à fait possible, même probable selon moi, que des formes de vie douées de facultés mentales infiniment supérieures aux nôtres surgissent un jour, qu'elles proviennent de l'humain lui-même ou d'une autre branche de l'arbre de l'évolution. Pour ces êtres, nos rationalisations auront l'air aussi rudimentaires que nous apparaissent les processus mentaux qui ont guidé les premiers hominidés dans la fabrication d'outils.

Un autre argument philosophique souvent présenté comme irréfutablement imposé par la science moderne est ce que j'appelle l'« évangile de la contingence », la notion selon laquelle l'évolution biologique, incluant l'avènement de l'humanité, serait le produit d'innombrables événements fortuits qui ne pourraient se dupliquer où que ce soit ni à n'importe quel autre moment que ce soit, et donc seraient exempts de la moindre signification. Pour citer les mots du paléontologue américain Stephen Jay Gould, qui se fait particulièrement entendre grâce à son talent d'écrivain, et incarne l'avocat le plus persuasif de ce *credo*, « la compréhension la plus profonde que la biologie nous donne du statut de la nature humaine et de son potentiel réside dans cette simple expression : "l'incarnation de la contingence[20]" ». Je ne suis pas d'accord avec cette affirmation.

Ce que la biologie nous dit, c'est que l'humanité, comme toute autre forme de vie, est le produit d'environ 4 milliards d'années de ramification de l'évolution et que, schématiquement, dans ce processus, chaque nouvelle branche est la conséquence d'un changement génétique fortuit qui s'est avéré bénéfique à la survivance et à la prolifération de l'individu au sein des conditions environnementales prévalentes. Le défaut de l'argument de la contingence est de mettre sur un pied d'égalité imprévisibilité et improbabilité. Des événements peuvent avoir lieu strictement par hasard et pourtant être obligatoires. Tout ce qui est nécessaire, c'est de leur fournir suffisamment d'opportunités d'avoir lieu, relativement à leur probabilité. Essayez de jeter une pièce : la probabilité pour qu'elle tombe d'un côté donné est de 50 %. Jetez-la dix fois et les chances pour qu'elle tombe au moins une fois de chaque côté sont de 99,9 %. Même un chiffre de loterie à 7 unités est assuré à 99,9 % de sortir sur 69 millions de tirages. Les loteries ne fonctionnent pas comme ça, bien entendu, mais le jeu de l'évolution, si.

Contrairement à ce qui est souvent avancé, l'arbre de l'évolution ne s'est pas déployé en un espace infini de variations *via* une sorte de chemin aléatoire. L'espace est limité par un nombre de contraintes internes que les tailles et les structures de génomes font respecter, et par des contraintes externes imposées par l'environnement. Le nombre d'individus participant et les temps disponibles sont tels qu'une exploration étendue de l'espace mutationnel a souvent été rendue possible, laissant la décision de sélection majeure aux conditions environnementales.

Dans ce contexte, la contingence joue encore un rôle important, mais bien plus encore dans l'évolution horizontale (microévolution) que dans l'évolution verticale (macroévolution). Sans feuilles pour lui fournir une protection potentielle, aucun insecte n'aurait pris l'étrange chemin évolutionniste qui l'a conduit à ressembler à une feuille – une occurrence, insidieusement, qui atteste de la richesse du champ mutationnel. D'un autre côté, si les circonstances historiques particulières qui ont favorisé la conversion des branchies dans un amphibien primitif n'avaient pas eu lieu, il semble probable que les vertébrés auraient de toute façon envahi les terres à une autre occasion, tant cette mutation rapportait à son possesseur des gratifications sélectives fertiles. Plus près de chez nous, si nos ancêtres primates n'avaient pas été isolés il y a environ 6 millions d'années – peut-être par l'ouverture de la vallée du Rift en Afrique orientale – dans une savane où des traits tels que se tenir debout et avoir des compétences manuelles étaient devenus incroyablement avantageux, il est tout de même probable que, quelque part, tôt ou tard, un certain groupe de singes aurait débuté le chemin menant vers l'humanité. La vitesse éclair – en termes de temps évolutionnaire – de l'hominisation montre certainement que le processus, une fois amorcé, a été fortement favorisé par la sélection naturelle. Cela n'est pas surprenant, étant donné qu'un meilleur cerveau doit nécessairement être un atout dans n'importe lequel des environnements.

J'ai précédemment désigné comment, par une série de pas successifs d'accroissement de l'ordre et par la sélection, la vie émergente aurait pu explorer des parties substantielles des espaces d'ordre qui lui étaient disponibles à chaque étape. Consécutivement, la hiérarchisation des gènes en un nombre croissant de niveaux – rappelons-nous les homéogènes – a produit une situation similaire dans l'évolution postérieure, permettant à celle-ci l'exploration des espèces appropriées à chaque niveau de complexité. Pour cela et pour d'autres raisons, je défends la position selon laquelle la croissance verticale de l'arbre de vie vers une complexité croissante est fortement favorisée par les facteurs – purement naturalistes – dont on croit qu'ils déterminent l'évolution biologique. D'autre part, la croissance horizontale de l'arbre vers une plus grande diversité, à chaque niveau de complexité, a probablement été largement gouvernée par les caprices des conditions environnementales.

Conclusion

La science moderne, tout en éliminant de plus en plus le besoin d'avoir recours à « quelque chose d'autre » pour expliquer notre présence sur Terre, ne défend pas pour autant l'opinion selon laquelle nous ne sommes pas plus que le résultat hautement improbable et dénué de sens d'événements fortuits. Nous sommes habilités à nous voir comme l'une des parties d'un modèle cosmique qui ne fait que commencer à se révéler. Peut-être qu'un jour, dans un futur lointain, des cerveaux plus évolués que les nôtres percevront le modèle plus clairement. En attendant, l'étape que nous avons atteinte, bien qu'encore assez rudimentaire, représente une vraie ligne de partage des eaux en cela que, pour la première fois dans l'histoire de la vie sur Terre, a surgi une espèce capable de comprendre suffisamment la nature pour être à même de diriger son futur de façon lucide, délibérée et responsable. Il est à espérer que l'humanité sera à même de relever le défi.

Remerciements

Dans la préparation de ce texte, j'ai bénéficié des conseils avisés et du soutien éditorial de mon ami Neil Patterson.

II

Science, spiritualité et société

Thomas Odhiambo (décédé)

Entomologiste de formation, il fut le directeur-fondateur du Centre international de physiologie des insectes et d'écologie (ICIPE). Sa recherche a porté sur le développement de solutions durables face au besoin urgent d'augmenter la production de nourriture et sur l'amélioration des conditions de santé dans les communautés rurales. Il fut président de l'Académie africaine des sciences jusqu'en 1999. Il a également été le vice-président de l'Académie des sciences du tiers-monde jusqu'en 1999.

Essence et continuité
de la vie dans la société africaine :
sa nature évolutive

Quel est le but et le sens de la vie humaine ? Cette question, mère de toutes les autres, a déconcerté philosophes autant que théologiens de toutes les sociétés et de toutes les ères. De même, la question qui s'ensuit naturellement est : quel est le destin d'un être humain au sein de ce but ? Ces questions fondamentales et dérangeantes sont tout aussi pertinentes et déconcertantes aujourd'hui qu'elles ne l'étaient à l'époque des pharaons, qui a débuté il y a plus de 5 000 ans. Les réponses fournies par des sages, des philosophes, des théologiens et des penseurs dont les préoccupations premières sont les mystères de la vie, le destin et la continuité existentielle, sont encore vitales à la société. Des institutions sociales sont construites et instaurées en conséquence.

Contrairement à la perspective mondiale contemporaine dominante, exprimant les dogmes de la dépersonnalisation et du matérialisme formulés par les méga-géants économiques du marché, presque toutes les religions majeures, incluant les religions indigènes africaines, mettent l'accent sur l'évolution des êtres humains vers un niveau plus important de droiture, de compassion, de paix et de compréhension divine. Droiture et compréhension divine sont des valeurs personnelles hautement spirituelles. La compassion et la paix englobent « les autres » – la famille, la communauté, la société et la communauté internationale, les aliénés et les proscrits. La préservation de ces valeurs dépend de l'attention de ceux qui se consacrent au développement de leur esprit personnel intérieur – *via* la contemplation, la retraite, la prière, l'étude et la méditation.

À l'aube du IIIe millénaire, l'une des tragédies est que l'humanité, ayant inventé des technologies de l'information inégalées offrant l'accès à des discours méditatifs et à une étude contemplative pondérée, est pourtant incapable d'en profiter de cette façon-là. La raison en est que les êtres humains sont frénétiquement occupés par le pouvoir politique et le pouvoir d'achat et que leurs esprits sont dominés par une nouvelle utopie du marché. Toute l'humanité est appelée à faire tourner la roue à rochet économique afin de se hisser au niveau des sociétés industrialisées modernes de l'Ouest, sans se soucier de leurs valeurs et de leurs conditions de vie. On porte un intérêt démesuré à l'information et au savoir, au détriment de celui accordé à la compréhension. De telles forces matérialistes, qui considèrent les sociétés moins développées techniquement comme étant moins accomplies sur le plan culturel, scientifique et religieux, mènent à l'homogénéisation de l'expérience humaine du modèle néo-libéral des pays de l'Ouest qui mettent l'accent sur le consumérisme et l'individualisme agressifs. Il est tragique que cette vision implique l'exclusion de sages, philosophes, théologiens et autres penseurs intuitifs dont la vocation première a été de sonder et pénétrer les mystères de la vie, le destin et la continuité existentielle.

Il est maintenant nécessaire pour les Africains, et à cet égard, pour chaque être vivant, de faire marquer un temps d'arrêt à ces forces, de réfléchir de nouveau aux questions vitales portant sur le sens de la vie. De même doit-on repositionner l'Afrique sur l'autoroute principale du développement de l'esprit humain – pas en tant qu'étude anthropologique ni en tant qu'apologie mais plutôt comme une plante dynamiquement perspicace dans le bosquet de l'expérience humaine. Ce texte va évoquer la contribution africaine préliminaire à l'évolution du savoir humain puis décrira les visions africaines contemporaines de la nature de Dieu, de l'esprit humain et de la vie. Des questions sont soulevées sur des notions telles que la continuité de la vie, la nature et la destinée humaines ainsi que leurs conséquences sur la famille et la société. Au vu des tendances perturbantes mentionnées ci-dessus, la perception africaine traditionnelle du monde est extrêmement adaptée aux processus de développement sociaux et économiques contemporains.

La place de l'Afrique dans l'évolution de la connaissance humaine

Les racines de la pensée religieuse occidentale peuvent être tracées en Afrique, dont l'influence s'étend jusqu'à la Grèce et est à la base de la philosophie classique et de la religion. Mais, durant les cinq derniers siècles, l'histoire et la culture africaines ont été enveloppées de culpabilité et de honte, comme Maya Angelou l'a évoqué de façon éloquente :

« [Transportés jusqu'en des terres éloignées, dans l'hémisphère Ouest,] les esclaves africains eux-mêmes, coupés des membres de leurs tribus et de leur langage, forcés par le fouet à parler une autre langue... étaient incapables de véhiculer ou retransmettre les histoires de leurs propres peuples, de leurs actes, rituels, religions et croyances... En quelques générations, les détails des royaumes du Ghana et du Mali et de l'empire Songhai devinrent flous dans leurs esprits. Les concepts Mende de beauté et l'idée Ashanti de justice se sont éteints avec les noms de famille ancestraux et les lois tribales complexes. Les esclaves commencèrent rapidement à croire ce que leurs maîtres pensaient : l'Afrique était un continent de sauvages... À part pour quelques rares érudits et voyageurs observant le continent, l'Afrique était perçue, sur son propre sol, comme une caricature de la nature : ainsi en découla l'idée selon laquelle les Africains vivant à l'étranger n'étaient meilleurs que grâce à leurs contacts avec les Blancs. Même concernant la religion, l'Africain était taxé de fétichisme, croyant en des bâtons et des os. La plupart des gens ne voyaient pas la corrélation existant entre l'Africain et son gri-gri (amulette religieuse) tout comme le musulman avec ses perles ou le catholique avec son chapelet. »

Malheureusement, les Lumières advinrent, en Occident, au moment où l'Europe mercantiliste était devenue apte, technologiquement, à l'expansionnisme outre-mer. Sans scrupules, des aventuriers et autres chercheurs de fortune débutèrent ce qui devint une conquête débridée de l'Afrique parmi d'autres terres. Des savants firent l'apologie de l'esclavage et du colonialisme, donnant ainsi leur bénédiction à la dégradation des terres, des ressources et des peuples africains dans la conquête du pouvoir, de la richesse et du progrès. Par exemple, David Hume écrivit dans sa célèbre note de bas de page d'un essai, *Sur la typologie nationale* : « Je suspecte les Noirs d'être naturellement inférieurs aux Blancs. Il n'y eut guère de nation civilisée de cette carnation, ni jamais, parmi eux, de personnage éminent dans l'action ou la spéculation ou de fabricant ingénieux ; aucun art, aucune science. »

D'autres sommités, incluant Kant et Hegel, réitérèrent de tels préjugés philosophiques. Ces derniers positionnèrent l'Afrique en dehors de l'Histoire, postulant qu'elle était restée dans le même état depuis le commencement absolu de l'histoire humaine[1].

Maya Angelou s'interroge, légitimement : « Comment expliquer, alors, que ces gens, soi-disant dénués de culture, puissent influencer autant les cultures de leurs ravisseurs et même celles d'étrangers distants, avec lesquels ils n'ont jamais eu aucun contact[2] ? »

Cependant, les mythes fondés sur des préjugés, l'ignorance délibérée ou le besoin de faire porter la culpabilité par d'autres pour s'auto-justifier, ne parviennent pas à camoufler la réalité des cadeaux que les peuples d'Afrique ont faits à la civilisation occidentale alors embryonnaire, cadeaux qui furent transmis par l'Égypte aux Grecs. En effet, une preuve d'ordre archéologique – doublée du soutien de savants – démontre que la brillante civilisation de l'Égypte pharaonique a, en réalité, pris racine en Afrique noire. Si la contribution intellectuelle de l'Égypte à la pensée grecque n'a jamais été niée, la théorie selon laquelle les racines intellectuelles et philosophiques de la grande civilisation égyptienne pourraient être nées en Afrique noire n'a, elle, toujours pas été largement reconnue, notamment par les pays de l'Ouest.

En 300 avant J.-C., un prêtre égyptien commença à rédiger une histoire de l'Égypte pour le monarque régnant Ptolémée. La chronologie de Manétho soutient la légende selon laquelle vers 3100 avant J.-C., le roi Menès du Nil supérieur fut apte à conquérir le delta du Nil inférieur et établit la première dynastie de l'Égypte antique. De plus, selon la légende, il régna 60 années avant d'être détrôné par un hippopotame. De même, vers 3000 avant J.-C., des systèmes d'écriture hiéroglyphique furent, apparemment, inventés par des Africains de cette région.

91

Il existe des preuves archéologiques considérables démontrant que ces premiers Égyptiens ont été des descendants d'un peuple noir qui aurait vécu dans le désert du Sahara durant environ 4 000 années, à partir de 8000 avant J.-C. Temps durant lequel ils ont développé un mode de vie extrêmement organisé, incluant l'invention du premier calendrier connu *a priori* pour prévoir les pluies. Un changement climatique a obligé ce peuple extrêmement développé à migrer vers l'est, et plus précisément au Soudan ainsi que dans les régions de la vallée du Nil supérieur et dans la corne de l'Afrique.

Dans le même registre, Henry Olela soutient que les conceptions africaines du monde moderne, tout comme celles des Grecs et des Romains, proviennent d'Africains antiques (Égyptiens, Nubiens). Olela, présumant que la culture hellénique était originaire de Crète, s'enquit des origines des insulaires. Il trouva différentes sources suggérant qu'ils avaient pu être des descendants d'une branche familiale des Éthiopiens de l'Ouest, dont les origines remonteraient au Sahel, en 2500 avant J.-C. Il cite également d'autres chercheurs qui ont déclaré que l'Afrique était l'unique fondation de la civilisation Minoenne[3].

Des preuves archéologiques découvertes en Égypte soutiennent également la proposition selon laquelle les Égyptiens seraient les descendants d'un certain nombre de nations africaines. Ainsi, les histoires de l'Égypte, des Kush (établis par les Nubiens du Soudan et les habitants du Nil supérieur) et des Axums (une civilisation de la corne de l'Afrique), sont-elles intimement entrelacées et inséparables au sein des fondements égyptiens de la pensée philosophique universelle. Certains de ces peuples ayant eu un impact gigantesque sur les Égyptiens sont estimés être des descendants des Gallas de Somalie et des Masais du Kenya.

En 1987 fut publiée une étude exhaustive réalisée par Martin Bernal, étude soulignant les racines africaines de la civilisation classique. Il y citait tant Hérodote que Platon et faisait référence à bien d'autres sources pour justifier sa théorie de l'« Athéna noire[4] ». Bernal décrit l'intérêt porté par l'historien grec Hérodote (450 avant J.-C.) à la façon dont les colonies phénicienne et égyptienne ont influencé la civilisation grecque – la première, *via* l'introduction de l'écriture chez les Helléniques et la seconde, par leur transmission des mystères religieux égyptiens, y compris l'art de la divination.

Presque tous les noms des dieux grecs ont été adaptés à partir de formulations égyptiennes. Hérodote prétendit même que le nom de tous les dieux était connu en Égypte depuis le début des temps. Les premiers habitants de Grèce offraient des sacrifices en priant, mais leurs dieux n'étaient ni nommés ni n'avaient de titres. Les Grecs commencèrent à utiliser les noms de dieux égyptiens seulement après que les Pelasgiens eut reçu le droit de le faire de la part de leur unique et plus ancien oracle de Dodona. De même, selon Bernal, Platon passa du temps en Égypte aux environs de 390 avant J.-C., et dans son *Phèdre*, fit déclarer à Socrate que le dieu égyptien de la sagesse, Theuth-Thoth, était l'inventeur de l'arithmétique, de la géométrie et de l'écriture. Dans son *Philehos et Epinomis*, Platon fournit de plus amples informations sur Thoth et lui attribue la création de l'écriture, du langage et de toutes les sciences. Quelques années plus tard, ayant emprunté des livres à la bibliothèque d'Alexandrie durant son séjour en Égypte en compagnie d'Alexandre le Grand, Aristote énonça, dans son *Métaphysique*, la croyance selon laquelle l'Égypte était le berceau des mathématiques grâce au travail forcé de la caste des prêtres égyptiens qui avaient le loisir de s'engager dans de telles réflexions théoriques. Ainsi, la géométrie ne fut-elle pas simplement inventée pour mesurer les terres après que les jalons originaux eurent été emportés par les inondations périodiques du Nil, comme Hérodote l'avait cru.

L'association réalisée entre la religion de l'Égypte antique et l'ascension extraordinaire des mathématiques et de la science en Égypte antique est intrigante. En effet, la philosophie de la religion de l'Égypte antique n'était pas concernée par le monde matériel et éphémère du « devenir » – avec ses cycles de croissance et de décrépitude. La religion mettait plutôt l'accent sur le champ immortel de l'être, tel qu'illustré dans les nombres, la géométrie et l'astronomie. Cette approche de la vie a également influencé la pensée métaphysique grecque. On considère que les écrits de Platon et Aristote relatifs à ces sujets ont été fortement influencés par les idées égyptiennes. Platon a peut-être adopté la vision égyptienne de l'immortalité de l'âme ainsi que sa vision sur la création et sa doctrine du Bien.

Il existe une base solide permettant de spéculer qu'Aristote a adopté la notion égyptienne du « mouvement immobile », le processus créateur se développant du désordre à l'ordre. Ce processus fut exécuté par l'esprit et les mots – ou l'intelligence pure, tel qu'Olela le rapporte. Aristote pourrait également avoir appris de l'Égypte la doctrine de l'âme dont il a parlé dans son *Livre des morts*.

Comme leurs ancêtres, les Africains contemporains sont extrêmement religieux. Presque tous les individus et groupes d'activités, de n'importe quelle nature que ce soit – politique, économique, sociale ou militaire – sont largement influencés par des considérations essentiellement mystiques et religieuses.

Leur connaissance de Dieu s'exprime à travers des proverbes, chansons, prières, mythes, histoires et cérémonies religieuses. Alors qu'il n'existe pas d'écrits sacrés au sein des sociétés traditionnelles, de nombreux Européens voyageant en Afrique depuis le XVIIe siècle ont observé, à travers le continent, des recoupements d'idées sur Dieu et l'esprit humain d'ordre monothéistes et, à bien des égards, métaphysiques. Cela peut être confirmé en comparant un certain nombre de rapports et études. Par exemple, les aspects philosophique, ésotérique et métaphysique de la pensée africaine de l'Ouest ont été retranscrits par le savant Maurice Delafosse (1879-1926) *via* une série de monographies sur les religions et cultures indigènes d'Afrique qui reflétaient les facettes rituelles et institutionnelles de leurs structures philosophiques sur la vie et la pensée. Le travail de Delafosse fait partie d'un projet d'envergure sur les religions africaines, mené par William Leo Hansberry[5]. Plus récemment, John S. Mbiti a mené une étude d'une grande ampleur sur les religions traditionnelles africaines. Son travail explore le continent et couvre environ trois cents croyances africaines[6]. Il a également amassé une bibliographie impressionnante d'études sur certaines religions traditionnelles.

La nature de l'Être suprême

Bien que les conceptions de Dieu soient colorées par les particularités de la culture, de la géographie et de l'environnement de chaque nation, il existe suffisamment d'éléments significatifs de croyances communes pour que l'on puisse parler d'un concept africain de Dieu. On peut affirmer sans trop prendre de risques que toutes les cultures africaines tendent à croire que Dieu, indépendamment du titre ou nom qui lui est attribué, transcende la perception que nous pouvons en avoir par nos facultés humaines. Alors que Dieu a été associé à des formes de pensée concrètes, c'est-à-dire à des objets simples ou à des forces surnaturelles dans l'Univers visible telles que le Soleil, la Lune, les hautes montagnes, la forêt, le tonnerre et la lumière, aucune de ces descriptions figuratives ne sont des incarnations de Dieu ni ne sont vénérées comme le seraient des dieux.

Ce sont généralement des représentations métaphoriques vouées à promouvoir la compréhension de Dieu et permettre aux gens de se rapprocher de Lui/Elle. Tel qu'un savant allemand qui visita le royaume du Bénin, en Afrique de l'Ouest, l'écrivit dans un témoignage qui date de 1705 : « Étant donné que Dieu est invisible, ils (les habitants du Bénin) disent qu'il serait idiot de réaliser des représentations corporelles de Lui, puisqu'il leur paraît impossible de créer l'image de quelque chose que personne n'a jamais vu[7]. »

Généralement, les descriptions tangibles aussi bien que métaphoriques associées à Dieu reflètent certains attributs que les gens associent au Dieu invisible et sont des pierres de touche naturelles pour une meilleure compréhension de Dieu. Par exemple[8] :

• Les Luo de Nyanza, au Kenya, vivant sur les berges du lac Victoria (à califourchon sur l'Équateur), assimilent le Soleil, ou Nyasaye, à l'expression d'un aspect de l'Être suprême, qui est l'auteur de la vie et de la mort et le créateur de toute chose.

• Les Wachagga, qui vivent sur le flanc du mont Kilimandjaro, juste au sud de l'Équateur, en Tanzanie, connaissent l'Être suprême sous le nom de Ruwa, qui est associé au Soleil et au ciel. Ils voient Dieu comme le créateur tout-puissant de toute chose, qui ne change pas.

• Les Barotse, qui vivent dans la haute vallée Zambezi de Zambie, en Afrique centrale-du-sud, connaissent l'Être suprême sous le nom de Nambe, qui créa l'Univers et est la grande cause de tout. Il est tout-puissant et rien ne peut être fait contre sa volonté. Les Barotse personnifient Dieu dans le Soleil et le ciel, qui sont les domiciles les plus remarquables pour leur Dieu.

À partir de et selon ces énumérations ainsi que bien d'autres, Dieu possède les attributs éternels intrinsèques d'omnipotence, d'omniscience et d'omniprésence invisible. Dieu est la première cause et le créateur de l'Univers – autant celui qui est visible aux sens physiques que celui qui est invisible (l'Univers invisible est d'importance moindre que le visible). Dieu est le grand protecteur et le gouverneur de toute la Création. De nombreux exemples concrets partout à travers l'Afrique expriment ces attributs :

• Sur l'omnipotence : il existe une croyance parmi les Yorubas du Nigeria selon laquelle les devoirs et défis sont faciles à accomplir lorsque Dieu aide à les accomplir ; et difficiles à réaliser lorsque Dieu ne le permet pas[9].

• Sur l'omniprésence : les Bamums du Cameroun appellent Dieu « Nnui », ce qui veut dire « Lui qui est partout ». Le Shilluk au Soudan et le Langi d'Ouganda assimilent Dieu au vent et à l'air pour transmettre cet attribut.

• Sur l'omniscience : pour les Zoulous d'Afrique du Sud et les Banyawandas du Rwanda, Dieu est connu comme « Le Sage » et pour les Akans du Ghana, comme « Celui qui sait et voit tout[10] ».

La nature humaine

La relation existant entre Dieu et l'humanité peut être comparée à celle existant entre un parent et un enfant. Dieu est le père et, pour certaines personnes, le parent, ou uniquement la mère de l'humanité. Quelle est alors la nature de l'être humain ? Et s'ils ont une origine divine, comment les êtres humains peuvent-ils être considérés comme des personnes faites de chair et d'os ? Généralement, l'esprit humain et/ou l'âme est considéré comme **étant** immatériel et divin. Chaque personne est un mélange complexe d'éléments matériels et immatériels, l'immatériel étant l'essence vitale de la personne reflétée dans son état de santé et de bien-être. Il existe différentes versions de cette opinion.

Selon la culture religieuse des Mandingos, qui vivent dans les parties les plus arides de la savane de l'Afrique de l'Ouest, du Niger au Sénégal, l'être humain dans sa globalité est constitué de trois entités : le corps mortel visible, c'est-à-dire physique, qui est de loin l'entité la plus insignifiante, et deux entités distinctes, invisibles, non corporelles – Dia et Nia – logées dans le corps mortel.

Les Mandingos considèrent la première entité non corporelle, le Dia, comme une force vitale ou énergie qui n'a pas de volonté, d'intelligence ou de personnalité propre. Elle pénètre le corps physique au moment de la conception et transmet au corps la vitalité qui le stimule au cours de son existence mortelle. Le Dia est perçu comme une partie d'une forme universelle et éternelle d'énergie impersonnelle, qui pénètre toute la nature, y compris les choses animées et inanimées. La force vitale universelle et éternelle découle ultimement de l'Être suprême.

Le Nia, pour sa part, fournit la volonté et l'intelligence qui dirigent les opérations du Dia tant qu'il réside dans le corps physique. Le Nia a sa personnalité propre et, comme le Dia, existe longtemps avant d'entrer dans le corps physique, durant le développement utérin de l'enfant en devenir. Il est responsable du contrôle et de l'harmonisation des matériaux variés, qui contribuent au développement du fœtus. Le Nia existe par-delà la mort du corps physique. Durant cette existence postérieure à la vie terrestre, cette forme désincarnée préserve le même tempérament moral et les mêmes pouvoirs intellectuels qui l'ont caractérisée durant son séjour dans le monde phénoménal, de même qu'elle retient sa connaissance et son intérêt pour l'environnement phénoménal et les personnalités humaines avec lesquelles elle avait interagi. Elle est apte, pour un temps, à rétablir le contact avec eux. Il est évident qu'elle tend vers la perfection spirituelle – la perfection du Nia, dans le cas d'un Mandingo, par exemple, est le principal objectif de la vie humaine dans sa globalité.

De même, les Akans du Ghana considèrent-ils qu'un être humain est constitué de trois éléments : l'okra, le sunsum et l'honam (nipadua). L'okra est le « soi » le plus secret ou la force vitale de la personne représentant, à l'intérieur d'elle, une étincelle de l'Être suprême (Onyame) en tant qu'enfant de Dieu. L'okra est l'équivalent de l'âme chez les Occidentaux. Le sunsum semble être l'équivalent de l'esprit de l'humanité, mais, en l'analysant mieux, il ne semble pas être essentiellement séparé de l'okra. L'honam fait référence au corps physique. Les penseurs akan pensent qu'il existe une interaction évidente entre ces trois parties. En cas de maladies physiques, souvent, la médecine contemporaine occidentale ne peut avoir aucun effet là où la médecine traditionnelle a prouvé être extrêmement efficace. Dans de tels cas, la maladie corporelle est considérée comme objectivant un esprit dérangé, alors que l'harmoniser avec celui de Dieu lui apportera la guérison.

Selon la métaphysique akan, la personne humaine et le monde en général ne peuvent être réduits aux dimensions physiques ou à un assemblage de chair et d'os. L'humain est un être complexe qui ne peut être expliqué ou se satisfaire d'une dimension uniquement physique pour appréhender l'Univers[11].

Une description essentiellement comparable de la nature humaine et de l'objectif de la vie est illustrée dans le système de croyance religieux des habitants du Nigeria du Sud, consigné par l'anthropologue anglais Arnaury Talbot[12] (1926). Dans ce système de croyance, la personnalité humaine comprend cinq entités séparées les unes des autres, bien qu'associées entre elles, dont une seule est visible. Il s'agit des entités suivantes :

• Le corps physique : considéré comme l'entité la moins importante de l'être humain dans sa globalité, étant donné qu'il ne s'agit que de la structure matérielle corporelle à travers laquelle d'autres entités opèrent durant son temps de résidence dans l'environnement terrestre.

• Le corps éthéré ou le « sentiment de soi » : perçu comme étant le cadre intime de la forme physique. Bien qu'invisible, le « sentiment de soi » est une substance matérielle et, tout comme le corps physique, est soumis à la mort sur terre. Il véhicule la force vitale (ou de la vitalité du corps total), qui anime le corps physique durant sa période de vie terrestre.

• Le corps mental ou le « soi pensant » – considéré comme étant immortel – véhicule la conscience humaine.

• Le corps spirituel ou « l'ego mineur » : considéré comme étant immortel, il nous provient de Dieu et n'est pas nécessairement limité au corps physique auquel il est attaché.

• Le « soi transcendantal », ou la « sur-âme » ou « l'ego majeur » : perçu comme étant l'étincelle de divinité incarnant comme une sorte de fragment individualisé de l'Être suprême lui-même. Il n'est pas, et ne devient jamais, partie intégrante du mortel qu'il habite. Il reste invariablement avec Dieu, dont c'est une partie véritable et inséparable.

Dans son état spirituellement pur et parfait, l'étincelle divine transmet continuellement un flot de conscience aux quatre autres entités situées sur Terre auxquelles elle est reliée, et ainsi permet potentiellement à ces dernières d'avancer vers une perfection spirituelle.

Cette croissance vers un perfectionnement spirituel est lente et graduelle. L'ego majeur surveille les pensées et actions de son incarnation terrestre, lui distribuant des récompenses ou punitions selon ce qu'il perçoit comme étant bien ou mal. La punition inclut la maladie, la pauvreté ou d'autres infortunes ; la récompense inclut la propriété, l'honneur et les enfants. L'ego majeur ne prescrit jamais un style de vie particulier ; par conséquent, chaque individu est l'architecte de son propre destin.

La réincarnation est une partie du processus de perfectionnement spirituel. Après la mort de l'être physique, l'âme est continuellement renvoyée sur Terre pour renaître sous une forme humaine. Elle est réincarnée dans un degré d'avancement spirituel particulier, déterminé par celui qu'elle avait atteint lors de sa précédente existence sur terre.

Continuité de la Vie

Le concept de continuité est partiellement relié à la notion d'esprits qui, autant que les gens, sont des créations de Dieu et servent différents objectifs. Les esprits sont importants non seulement pour la notion d'immortalité mais également pour donner un sens et une éthique à la vie sur terre.

Parmi les peuples du sud du Kenya, de la Tanzanie et de l'Ouganda, de même que parmi les Nilotics au Soudan et en Éthiopie – les Shilluks, Dinkas, Maos, Kunamas, etc. – l'Être suprême (Juok ou Jok), et son pouvoir surnaturel, sont associés au destin. Les humains et d'autres créatures, aussi bien que les objets inorganiques, détiennent différents niveaux de pouvoir surnaturel. Cependant, seuls les humains et les animaux possèdent des esprits et des âmes en plus de leurs ombres et corps physiques qui se décomposent après la vie.

Les attributs spirituels, l'âme et l'esprit, continuent d'exister après cette mort physique. Les humains sont perçus comme supérieurs aux animaux car ils détiennent davantage de pouvoir spirituel. Quoi qu'il en soit, étant donné que les animaux et plantes fournissent la base des ressources de l'existence humaine, ils possèdent également un pouvoir spirituel qui leur est propre. Certains rituels religieux ont été établis afin de gérer aussi moralement que possible cette coexistence[13].

Dans la tradition des Luos, la vie est perpétuelle. Après la mort, on dit que la personne est renvoyée d'où elle vient, c'est-à-dire au monde spirituel, où tous ses besoins sont comblés. Dans ce monde spirituel, certains des résidents sont plus vieux que d'autres. Le plus vieux d'entre eux est Juok, qui possède le plus haut degré de sagesse et est la source de pouvoir surnaturel. En effet, selon le peuple luo, l'âge est un baromètre de l'accumulation de la compréhension et de la sagesse[14].

La continuité de la vie spirituelle, en termes temporel et hiérarchique, a des impacts profonds sur l'éthique et les valeurs morales du peuple luo. L'immoralité a un impact sur la santé spirituelle de la famille entière, du village ou du clan, pas seulement sur celle de la personne concernée (*Chara*).

Ainsi, les âmes des humains sont-elles les membres d'une république spirituelle, demeurant pour peu de temps dans la chair. Les rites et invocations qu'un individu et le public exécutent, telles que les cérémonies funéraires et les offrandes, sont nécessaires afin que la communauté au sens large du terme puisse déterminer sa condition en tant qu'entité spirituelle[15]. Dans ce contexte, la force morale ne jaillit pas uniquement du cerveau ; elle est profondément enracinée dans l'âme.

Avant de conclure la discussion sur les croyances traditionnelles africaines, il est important de faire les remarques suivantes. Depuis le XVIIe siècle, les observations de nombreux étrangers sur la religion africaine ont révélé de sérieuses incompréhensions de la pensée traditionnelle locale, et souvent une détermination délibérée à la dénigrer. Charles de Brosses (1760) a, par exemple, apparenté le fétichisme au fondement originel de toutes les religions, en particulier dans les traditions d'Afrique. Auguste Comte, qui adopta la théorie de Charles de Brosses, la promulgua en y ajoutant quelques fioritures, notamment que le fétichisme était la fondation indiscutable du système de croyance religieux africain et que la notion d'un Dieu suprême y avait été introduite par des voyageurs juifs et chrétiens[16].

Ces détracteurs et d'autres ont fait partie d'une longue histoire de désaveux dc toute idée centrale au système de pensée africain, qui n'a, à ce jour, pas éteint la croyance basique des Africains dans leur propre structure conceptuelle religieuse. Quatre des idées erronées les plus répandues concernent :
— les cultes divins ancestraux ;
— la superstition ;
— l'animisme, la zoolâtrie ou le paganisme ;
— le fétichisme.
Pourtant, les actes de respect perpétrés envers les morts ne veulent pas dire qu'ils sont transformés en objets d'adoration mais que leur sagesse et leur bonté ne doivent pas être oubliées.

Les actes de commémoration et de communication par la prière ne représentent qu'une petite partie de la religion traditionnelle. La grande majorité des croyances est basée sur des réflexions profondes doublées de longues expériences et a ainsi peu en commun avec la simple superstition.

Quoi qu'il en soit, la superstition pénètre chaque religion jusqu'à un certain degré, ce qui ne signifie pas qu'elle doive lui être assimilée pour autant. Si les religions africaines reconnaissent l'existence d'esprits, dont certains habiteraient les objets physiques, il ne s'agit que d'une infime partie de la religion et cela doit être compris dans le cadre d'une croyance selon laquelle Dieu est suprême, et siège au-dessus de tous les esprits et de l'humanité – tous faisant partie de la création de Dieu. De telles croyances ne peuvent pas davantage être assimilées à de l'animisme ou à de la zoolâtrie qu'elles ne peuvent l'être dans un contexte chrétien ou musulman. La religion africaine n'est pas bâtie sur de la magie. Et si les Africains portent des porte-bonheurs religieux, ils ne sont pas plus fétichistes que les chrétiens ne le sont en portant une médaille de saint Chris-tophe ou un musulman, en portant son chapelet.

Nature et destin humain

À l'opposé de la tradition religieuse qui sous-tend la vision africaine du monde, se trouve la perception domi-nante du monde occidental, conduisant les forces puis-santes de la globalisation, legs moderne des Lumières, qui conserve l'individualisme agressif. Alors que certains pen-seurs du siècle des Lumières n'ont eu de cesse de dénigrer tout ce qui était africain dans leur apologie du colonialisme et de l'esclavage, l'attention des penseurs modernes doit se porter sur ce qui, dans la tradition africaine, est essentiel au développement de la gouvernance humaine et à la pro-tection de l'environnement, pour se prémunir contre les excès de la rationalité, des progrès matériels et de l'indivi-dualisme avide.

En d'autres termes, il y a peut-être autant à apprendre aujourd'hui de l'expérience africaine qu'il y avait dans le passé à apprendre de la nature philosophique et métaphy-sique et du sens de la vie, dimensions qui ont été enfouies dans le matérialisme de l'esprit du temps.

Il est clair que, durant le siècle des Lumières, l'éthique a davantage été focalisée sur l'idéal de l'individu que sur la communauté humaine au sens plus large ou sur des domaines plus importants tels que la biologie et la physique. Cette pensée occidentale, qui prévaut encore largement aujourd'hui, considère les humains non comme un composant d'une totalité systématique mais comme distincts du reste de la nature. Cette conception a mené à la dégradation environnementale sur une large échelle. Les préoccupations occidentales actuelles vis-à-vis de l'environnement gravitent largement autour de deux questions principales :

• L'éthique doit-elle se restreindre aux êtres humains ou doit-elle s'étendre aux êtres non humains mais sensibles ?

• N'importe lequel des autres objets matériels dans la nature, tels que les collines, les rochers et les rivières, possède-t-il une valeur morale[17] ?

En effet, dans la doctrine chrétienne, la nature est généralement comparée à une palette de ressources dédiée à servir les humains. Cette vision est cohérente avec celle articulée par Aristote dans sa justification hiérarchique de la dominance écologique par les humains, aberration affirmant que les plantes n'existent que pour être au service des animaux et qu'à leur tour, les animaux n'existent que pour l'usage que les hommes peuvent en faire.

De telles idées anthropocentriques, utilitaires et de hiérarchie écologique, atteignirent le statut de sagesse suprême au temps de Thomas d'Aquin. Et dès les prémices du mouvement scientifique moderne, qui remontent au début du XVᵉ siècle, certains éléments de la nature ont été largement considérés comme des objets dédiés à l'analyse, à l'expérimentation ou à des transactions commerciales. Cette approche ne fait apparaître aucune limite à l'exploitation industrielle, qui, entre le début de la révolution industrielle au XVIIᵉ siècle et aujourd'hui, a dépassé toutes les limitations précédentes en termes d'accumulation de richesse et de propriété par des individus isolés, des sociétés ou des nations.

Cependant, l'exploitation massive de la nature et le bouleversement de sa toile complexe d'associations et de relations pourraient parfaitement amener la biosphère dans sa globalité à une halte soudaine, de la même façon que l'exploitation intensive et insoutenable du « croissant fertile » – vallée se trouvant entre les rivières jumelles de l'Euphrate et du Tigre –, a mené à la fin de la Mésopotamie antique. La vision conventionnelle de la nature, une vision utilitaire et centrée autour des besoins humains, n'a pas été suffisamment remise en question. De fait, le rythme de la destruction de la nature n'a pas été altéré.

Il n'existe aucun doute que la conversion de l'individualisme à un universalisme plus compassionnel apporterait une solution à certains des problèmes que connaît aujourd'hui l'humanité. L'universalisme permet de s'approcher d'une idée naturelle du bien. Il obligerait l'humanité, du moins jusqu'à un certain point, à s'éloigner de sa focalisation occidentale sur l'objectif individuel humain en tant que centre de l'éthique. Mais un tel changement de cap pourrait-il être accompli durant la vie des plus jeunes d'aujourd'hui, dans le spectre des générations vivantes, ou même durant les prochaines générations ? Le changement ne pourra avoir lieu que dans un certain temps, et à condition que les hommes modifient de conserve, et conséquemment, leur façon de concevoir le monde. Et la religion traditionnelle africaine peut considérablement guider ces efforts.

Conclusion

De ce survol des systèmes de croyance africains, il apparaît clairement que la croyance cardinale du peuple africain dans l'Être suprême a été traduite en un système relationnel complexe entre Dieu et la personne humaine. Ce système pénètre toute l'éducation de la personne en lui inculquant l'éthique du service de « l'autre » et le respect de la nature. Par exemple, les Luos – mais ce n'est pas propre qu'aux seuls Luos, cela est également partagé par les indigènes du continent – perçoivent l'éducation d'une personne comme l'aventure de toute une vie ou comme la somme totale d'expériences qui modèlent et guident les attitudes et la conduite de l'enfant autant de que de l'adulte[18].

L'importance accordée à l'évolution personnelle de chaque individu n'amoindrit pas pour autant le respect porté à la collectivité. Au contraire, le bien collectif dépend de chaque membre de la communauté, chacune des actions individuelles apportant une contribution au bien-être de la communauté dans son ensemble. Ainsi, pour les Luos, existe-t-il un continuum entre l'action individuelle et l'action collective.

Ce système insiste aussi bien sur l'importance de l'éducation à vocation d'évolution personnelle que sur celle des normes sociales et de l'éthique morale.

Le respect accordé à l'âge et à l'effort humain est guidé par des valeurs qui promeuvent l'unité. Les plus anciens partagent une responsabilité commune envers les jeunes. En retour, les enfants doivent respecter non seulement leurs parents, mais tous ceux qui assument des responsabilités pour eux, y compris les membres de leur généalogie, du clan et de la tribu. Grâce à cette méthode d'éducation, les jeunes accomplissent de nombreuses choses. Cette méthode renforce les liens de parenté à travers tout le groupe ethnique ; fournit une éducation pour la vie de famille ; instruit les enfants de la religion du clan ; et enseigne les lois normatives de conduite sociale. Il est intéressant de noter que le système carcéral était inconnu du peuple luo. L'éducation professionnelle fonctionne, quant à elle, à un niveau différent, puisqu'elle est confinée à des personnes triées sur le volet, parfois au sein d'un même clan, dont le savoir et les connaissances sont transmis par un code strict d'apprentissage d'une génération à l'autre. Ces professions, incluant maréchaux-ferrants, médecins ou théologiens, sont également focalisées sur le bien-être des autres. L'individualisme et la possessivité sont des attitudes qui étaient – et sont encore – abhorrées dans la société traditionnelle africaine.

En suivant la vision africaine du monde ci-dessus explicitée, on créerait davantage de mesures qui bénéficieraient à l'humanité tout entière et à sa progression. Ces mesures s'étendraient par-delà le produit national brut, les dépenses pour les forces armées, et d'autres statistiques nationales comparables. On devrait également modifier la mesure du progrès en prenant en considération des notions pas nécessairement quantifiables, telles que les progrès réalisés dans le domaine des relations sociales et de la communauté. Cela inclut la mise en pratique de valeurs morales personnelles telles que ressentir de l'amour pour sa famille, ses voisins et des étrangers, prêter attention aux objectifs communautaires, éprouver de la compassion pour les plus démunis, les orphelins et les veuves et user d'incitations et donner des sanctions à ceux qui offensent les normes sociales et communautaires, plutôt que d'avoir recours à l'emprisonnement et à l'exécution. Ces facteurs sont également des signes essentiels du progrès humain.

Le fondement de cette vision du progrès plus large et humaine pourrait être solidement construit s'il prenait racine sur la recherche constante de la compréhension du divin ; une croyance primordiale en un ordre surnaturel existant par-delà le monde physique, un sens profond d'humilité et de tolérance vis-à-vis des opinions défendues par les autres. Dans les relations internationales, cela aurait pour conséquence une croyance intégrale dans la paix, l'évolution des nations au-delà de leur besoin de domination politique et militaire, et l'adoption progressive d'un système de pensée bannissant l'idée d'élu ou de race supérieure. Il est temps de repositionner l'Afrique en termes d'expérience humaine et de mettre en valeur le rôle qu'elle peut jouer dans la progression de l'humanité vers moins de pouvoir et de richesse, tant ils tendent à annihiler l'esprit humain contemporain.

Ramanath Cowsik

Directeur du Groupe de gravitation à l'Institut Tata de recherche fondamentale à Bombay et directeur de l'Institut indien d'astrophysique de Bengalore. Ses contributions scientifiques englobent les domaines de la physique théorique, de la physique expérimentale et le management de la science.

Einstein et Gandhi – Le sens de la vie

Les contributions scientifiques d'Einstein ont révolutionné presque chacun des aspects de la physique moderne : la théorie quantique, la théorie de l'espace et du temps, la physique gravitationnelle et la physique statistique. Ledit concept d'espace-temps, au sein duquel les événements physiques prennent place, et la réalité objective des systèmes quantiques, ont été redéfinis par lui. Alors que la révolution copernicienne, qui a eu lieu il y a environ cinq cents ans, nous avait déportés du point de vue géocentrique, les théories de la relativité d'Einstein ont connecté l'espace et le temps en une seule et unique entité, rendant la question de savoir où réside le centre de l'Univers obsolète et donc dénuée de sens – il existe une liberté de choix des possibles qui est absolue. Plus encore, les équations de la théorie de la gravitation d'Einstein ont révolutionné la cosmologie de la façon suivante : la Terre sur laquelle nous vivons se situe à environ 150 millions de kilomètres du Soleil qui est une étoile. Les étoiles qui emplissent le firmament – environ 100 milliards d'entre elles – sont conglomérées en une galaxie : la Voie lactée. De même existe-t-il des milliards d'autres galaxies, réparties dans l'espace de façon quasi aléatoire. Ainsi, le principe cosmologique fut-il établi : l'Univers est homogène et isotrope sur de larges échelles. Lorsque les équations d'Einstein furent utilisées pour étudier les conséquences

111

que pouvait avoir cet aspect de l'Univers, les solutions indiquèrent que l'Univers se déployait d'une façon très particulière – les galaxies s'éloignant les unes des autres, tels des pointillés sur un ballon en expansion. C'était comme si la fabrication de l'espace était occasionnée par la distanciation des galaxies les unes des autres. Edwin Hubble établit alors qu'effectivement, les galaxies s'éloignaient, tel que prédit par les équations d'Einstein. Tout cela advint il y a environ quatre-vingt-dix ans.

La recherche astronomique qui s'est ensuivie a montré qu'effectivement l'Univers se déployait depuis un état de condensation extrêmement chaud appelé le big-bang. Pendant que l'Univers se déployait et se refroidissait, les particules et champs exotiques primordiaux donnaient naissance au plasma quark-gluon, qui est familier au modèle standard de la physique des particules contemporaine. Alors que l'Univers n'existait que depuis une seconde, les quarks s'étaient déjà combinés et nous avaient légué les particules de la physique nucléaire – neutrons, protons, électrons, positrons, neutrinos et bien d'autres... et, bien entendu, la radiation. Mais ils étaient encore trop chauds.

À environ cinq minutes d'existence, l'Univers s'était refroidi suffisamment pour synthétiser l'hélium. Puisque le noyau de masse 8 est instable, les noyaux d'hélium ne purent fusionner pour donner des noyaux plus lourds et l'Univers consista en neutrinos, électrons, protons, co-particules de noyaux d'hélium et radiation. Il n'y avait pas de carbone, d'azote, d'oxygène, de fer ni d'autres éléments – les éléments de base de la vie et de notre monde familier étaient encore en gestation.

Durant un million d'années, l'Univers a vécu une expansion sans histoire, continuant uniquement à se refroidir toujours davantage. Ensuite, les températures étaient devenues suffisamment froides pour que électrons et protons se

112

combinent et forment des atomes d'hydrogène. Cela libéra soudainement l'étroite combinaison existant entre radia tion et matière avec des effets dramatiques. Durant le processus de refroidissement, les particules avaient également refroidi et leurs mouvements aléatoires étaient devenus plus lents, permettant à la gravitation de les regrouper en masses compactes pour former des nuages. Étant donné que ces particules n'émettent ni ne dispersent la lumière, elles sont appelées particules de matière sombre. Les nuages de matière sombre ont gravitationnellement attiré les atomes, qui ont irradié et se sont graduellement établis au cœur des nuages. Ces nuages, contenant du gaz atomique, se sont fondus pour former des galaxies. Notre Voie lactée est issue d'un tel système.

Le gaz se trouvant dans les régions centrales de tels systèmes se condense en étoiles. Le noyau central des étoiles est d'une température environnant les dix millions de degrés, et ici, les noyaux d'hydrogène et d'hélium fusionnent pour former les éléments les plus lourds, qui sont alors dispersés de nouveau par des vents stellaires dans l'espace interstellaire. Parfois, lorsque la masse du noyau stellaire excède une limite dite de « Chandrasekhar », cela occasionne un effondrement sous l'effet de la gravitation et les régions externes sont expulsées dans une explosion. Le débris qui est expulsé contient les éléments les plus lourds, plus lourds même que l'uranium. Depuis la naissance de l'Univers il y a environ 12 à 14 milliards d'années, de tels processus ont pourvu la plupart des galaxies d'éléments lourds et c'est dans une telle galaxie que notre système solaire s'est formé il y a de cela environ 5 à 6 milliards d'années. Ainsi, tout ce que nous voyons nous concernant a une connexion étroite avec la naissance de l'Univers et les étapes ultérieures de son évolution – nous sommes tous faits de poussière d'étoile.

Ce n'est peut-être que durant les 3 derniers milliards d'années que la vie est apparue sur cette Terre sous la forme d'organismes unicellulaires, et que la lente évolution des espèces a mené, finalement, durant la dernière centaine de milliers d'années, à l'humanité telle que nous la connaissons – et l'histoire de l'homme civilisé, doué de compétences agraires, est encore plus courte : disons environ 10 000 ans.

Deux points doivent être notés ici : c'est une succession systématique et progressive de l'évolution qui a amené le monde jusqu'à son état actuel. L'Homme lui-même, doué d'intelligence et apte à l'articulation et à l'organisation, est modelé par l'évolution progressive des particules et gisements exotiques qui prévalaient dans l'Univers à ses débuts, la formation de galaxies, les nucléosynthèses au sein des étoiles, les origines de la vie sur cette planète et son évolution ultérieure jusqu'à l'homme moderne. Le second point qui doit être relevé, c'est que l'envergure de l'existence de l'homme est comparable à une minuscule petite tache au sein de ce vaste Univers, qui est à peu près vieux de 14 milliards d'années et vaste de 10^{23} km. Reste que l'esprit indomptable de l'homme s'est efforcé de comprendre ce cosmos.

Pour continuer avec notre description de la cosmologie d'Einstein, nous notons que la matière « normale » – telle que l'hydrogène et l'hélium – contribue seulement à environ 2 % de la densité de la masse moyenne de l'Univers. En revanche, les particules de matière sombre contribuent à environ un tiers de la densité de la masse moyenne et celles-ci dominent la formation ainsi que la dynamique des galaxies. Ainsi, de quoi sont faits les 65 % restants ?

Au moment où il inventa les cosmologies relativistes, Einstein avait déjà découvert un moyen d'altérer ou d'accélérer l'expansion de l'Univers. D'une façon qui était en parfaite consonance avec l'esthétique mathématique de la physique, il avait introduit au sein de ses équations scientifiques le terme Λ, la « constante cosmologique ». Un tel terme est cautionné par le concept du « vide quantique », selon lequel même l'espace parfaitement vide a une dynamique propre, avec des particules, antiparticules et radiation, créées et annihilées de façon permanente – tout cela ayant lieu parfaitement en accord avec la conservation de l'énergie et la mécanique quantique. Il est remarquable que, durant ces dix dernières années, une preuve astronomique ait montré qu'un tel vide ou « énergie sombre » était en effet présent pour représenter les 65 % de densité énergétique manquants. Elle montre le caractère unique de ce vide, qui amène l'expansion de l'Univers à s'accélérer et non à se ralentir, comme on le croyait jusque-là ! Ainsi nous voyons que la matière normale, de laquelle nous sommes tous faits, est seulement une fraction infinitésimale de matière totale et, plus encore, que les dynamiques de l'Univers sont contrôlées par de l'énergie sombre, qui n'est en aucune manière de la matière. Tout cela renforce notre connexion avec l'Univers tout en nous menant loin d'une vision anthropocentrique simple.

Évoquons maintenant rapidement la spiritualité d'Einstein. Sa conception de Dieu était plus sophistiquée que la vision commune d'un Dieu personnalisé qui serait le faiseur de lois, punissant l'homme pour ses péchés et le récompensant pour ses vertus. Il disait : « Ma compréhension de Dieu vient de ma conviction profonde de l'existence d'une intelligence supérieure qui se révèle à travers l'intelligence du monde. » Sa religion était une attitude de respect cosmique et d'humilité pieuse devant l'harmonie existant dans la nature. Einstein se considérait comme agnostique et sa spiritualité était proche de celle enseignée par Bouddha puis, plus tard, par Spinoza – tel le *paramarthika* ou l'interprétation transcendantale de la Vedanta décrite par Shankara en contraste avec la vision *Vyavaharika*, soutenue par l'homme commun.

Tout comme certains saints hindous – et plus particulièrement Gautama Bouddha et Shankara –, il ressentit la futilité des désirs humains. L'existence individualiste, à la poursuite de buts matérialistes superficiels, ressemblait, pour Einstein, à une sorte de prison et il ressentait l'urgence de mettre à l'épreuve l'Univers en tant que révélateur d'un tout significatif. Ainsi, la spiritualité d'Einstein est-elle proche de la philosophie *Advaita* de Shankara. Comme Einstein avait ouvert la science pour atteindre un point décisif au début du XXe siècle, Shankara avait re-infusé les religions d'Inde en spiritualité au VIe siècle. Einstein pensait que quoi qu'il existe de Dieu et de bonté, cela devait s'auto-révéler et s'exprimer à travers nous – nous ne pouvons pas rester passifs et « laisser Dieu tout faire ». Il était réellement un *karmayogi* et suivait le dicton de la Gita *mã té sangōstvakarmani* (« ne te détache pas de ton devoir »), en s'efforçant inlassablement d'empêcher la guerre et d'apporter la paix parmi les nations.

Il est important de noter qu'il y avait une universalité dans l'expérience cosmique d'Einstein qui était assez proche de celle des moines et sœurs en prière fervente et profonde ou de celle des mystiques orientaux durant leur méditation. Une caractéristique qui leur est commune est que ces expériences sont tellement intenses qu'elles transforment l'individu de façon fondamentale.

Le neurologue Andrew Newberg a noté que ces expériences « religieuses » sont communes à toutes les fois ; elles induisent un sens d'unicité avec l'Univers et un sentiment de respect qui confère à de telles expériences une grande importance. Les personnes ressentent leur sens du soi se dissoudre, comme une disparition de frontière, et leurs données sensorielles sont émoussées jusqu'à parfois s'éteindre complètement. Les réactions psychosomatiques concomitantes imprègnent ce genre d'expériences d'une profonde signification caractérisée par une grande joie et harmonie – comparables au sentiment qu'éprouvent des parents lorsqu'ils voient leur progéniture naître – un sentiment décrit comme « Bhakti » par les leaders spirituels de l'Inde. Une partie du système nerveux des créatures, incluant les humains, a peut-être été « câblée » de cette façon pour assurer la survie des espèces et maintenir l'évolution.

De nombreux penseurs ont noté qu'un voile de désenchantement tendait à nous recouvrir progressivement, tant il est vrai que la science décrit tout autant l'humanité que la nature en des termes purement réductionnistes, privant la vie de sens et de valeurs. Depuis que Descartes et Locke ont réalisé leurs très importantes contributions à la science, la théorie du savoir a progressivement banni les considérations de valeurs et les a chassées de leur place centrale au sein de la pensée humaine. Il faut reconnaître que depuis quelques décennies, débattre des valeurs est de nouveau d'actualité, car il y a un besoin urgent de fournir des fondements aux systèmes éthiques et moraux. L'une des caractéristiques qui distinguent la philosophie indienne des autres est l'importance permanente accordée à la discussion des valeurs, caractéristique préservée à travers le temps peut-être parce que la distance géographique et l'emploi d'un langage non européen a prémuni l'Inde contre une partie du paradigme réductionniste.

Mais revenons aux deux points que nous avons mentionnés durant la discussion sur la cosmologie. Il s'agit de notre connexion avec les événements les plus importants dans l'Univers et même avec le big-bang, à travers une évolution successive et de l'extrêmement petite envergure des humains dans l'énormité de l'espace et du temps cosmiques. Même cette Terre, sur laquelle nous vivons, a plus de quatre milliards d'années – ce qui est gigantesque en comparaison du séjour qu'y effectue l'homme.

Ce sont les conditions les plus subtiles de lumière, de température, d'eau et d'un mélange adéquat des éléments, il y a de cela plus de trois milliards d'années, qui ont mené à la naissance de la vie sur cette planète. La nature est restée toute-puissante durant la plupart des âges que l'évolution a traversés jusqu'à aujourd'hui. Elle a nourri la vie et a fait en sorte que les formes de vie se renforcent progressivement, et cela jusqu'à l'apparition de l'Homme sur la scène. Il fut à son tour nourri par la Nature et bien qu'il fût une créature de la Nature, pour la première fois, il devint tellement puissant qu'il put contrôler Mère Nature. L'Homme peut désormais choisir de la détruire ou de la protéger et de la rendre encore plus belle. La science seule ne peut nous dire – ni ne nous dira – ce que nous devrions faire. Et si la spiritualité a une prescription, elle ne peut pas la défendre convenablement. Cependant une perspective complète, fournie à la fois par la science et la spiritualité, peut conduire à l'élaboration d'une série de valeurs qui nous guideront dans le choix à opérer.

Laissons-nous, l'espace d'un instant, nous inspirer de notre connexion avec le reste de l'Univers et nous sensibiliser à l'idée d'évolution progressive menant jusqu'à des niveaux supérieurs qui sont en nous. Supposer que ces valeurs, qui soutiennent une telle évolution, sont les bonnes, est tout à la fois naturel et cohérent avec les enseignements des grands leaders de l'humanité que sont Bouddha, Jésus et Shankara. Lorsque nous reconnaissons notre connexion avec le reste du monde – avec les montagnes, déserts, rivières et océans inanimés aussi bien qu'avec les choses vivantes existant sur cette Terre, c'est-à-dire les arbres, l'herbe, les fleurs de chaque nuance et les oiseaux et les animaux, incluant l'homme – et que nous nous sensibilisons à nos origines communes, nous sommes dotés d'une empathie qui nous donne la force de suivre le précepte d'amour universel, y compris « aime ton ennemi », enseigné, entre autres, par Jésus. Mais cela est-il réellement vrai ou n'est-ce qu'un idéal ?

Mohandass Karamchand Gandhi, par son profond engagement envers l'*ahimsa* (« non-violence ») et la *satyagraha* (« poursuite de la vérité »), a montré que l'on pouvait vivre en suivant le précepte du Christ. Selon les propres mots d'Einstein, parlant du mahatma Gandhi et du mouvement de paix qu'il a lancé en Afrique du Sud et en Inde pour que la liberté l'emporte sur l'oppression : « Un meneur d'hommes soutenu par aucune autorité extérieure ; un politicien dont le succès ne repose ni sur le métier ni sur la maîtrise des dispositifs techniques mais seulement sur le pouvoir de conviction de sa personnalité ; un lutteur victorieux qui a toujours dédaigné l'emploi de la force ; un homme de sagesse et d'humilité armé d'une constance résolue et inflexible, qui a dédié toute sa force à l'élévation de son peuple et à l'amélioration du sort de celui-ci ; un homme qui a, de tout temps, face à la brutalité, opposé la simple dignité de l'être humain et, ce faisant, a accru sa supériorité. Les générations à venir vont peut-être avoir du mal à croire qu'un tel homme de chair et de sang ait un jour marché sur cette Terre. »

Des volumes et des volumes ont été écrits sur Gandhi. La citation d'Einstein aborde certains des aspects les plus marquants de sa personnalité. À cela peut-on ajouter brièvement que Gandhi est né en Inde environ dix ans avant Einstein, et découvrit la méthode de non-coopération pacifique en Afrique du Sud. Cette méthode selon laquelle on peut apporter un changement socio-politique de façon pacifique *via* la persuasion morale plutôt qu'à travers l'utilisation de la force, est appelée *satyagraha*. Même le général Smuts, qui exerçait son pouvoir d'une main de fer, est connu pour avoir déclaré : « Je n'aime pas vos gens et je me fiche de les assister. Mais que dois-je faire ? Vous nous aidez dans nos jours de besoin. Comment peut-on lever la main sur vous ? Souvent, j'aimerais que vous ayez choisi la violence à l'image des grévistes anglais. Ainsi, nous saurions de quelle façon disposer de vous. Mais vous ne blesseriez même pas l'ennemi. Vous désirez la victoire en subissant les attaques seul et ne transgressez jamais les limites que vous vous êtes imposées en termes de courtoisie et de chevalerie. Et c'est ce qui nous réduit à la pure impuissance. »

Si l'on devait citer la quintessence des vertus de Gandhi, on trouverait l'amour universel, l'*ahimsa* (ou la « non-violence ») et la *satya* (la « vérité »). Ces trois qualités se confondent en lui, se soutenant et se glorifiant les unes les autres. Ces qualités se sont révélées pour ensuite devenir limpides durant la longue lutte pour la liberté en Inde. Son inflexible et inébranlable adhésion à la vérité, comparable à celle d'un scientifique exemplaire, est au cœur de sa personnalité, qualité de laquelle émerge son amour à l'image de celui du Christ, et son absence de violence, même en pensée. Pour illustrer cette idée, nous pouvons citer Gandhi lui-même : « Pour voir la vérité universelle en face, on doit être capable d'aimer la création la plus méprisable en soi. Pour moi, la route vers le salut réside dans un labeur incessant mis au service de mon pays et de l'humanité. Dans le langage de la Gita, je veux vivre en paix tant avec mes amis qu'avec mes adversaires. » Ainsi, bien que ça ne soit pas surprenant, il a appelé à la lutte pour la liberté – *Satyagraha* – ou « poursuite de la vérité ». Cette méthode s'est avérée remarquablement efficace à plusieurs reprises en apportant la liberté à une personne en proie au contrôle discriminatoire d'une autre personne – qui plus est une liberté permanente et laissant les deux personnes non en état d'antagonisme mais amis. Ainsi, voit-on les deux facettes de la personnalité de Gandhi – le soi spirituel dévoué à la poursuite de la vérité et le soi extérieur qui a trouvé son expression dans ce monde sous la forme de son amour profond envers l'humanité et de ses efforts incessants en vue de son amélioration.

À part ces qualités personnelles qui ont aidé Gandhi à affronter n'importe laquelle des attaques possibles – incluant l'incarcération – sans la moindre peur, il eut également, durant son mouvement *satyagraha*, une autre idée riche et profonde qui connaît aujourd'hui encore une certaine résonance. Il pensait qu'aucun individu, aucun groupe ni nation, qu'ils soient pauvres ou riches, ne peut subsister sans un emploi rémunéré. Alors que le plus pauvre, ne pouvant suppléer l'insuffisance de sa vie, peut être racheté par une occasion de travailler et de gagner sa vie, le riche, même par héritage ou grâce au fait qu'il vit au sein d'une nation dotée de dépôts minéraux facilement accessibles, tirerait beaucoup de bénéfices s'il travaillait dur régulièrement, dans un domaine qu'il choisirait selon l'intérêt qu'il lui porte. Le programme *Charka* ou *Khadi* de Gandhi représenta, dans les années 1930, une aide gigantesque apportée aux pauvres d'Inde. Aujourd'hui encore, au sein de nos sociétés, personne ne peut rester qu'un simple consommateur. Nous devrions tous être absorbés par un effort créatif – cela donnerait du « sens » à nos vies.

Impressionné par l'amour chrétien et l'énergie inextinguible de Gandhi, Romain Rolland le décrivit comme le « saint Paul moderne ». De la même façon, C. F. Andrews compara Gandhi à saint François d'Assise tant sa frugalité, son ascétisme et son auto-identification avec le plus pauvre des plus pauvres l'impressionnèrent. Pour reprendre les mots de Martin Luther King : « Il existe une autre raison pour laquelle vous devriez aimer vos ennemis, et c'est parce que la haine déforme la personnalité de celui qui hait. Il y a un pouvoir dans l'amour que notre monde n'a pas encore découvert. Jésus l'a découvert il y a de cela des siècles. Mahatma Gandhi l'a découvert il y a quelques années, mais la plupart des hommes et des femmes ne le découvrent jamais. Ils croient à la loi du Talion ; mais Jésus vient à nous et nous dit : "Ce n'est pas la façon dont il faut procéder." » Nelson Mandela a lui aussi été inspiré par Gandhi. Et il a mis un terme, dans un accomplissement remarquable, au gouvernement de l'Apartheid en Afrique du Sud et a établi la démocratie dans son pays. Martin Luther King et Nelson Mandela ont chacun reçu le prix Nobel. Le prix symbolisa alors la profonde reconnaissance de la méthode gandhienne de non-violence comme réponse aux questions politiques et morales cruciales de nos temps modernes. La nécessité et le besoin actuels sont de dépasser nos peurs et d'avancer courageusement vers la paix en suivant le chemin tracé par Gandhi.

Ainsi, nous voyons que la science et la spiritualité nous disent toutes deux que nous devrions travailler pour soutenir l'évolution universelle positive ou, en d'autres termes, et selon les écritures hindoues, suivre le *dharma*. Et dans notre effort soutenu pour parvenir à la paix et la maintenir – qui est essentiel pour cette évolution positive – nous devrions suivre le chemin montré par Bouddha, Jésus et Gandhi. Cette méthode n'est pas limitée aux opprimés et aux pauvres. Elle s'adresse également aux riches et aux puissants, tel que Asoka le Grand l'a démontré il y a plus de deux mille ans. Pour récapituler, nous voyons que l'approche scientifique a clairement précisé notre connexion avec le reste de ce vaste Univers et avec les événements qui se sont produits dans les profondeurs du temps. La science a également montré qu'un vecteur positif de l'évolution a transformé les terrains exotiques et les particules du big-bang en un monde, qui est celui dans lequel nous vivons.

Mais l'approche réductionniste ne nous dit pas comment donner de la valeur à des choses ou à des actions. Nous pouvons résoudre cette impasse en ajoutant à l'approche réductionniste un axiome supplémentaire : en disant que toutes les actions et attributs qui supportent l'évolution positive à laquelle nous nous sommes référés seront perçus comme ayant une valeur positive. Par exemple, l'amour de l'humanité, la non-violence et les efforts envers une amélioration du monde vont maintenant être auréolés de valeur positive, à l'image de ce que les plus grands leaders n'ont pas arrêté de nous dire. Mais jusqu'alors, leur message ne pouvait pas trouver de résonance dans des esprits rigoureusement entraînés à une approche réductionniste, qui tendait à ignorer les impulsions subtiles de notre moi intime. Cet axiome supplémentaire nous permet de remplir le fossé existant entre science et spiritualité et donne du sens aux vies dédiées à apporter la paix et la tranquillité dans et à ce monde et aux vies engagées dans la création d'un art, d'une poésie sensible autant que celles absorbées par la science qui nous rapproche toujours davantage de la vérité. Je ne peux pas mieux terminer ce rapide aperçu qu'en citant Rabindranath Tagore :

« Là où l'esprit réside sans peur et où la tête est tenue haute ;

Là où le savoir est libre ;

Là où le monde n'a pas été brisé en fragments par des murs domestiques étroits ;

Là où les mots proviennent des profondeurs de la vérité ;

Là où les efforts incessants tendent leurs bras vers la perfection ;

Là où le flot limpide de la raison n'a pas perdu son chemin dans le morne désert de sable d'habitudes surannées ;

Là où l'esprit est mené par Toi dans des pensées et actions encore plus grandes

– au sein de ce paradis de liberté, mon Père, permets à mon pays de s'éveiller. »

Ahmed Zewail

Prix Nobel de chimie en 1999 pour son travail pionnier en matière de « femtoscience », un nouveau domaine rendant possible l'observation des atomes et des molécules en mouvement en utilisant des lasers ultra-rapides d'un million de milliardième de secondes. Professeur de chimie et de physique (chaire Linus Pauling) et directeur du laboratoire NSF pour les sciences moléculaires à Caltech, Pasadena, Californie, États-Unis. Le Dr Zewail est connu aussi bien pour ses découvertes scientifiques que pour ses conférences et ses écrits portant sur de nombreux domaines et phénomènes de société, incluant les populations défavorisées.

Dialogue des civilisations
Faire l'histoire grâce à une nouvelle vision du monde

L'intitulé « Science et quête de sens » met l'accent sur une dimension spirituelle, un monde qui existe par-delà la science. De la même façon, ce texte a trait aux dimensions existant par-delà la science – notre existence humaine au sein de civilisations et de cultures qui peuvent, ou non, être en conflit. En tant que scientifique, je trouve ces questions complexes, mais c'est précisément cette complexité qui, dans notre recherche continue pour comprendre l'homme, nécessite une nouvelle approche non dogmatique et raisonnable. Il y a, certes, d'une part, notre recherche de la vérité et de nouvelles connaissances par l'intermédiaire de la science, mais il y a également, d'autre part, notre compréhension de la signification et de la valeur de la vie à travers la foi. De fait, mes pensées et mes réflexions sont à ce jour guidées par l'expérience que j'ai d'au moins trois civilisations : égyptienne, arabe musulmane et américaine.

En observant le monde tel qu'il leur apparaissait à l'aube de ce nouveau siècle, certains intellectuels ont élaboré des concepts défaitistes et attristants : ainsi *Le Choc des civilisations* (Samuel Huntington) et *La Fin de l'histoire* (Francis Fukuyama) ont fait leur apparition sur le devant de la scène géopolitique. Néanmoins, si les deux auteurs défendent leur cause avec conviction, ces idées n'en sont

125

pas moins couramment controversées et discutables. En tant que scientifique, je ne trouve aucune « physique fondamentale » à ces concepts. Autrement dit, ce n'est pas un principe fondamental de civilisation qui aura pour conséquence ni de les faire entrer en conflit les unes avec les autres ni de mettre un terme à l'histoire, en permettant à un système d'écraser toutes les autres idéologies.

En effet, je soutiens que le désordre actuel du monde résulte en partie de l'ignorance des civilisations – l'inconscience ou la mémoire sélective du passé et le manque de perspective pour l'avenir – et en partie de la misère économique et des injustices politiques vécues par les pauvres, qui représentent environ 80 % de la population mondiale, disséminés tout autour de la planète et vivant au cœur de *différentes* civilisations. Ces deux points représentent les barrières principales à l'évolution de l'ordre mondial, et si un jour nous parvenions à les dépasser, nous atteindrions le degré optimum : un dialogue entre civilisations.

Dialogue ou clash ?

D'après le dictionnaire, le mot « civilisation » signifie un *état avancé* de la société humaine, dans laquelle a été atteint un haut niveau culturel, scientifique, industriel et gouvernemental. Individuellement, nous sommes civilisés lorsque nous atteignons l'état avancé de capacité à communiquer avec les autres et à les respecter, avec leurs coutumes, cultures et religions propres. Collectivement, nous parlons de globalisation en tant que moyen d'apporter la prospérité dans le monde. Pourtant, la globalisation ne peut pas être un concept pratique s'il existe des désaccords entre civilisations. Historiquement, il y a beaucoup d'exemples de civilisations qui ont coexisté sans connaître de conflit significatif.

L'argument central de la thèse de Huntington est que, en cette ère de post-guerre froide, les plus importantes distinctions observées entre les peuples ne sont pas d'ordre idéologique, politique ou économique, mais culturel. Il met l'accent sur le fait que les gens se définissent en termes d'ascendance, de religion, de langue, d'histoire, de valeurs, de coutumes et d'institutions ; il scinde le monde en huit civilisations principales : civilisation occidentale, orthodoxe, chinoise, japonaise, musulmane, hindoue, latino-américaine et africaine.

Cette analyse me pose problème à divers égards et peut-être que les questions et commentaires suivants vont pouvoir clarifier ma position. Premièrement : *Quelle est la base de ces divisions entre civilisations ?* Les peuples appartiennent à différentes cultures, les nations ont pratiqué et appréhendé (et continuent de le faire) différentes cultures, et des nations du même continent peuvent être influencées par des civilisations différentes. En ce qui me concerne, depuis ma naissance jusqu'à aujourd'hui, je peux m'identifier tout à la fois en tant qu'égyptien, arabe, musulman, africain, asiatique, oriental, méditerranéen et américain. En regardant de plus près ne serait-ce qu'une de ces civilisations, je constate également que rien que les Égyptiens eux-mêmes appartiennent déjà à une civilisation dynamique auréolée d'un héritage multiculturel : pharaonique, copte, arabe, islamique, sans mentionner les influences perse, hellénique, romaine et ottomane.

On peut dire la même chose des civilisations européenne et américaine et d'autres civilisations prévalant sur des continents différents. Les cultures de l'Ouest de l'Europe, des États-Unis et de l'Australie sont loin d'être uniformes et homogènes. Étant donné le nombre de cultures existant en Europe et aux États-Unis, nous devrions alors nous attendre à un conflit de civilisations au sein d'une seule d'entre elles, sans même avoir besoin d'observer les sept autres. Mais force est de constater que les énergies unissant les cultures et les civilisations ne sont pas le résultat de simples divisions.

Une deuxième question est : *Est-il fondamental que des différences de cultures produisent nécessairement des conflits ?* Huntington soutient que si les États-Unis perdaient leur héritage européen (langue anglaise, religion chrétienne et une éthique protestante) et son credo politique (par exemple, liberté, égalité), son futur serait mis en danger. Pour ma part, j'arrive à la conclusion opposée. D'un point de vue personnel, je ne parlais pas l'anglais en arrivant aux États-Unis ; je ne suis pas chrétien ; et l'on ne m'a pas enseigné l'éthique protestante. Pourtant, je me suis intégré dans ma nouvelle culture américaine tout en préservant ma (mes) culture(s) originelle(s) et je suis persuadé que mes cultures « orientale » et « occidentale » ont toutes deux bénéficié de ce mariage, sans que cela occasionne le moindre clash.

Dans une perspective plus large, la force de l'Amérique a traditionnellement résidé dans son *melting pot* ; le pays a été enrichi – et continue de l'être – par la multiethnicité et les différentes cultures de ses habitants. En conséquence, la tolérance vis-à-vis de religions et cultures différentes est devenue partie intégrante de la civilisation américaine. Tant que le peuple pourra vivre dans un système constitutionnellement sain de liberté et d'égalité, les heurts intranationaux ne seront pas fondamentaux – contrairement à d'autres problèmes qui le sont.

Concernant les relations internationales, par exemple, je ne comprends pas bien la raison pour laquelle les civilisations doivent acquérir leur puissance à travers l'impérialisme aux dépens des autres. Les cultures et civilisations peuvent être à l'apogée de leur accomplissement tout en coexistant harmonieusement les unes avec les autres et même en se complétant. Les États-Unis, le Japon, et les nations européennes sont des exemples de cette coexistence salutaire, établie en construisant des ponts économiques et culturels. La clé pour atteindre cet état est d'instituer un

« système de gouvernance mondial » qui représente et observe la liberté humaine et la justice, et dont les résolutions soient imposées et mises en application de façon opportune. Ce système est certes difficile à instaurer, néanmoins je crois qu'un *leadership* visionnaire pourrait y parvenir dans la durée.

Une dernière question est : *Qu'en est-il de la dynamique des cultures ?* Les cultures ne sont pas statiques ; elles changent toutes avec le temps et le degré de changement est régi en grande partie par les forces de la politique et des sciences économiques. Considérons mon pays natal. La civilisation égyptienne s'est développée très tôt dans l'histoire humaine et a dominé le monde durant des millénaires. Cependant, récemment, la nation est devenue un pays en voie de développement. Cela ne signifie pas que l'Égypte ait perdu sa civilisation, mais cela veut dire que, comme d'autres, elle a changé avec le temps, en raison de nombreuses forces internes et externes – son état actuel n'est pas dû à un facteur génétique ou à des valeurs culturelles fondamentales.

Si d'autres exemples de changement culturel en Europe et dans d'autres parties du monde sont également identifiables, la dynamique de modification peut être différente : différente dans l'échelle de temps et dans les forces qui provoquent le changement. Mais dans tous les cas, la dynamique de changement ne peut pas être uniquement attribuée aux valeurs intrinsèques d'une culture isolée : nous devons tenir compte des interactions politiques et économiques qui ont lieu à l'intérieur d'une culture et entre les diverses cultures du monde. Les habitants de la Corée du Nord et de la Corée du Sud sont, au départ, issus de la même culture. La disparité notable en termes de progrès qui existe aujourd'hui entre les deux pays est pourtant essentiellement due à des facteurs économiques et politiques ; de même peut-on évoquer le cas de l'Allemagne de l'Est et de celle de l'Ouest avant leur réunification.

L'exposé ci-dessus n'évoque cependant pas un problème fondamental et commun à toutes les cultures et civilisations : les populations de défavorisés ont en effet une dynamique qui leur est propre. Durant le Moyen Âge européen – période de l'apogée de la civilisation islamique –, la majorité des Européens était pauvre. À l'inverse, aujourd'hui, la plupart des nations du monde musulman se développent ou sont encore sous-développées et doivent gérer de vastes populations de pauvres. Certains peuvent croire que cela est dû à une faille dans les valeurs intrinsèques de la religion de l'islam. Il peut être utile pour moi, qui ai été éduqué dans la tradition musulmane bien que je ne sois pas un disciple de l'Islam, de mettre en évidence certains des principes méconnus de l'Islam et de sa civilisation dynamique. Il est également opportun de le faire, étant donné les tragiques événements du 11 septembre 2001 qui ont eu lieu à New York et Washington et les conséquences, aujourd'hui, de l'amalgame fait par de nombreuses personnes dans le monde, entre ces événements et l'Islam.

L'Islam et ses fondations

Qu'est-ce que l'Islam ? L'Islam est la religion et la façon de vivre d'environ un cinquième de la population mondiale. Il y a 1,3 milliard de musulmans dans le monde aujourd'hui, dont 20 % sont des Arabes ; 5 % des Arabes ne sont pas des musulmans. En 1970, il y avait 500 000 musulmans aux États-Unis ; maintenant ils sont de 6 à 7 millions, dont 23 % sont nés aux États-Unis. *Islam* est un mot arabe qui a une double connotation : « paix » et « soumission à la volonté de Dieu ». L'islam se considère comme la continuation et le point culminant des religions initialement « envoyées par Dieu » : le judaïsme et la chrétienté ; les trois religions sont couramment nommées les « religions monothéistes abrahamiques ». Dieu ordonne aux musulmans de respecter toute l'humanité, et les juifs et les chrétiens sont mentionnés avec distinction en tant que peuples du Livre, puisqu'ils sont les compagnons fidèles du Dieu unique et les destinataires de ses Écritures saintes (la Torah à travers Moïse et l'Évangile à travers Jésus). Le prophète de l'islam est Mohammed, qui est également le descendant d'Abraham, *via* son premier fils, Ismaël.

Pour l'islam, deux concepts sont fondamentaux : le concept de l'unité de Dieu, d'un Dieu des juifs, des chrétiens et des musulmans, et de l'humanité entière ; et le concept de l'islam en tant que façon de vivre, ce qui inclut les systèmes civil et légal. Ces deux concepts sont le noyau de la foi. Les codes islamiques de moralité et de comportement sont les mêmes que ceux rencontrés dans le christianisme et le judaïsme.

Les musulmans acceptent cinq obligations primaires, communément appelées les « cinq piliers » (*arkan*) de l'islam. En pratique, bien entendu, les musulmans les observent parfois inégalement, étant donné que la responsabilité de remplir les obligations repose sur les épaules de chaque individu. Les piliers sont : la profession de foi (*shahadah*) ; la prière (*salah*) ; donner l'aumône (*zakah*) ; le jeûne (*sawm*) pendant le mois saint du ramadan ; et l'exécution du pèlerinage (*hajj*), le voyage jusqu'à La Mecque, pour ceux qui peuvent se le permettre physiquement et matériellement, au moins une fois dans leur vie. Les musulmans acceptent également la *shariah* (le corps des lois sacrées islamiques dérivé de la *sunnah* : coutume et pratiques religieuses du Prophète), les *hadiths* (énonciations et enseignements du Prophète) et le Coran.

Le Coran est l'Écriture sainte de l'islam, et les musulmans le considèrent comme ayant été rédigé par Dieu lui-même et révélé à Mohammed par l'intermédiaire de l'ange Gabriel. En arabe, le mot pour Dieu est « Allah », utilisé par tous les Arabes, même les Arabes chrétiens et juifs. Le Coran a été révélé en segments de différentes longueurs, abordant des questions et des circonstances diverses, sur un laps de temps de vingt-trois années, temps qu'a duré la prophétie de Mohammed. Puisqu'il s'agit des mots directement choisis par Dieu, le Coran reste dans sa langue originale, mot pour mot et lettre pour lettre. Une fois traduit dans n'importe quelle autre langue (même en arabe), il n'est plus appelé Coran car les mots directs divins sont remplacés par des mots humains, considérés comme des interprétations ou traductions de la signification du texte. Le style littéraire du Coran est tellement puissant que pour les premiers Arabes, il fut perçu comme un miracle inimitable. Le style semble partager certaines caractéristiques avec la poésie – une fois encore, le Coran défie la description, n'étant considéré ni comme de la poésie, ni comme de la prose, mais selon une classification qui lui est propre – et cela crée des difficultés pour certains lecteurs non musulmans qui aiment les histoires de la Bible contées dans un ordre chronologique. Il y a bien une histoire, dans le Coran (Joseph), qui se déroule de façon totalement chronologique mais aux yeux de ses lecteurs, elle pourrait encore paraître poétique.

Le Coran fait des déclarations fondamentales au sujet de l'existence et de l'intégrité humaines dans tout ce qui va de la science au savoir, de la naissance à la mort. « Lis ! » est le premier mot du premier verset de la révélation directe au Prophète (Sourate al-'Alaq 96, 1) et un grand nombre de versets traitent de l'importance de la connaissance, de la science, et de l'apprentissage ; les musulmans positionnent les scientifiques au même niveau que les prophètes dans le respect qui leur est dû. Le Coran lance un appel général à l'humanité : « Coopérez les uns avec les autres dans la droiture et la piété, et ne coopérez pas dans le péché et la transgression » (Sourate al-Ma'ida 5, 2).

Malheureusement, certains fanatiques et autres journalistes injurient l'islam et déforment le sens de ses principes *via* des termes tels que *jihad* et *terrorisme*. Le mot *jihad*, par exemple, est maintenant traduit de façon routinière sous la dénomination de « guerre sainte », et plus spécifiquement en tant que « guerre sainte » pratiquée par les musulmans contre des non-croyants. Cette phraséologie est à des années-lumière du vrai concept du *jihad* dans l'islam. Selon le *Lisan al-'Arab*, le dictionnaire arabe qui fait autorité en la matière, le mot *jihad*, qui dérive de la racine du verbe *jahada*, signifie simplement faire un effort *maximal* ou lutter. La connotation théologique de cet « effort maximal » est qu'il est exercé en vue d'une amélioration – dans la lutte interne qu'un être peut mener pour s'améliorer, s'élever, se purifier et s'éclairer. Par exemple, en Égypte, le mot *mujtahid*, en tant qu'appliqué à un étudiant, signifie qu'il « accomplit grandement ». Il y a d'autres formes de *jihad*, dont l'utilisation du pouvoir économique pour améliorer la condition des nécessiteux, ou le *jihad* physique dans la lutte contre l'oppression et l'injustice. Le terme est également utilisé pour décrire une guerre faite au service de la religion.

Le *jihad* physique est limité par les concepts coraniques suivants :

« Combattez ceux qui vous combattent, mais ne transgressez pas » (2, 190). Ce qui veut dire que la guerre est justifiée seulement si elle est de nature défensive. « Mais s'ils s'inclinent vers la paix, inclinez-vous vers elle également, et placez votre confiance en Dieu » (8, 61). La guerre n'est pas réalisée dans le but de vaincre ou d'écraser l'ennemi ; l'occasion de la paix doit être saisie dès qu'elle se présente. Ce point est tellement important aux yeux des musulmans que leur salutation traditionnelle se traduit en ces termes : « Que la paix soit sur vous. » La paix de l'Islam ne laisse aucune place au terrorisme, qui est l'antithèse du *jihad*. Le terrorisme est absolument condamné.

Une civilisation frustrée

En général, l'Occident se souvient peu du rôle essentiel joué par la civilisation islamique, dont l'un des centres se trouvait en Espagne, à l'époque où l'Europe était elle-même plongée dans des âges sombres. Je doute que les gens dans les rues de New York, Los Angeles, Londres et Paris, aujourd'hui, sachent combien la civilisation islamique était alors avancée. Elle a fourni au monde de nouvelles connaissances en matière de science, philosophie, littérature, droit, médecine et dans d'autres disciplines. Des exemples de ses contributions profondes, au tournant du premier millénaire, incluent celles de Ibn Sina, renommé pour son travail en médecine et connu dans l'Ouest en tant que Avicenne ; celles de Ibn Rushd (Averroës) en philosophie et en droit ; celles de Ibn Hayyan (Geber) en chimie ; celles de Ibn al-Haytham (Alhazen) en système optique ; celles de Omar Khayyam, un poète et mathématicien de renom ; et celles de al-Khwarizmi, connu pour sa profonde contribution à l'algèbre (un mot arabe) et dont le nom est commémoré dans le mot *algorithme*.

Le savant Bernard Lexis a remarquablement décrit cette civilisation lorsqu'il a eu l'occasion de retracer l'histoire de la région : « Durant de nombreux siècles, le monde de l'Islam fut au premier plan de la civilisation humaine et de ses accomplissements... » Il ajoute : « L'islam a créé une civilisation polyethnique, multiraciale, internationale et, pourrait-on même avancer, intercontinentale... C'était la plus grande puissance économique dans le monde... Elle avait atteint le plus haut degré de civilisation artistique et scientifique que l'histoire humaine avait jamais connu. »

Je doute également que les gens se souviennent du fait que la tolérance ait été une caractéristique prédominante de cette civilisation prétendument orientale. C'est durant l'apogée de la civilisation islamique que des musulmans, juifs et chrétiens ont vécu ensemble en paix en Espagne et dans d'autres pays du monde musulman, et c'est dans les pays de l'Ouest que les juifs ont le plus souffert de discrimination et de torture. Le Caire est la ville qui vit le philosophe juif Maimonide étudier les idées d'Avicenne et lire Aristote, qui furent traduits en arabe par, entre autres, des savants arabes chrétiens. Utiliser les événements qui ont lieu dans le monde aujourd'hui pour ignorer les contributions de la civilisation islamique et discréditer l'Islam en tant qu'institution intolérante n'est pas dans le plus grand intérêt de la paix et du progrès dans le monde.

Malheureusement, certains des problèmes auxquels le monde musulman est confronté sont le fait des musulmans eux-mêmes. Nombreuses sont, dans le monde musulman, les personnes qui n'ont pas connaissance du vrai message de l'Islam, et certains leaders et fanatiques l'utilisent pour augmenter et promouvoir leur propre pouvoir et ambition politique. Plus encore, certains créent de nouvelles idéologies au nom de l'Islam et utilisent leurs interprétations du Coran dans des débats voués à drainer le pouvoir humain et intellectuel de la société. Je doute que ces gens comprennent réellement le sens de l'instruction et le rôle critique qu'elle a joué dans la diffusion de la civilisation islamique, non seulement parmi les musulmans mais également à travers le monde entier depuis environ un millénaire. Ils doivent également avoir oublié que le Coran met l'accent sur la responsabilité des individus à s'améliorer ainsi que leurs sociétés, affirmant : « En effet ! Dieu ne changera pas la condition du peuple aussi longtemps qu'il ne changera pas son état de bonté lui-même » (al Ra'd, 13, 11).

Il y a aujourd'hui un état de mécontentement et de frustration dans le monde musulman et arabe. Ces sentiments sont occasionnés par des problèmes domestiques et par des problèmes politiques et économiques internationaux ou régionaux. En observant leur glorieux passé, les musulmans s'interrogent : qu'est-ce qui a mal tourné ? Comme le prouvent ses accomplissements passés, l'Islam n'est pas en soi une source de passéisme et de violence. Cependant, on ne peut pas ignorer l'influence de la colonisation et de l'occupation moderne de leurs territoires par des pouvoirs occidentaux, la déception ressentie face à leur alignement avec le bloc de l'Est comme avec celui de l'Ouest (communisme *vs* capitalisme), qui a échoué à apporter la prospérité, ni ne peut-on ignorer les problèmes domestiques qui résultent, pour la plupart, du manque d'instauration d'institutions démocratiques (également défendues par l'Occident).

De plus, ils voient, grâce aux médias internationaux, la domination et la prospérité de l'Occident, l'humiliation en Palestine, en Bosnie et en Tchétchénie et leur statut économique défavorable en comparaison de celui du reste du monde.

Je ne suis pas d'accord avec la théorie selon laquelle l'Ouest conspirerait contre l'Est. Je ne crois pas non plus que tous les problèmes soient causés par l'Occident. Je crois cependant que les pays de l'Ouest devraient apporter davantage leur aide aux pays défavorisés, de la façon que je vais détailler ci-dessous. La civilisation islamique a, par le passé, aidé la civilisation occidentale et il est légitime de demander la réciproque aujourd'hui. En outre, instaurer de nouvelles méthodes pour une meilleure communication est primordial au progrès continu et à la coexistence. Tant que le mécontentement et les frustrations augmenteront au sein du monde des défavorisés, qui sont aujourd'hui plus d'un milliard, le monde sera confronté à des risques accrus de conflit et d'instabilité, et de tels troubles seront occasionnés par des pays autres que ceux des mondes arabe et musulman.

Le monde des pauvres

Dans notre monde, la distribution des richesses est biaisée, créant des classes disparates entre et parmi les populations et les régions du globe. Seuls 20 % de la population bénéficient des conditions de vie du « monde développé », et le fossé entre ceux qui « ont » et ceux qui « n'ont pas » continue à se creuser, menaçant la stabilité et la sérénité de notre coexistence. D'après les données de la Banque mondiale, sur les 6 milliards d'habitants sur terre, 4,8 milliards vivent dans des pays en voie de développement ; 3 milliards vivent avec moins de 2 dollars par jour, et 1,2 milliard vit avec moins d'1 dollar par jour, ce qui représente le seuil de pauvreté absolu ; 1,5 milliard de personnes n'ont toujours pas accès à de l'eau propre, ce qui les expose au risque de contracter des maladies mortelles, et environ 2 milliards de personnes attendent toujours de pouvoir bénéficier de la révolution industrielle.

Le produit intérieur brut (PIB) de certains pays développés de l'Ouest atteint les 35 000 dollars par habitant, en comparaison des 1 000 dollars par habitant qu'atteignent de nombreux pays en voie de développement, et encore significativement moins parmi les populations sous-développées. La différence des niveaux de vie – qui est de l'ordre d'une multiplication par cent – augmente le mécontentement, la violence, et les conflits raciaux et ethniques. Des preuves de ce mécontentement existent déjà et nous n'avons qu'à regarder aux frontières entre les pays développés et les pays en voie de développement ou sous-développés (par exemple en Amérique et en Europe) ou à la frontière existant entre riches et pauvres au sein d'une même nation.

Certains croient qu'un nouvel ordre du monde peut émerger grâce à la « globalisation » et qu'elle peut solutionner des problèmes tels que l'explosion démographique ou le désordre social et remplir le fossé économique existant entre certaines nations. Cette conclusion est douteuse. La mondialisation, en principe, est une idée optimiste selon laquelle toutes les nations peuvent prospérer et évoluer en participant à un marché mondial unique. Malheureusement, dans sa forme présente, la globalisation est plus à même de bénéficier aux plus capables et aux plus forts et, bien qu'elle représente une valeur ajoutée pour la concurrence et le progrès humain, elle ne sert que la fraction de la population mondiale qui est capable d'exploiter le marché et les ressources disponibles. De plus, pour être prêtes à entrer dans la mondialisation, les nations doivent pouvoir dépasser les entraves économiques et politiques auxquelles sont confrontés leurs pays.

Les entraves au progrès

De quoi avons-nous besoin pour surmonter les entraves au progrès ? La réponse à cette question est loin d'être triviale tant de nombreuses considérations d'ordre culturel et politique sont prises en compte dans le tableau d'ensemble. Quoi qu'il en soit, il me semble qu'elles sont essentielles pour le progrès et que les pays développés autant que ceux en voie de développement devraient sérieusement les considérer. Pour les pays en voie de développement, il existe trois objectifs essentiels :

1. Créer les ressources humaines nationales, prendre en compte la nécessaire élimination de l'analphabétisme, le besoin de la participation active des femmes à la société, et la nécessité d'une réforme de l'éducation.

2. Restructurer la Constitution nationale, qui doit permettre la liberté de penser, instaurer une minimisation de la bureaucratie, le développement d'un système de mérite, et un Code légal crédible (exécutoire).

3. Créer une base scientifique locale. Ce dernier objectif est primordial pour une nation, tant pour son développement que pour sa participation aux affaires du monde. Avec une base scientifique solide soutenant tout à la fois une meilleure éducation et la recherche, il est possible d'augmenter le savoir scientifique, d'encourager une approche rationnelle, et d'éduquer le public quant aux développements et bénéfices potentiels. Les avantages que peuvent apporter la science et la technologie à la société sont évidents, cependant, tout aussi important est l'enseignement des sciences qui permet à une société d'acquérir un processus de pensée rationnel. S'il fait défaut, la faille dans la pensée analytique sera remplie par de l'ignorance et même de la violence. Au cours d'une conférence récente, j'ai affirmé : « La science est la colonne vertébrale du progrès, mais tout aussi important, son savoir nous garantit l'une des plus précieuses valeurs de l'humanité : l'instruction. »

L'idée selon laquelle une telle base scientifique serait uniquement dédiée aux pays déjà développés est un obstacle majeur à l'espoir des défavorisés d'y accéder un jour. Plus encore, certains croient en une théorie de la conspiration selon laquelle non seulement le monde développé n'aidera aucun pays en voie de développement mais encore, essaiera-t-il de contrôler le flux de connaissances qui y est rencontré. Cela est l'argument de « l'œuf ou la poule » car les pays développés, avant d'atteindre leur stade actuel, sont également passés par une phase de développement. Le récent succès, sur le marché mondial, de certains pays en voie de développement, tels que la Chine et l'Inde, est le produit de leurs systèmes éducationnels développés et de leurs connaissances technologiques dans certains secteurs – l'Inde est très rapidement en train de devenir l'un des leaders mondiaux en matière de logiciels pendant que la Chine s'impose partout dans le monde avec des produits labellisés *made in China*. Quant à la théorie d'une conspiration, je ne lui accorde pas beaucoup de crédit, préférant croire que les nations « interagissent » pour le meilleur de leurs intérêts mutuels.

Ce dont on a besoin aujourd'hui, c'est de collaborer tous ensemble – pays industrialisés et en voie de développement – en acceptant nos responsabilités communes. Pour ce qui est des pays développés, trois objectifs essentiels sont identifiés :

1. Se concentrer sur les programmes d'aide

Généralement, les pays industrialisés distribuent aux pays en voie de développement un « kit d'aide » qui leur est dédié en vue de la réalisation de multiples projets à développer sur place (dans de nombreux cas, la plus grande partie de l'aide va au soutien militaire). Bien que certains de ces projets soient absolument cruciaux aux pays en voie de développement, le petit nombre de projets effectivement engagés et le manque de suivi (sans mentionner la présence de la corruption) prouvent que l'aide n'aboutit pas à un grand succès. Une implication plus directe et ciblée est nécessaire, particulièrement pour aider les centres d'excellence à accomplir leurs missions, d'après des critères précédemment établis dans les pays industrialisés.

2. Minimiser la dimension politique de l'aide

Utiliser un programme d'aide pour aider des régimes spécifiques ou des groupes du tiers-monde est une grossière erreur, étant donné que l'histoire a montré que c'est dans le meilleur intérêt des pays industrialisés d'aider les *peuples* des pays en voie de développement plutôt qu'un régime. En conséquence, un programme d'aide visionnaire se doit de s'attaquer aux vrais problèmes et de fournir un investissement sur le long terme pour assurer un développement réel.

3. Association dans le succès

Il existe deux façons d'aider les pays en voie de développement. Les pays industrialisés peuvent soit donner de l'argent afin de maintenir simplement la stabilité économique et politique d'un pays soit devenir partenaires et fournir une expertise et un plan suivi. Cet engagement sérieux serait d'une grande aide pour atteindre le succès dans de nombreux secteurs différents. Je pense qu'un réel succès peut être atteint à partir du moment où il existe un désir sincère d'aider et que chacun s'engage sérieusement dans ce partenariat qui s'avérera bénéfique à toutes les parties.

Retours sur investissement internationaux

Quel est le retour sur investissement des pays riches pour leur aide apportée aux pays pauvres ? Au niveau individuel, il existe des motivations d'ordre religieux et philosophique aux dons des riches aux pauvres – la moralité et la préservation nous motivent à aider l'humanité. Pour ce qui est des pays, l'aide mutuelle fournit – à part sa valeur altruiste et morale – l'assurance d'une coexistence pacifique et d'une coopération dans la préservation du globe. Si nous croyons que, du fait des technologies de l'information, le monde est en train de devenir un village, alors, dans ce village, nous devons fournir la Sécurité sociale aux moins privilégiés, sinon cela pourrait provoquer une révolution.

Une vie humaine saine et durable nécessite la participation à égale mesure de tous les membres du globe. L'épuisement de la couche d'ozone, par exemple, est un problème que le monde développé ne peut gérer seul – l'utilisation de chlorofluorocarbones (CFC) n'est pas l'apanage des riches. La transmission de maladies, l'épuisement de ressources naturelles et l'effet de serre sont des questions d'ordre international et tous, riches comme pauvres, nous devons ensemble trouver des solutions. Enfin, il y a la croissance de l'économie mondiale. Les marchés et les ressources des pays en développement sont une source de richesse pour les pays riches et il est sage de cultiver des relations harmonieuses à la fois pour une aide mutuelle et pour une croissance économique partagée.

Un exemple puissant d'aide visionnaire est le Plan Marshall, proposé par les États-Unis à l'Europe après la Seconde Guerre mondiale. Reconnaissant l'erreur faite en Europe après la Première Guerre mondiale, les États-Unis ont décidé, en 1947, d'aider à reconstruire les infrastructures endommagées dans la plupart des pays européens et de devenir un partenaire dans le développement économique (et politique) de l'Europe. L'Europe de l'Ouest est désormais stable et continue à prospérer – tout comme le fait son partenaire commercial principal, les États-Unis. Ces derniers n'ont dépensé que 2 % de leur PIB dans la mise en application du Plan Marshall entre 1948 et 1951. Un tel pourcentage des 6,6 trillions de dollars du PIB des États-Unis en 1994 aurait alors correspondu à 130 milliards de dollars, presque dix fois les 15 milliards de dollars dépensés annuellement pour l'aide étrangère non militaire et plus de 280 fois les 352 millions de dollars que les États-Unis ont donné pour tous les programmes de population outre-mer en 1991.

L'engagement et la générosité du Plan Marshall ont abouti à une spectaculaire réussite. Je vois cela avoir de nouveau lieu pour la Palestine construisant un Moyen-Orient pacifique et prospère et pour l'Afrique et l'Amérique latine.

Il est dans le meilleur intérêt du monde développé d'aider les pays en voie de développement à maintenir un fort niveau de croissance, afin qu'ils deviennent aptes à leur tour à rejoindre un nouvel ordre mondial et le marché international. Certains des pays les plus riches reconnaissent l'importance de s'associer, et tout particulièrement avec des voisins, et certaines tentatives sont faites pour créer de nouvelles façons de soutenir et d'échanger leurs savoir-faire respectifs. Ainsi peut-on citer en exemple les États-Unis et le Mexique ou l'Europe de l'Ouest et celle de l'Est. La croissance du statut économique de l'Espagne est en partie due au partenariat établi en Europe de l'Ouest. De la même manière, il est dans le plus grand intérêt des pays en voie de développement d'aborder sérieusement les questions relatives au progrès – pas uniquement à travers des slogans –, et avec un engagement tout à la fois de l'ordre de la volonté et des ressources afin d'accomplir de réels progrès et de se faire une place au soleil sur la carte du monde développé.

Créer des ponts

Créer des ponts entre cultures et nations n'est pas chose aisée. Néanmoins, les circonstances du monde moderne ne permettent pas non plus à la moindre culture ou nation de rester isolée. En ce XXIe siècle, nous avons la chance d'avoir les moyens de construire de tels ponts, la mobilité pour acquérir l'apprentissage d'autres cultures et le contact humain qui favorise la tolérance des autres cultures et religions. À cet égard, mon expérience personnelle peut être édifiante. Je suis « biculturel ». Lors de mon cinquantième anniversaire, j'avais passé environ le même laps de temps en Égypte qu'aux États-Unis, dans l'enceinte de la culture de l'Est aussi bien que dans celle de la culture de l'Ouest.

Je me considère chanceux d'être enrichi par ces deux cultures, et cela sans le moindre heurt – de gagner en éducation dans l'une et de contribuer au savoir humain dans l'autre, de favoriser une tradition de l'Est dans une société de l'Ouest, et d'aider à faciliter l'interaction entre l'Est et l'Ouest. Cela n'est pas nouveau dans l'histoire. La même chose eut lieu au moment où Alexandrie, où j'ai suivi mes études universitaires, était le berceau du savoir – sa fameuse bibliothèque, Bibliotheca Alexandrina, attira l'Ouest vers l'Est, il y a de cela plus de deux millénaires.

La science est une culture universelle et son universalité unit les scientifiques dans leur recherche de la vérité, sans se soucier de leurs origines, race, ou environnements sociaux respectifs. Lorsque je regarde en arrière et que je scrute les origines de la science, du temps et de la matière – thème qui est central à la recherche que nous menons à Caltech –, je trouve un « vrai dialogue ». La civilisation orientale égyptienne de laquelle je suis originaire était la première à introduire, aux environs de 4240 avant J.-C., le calendrier astronomique mesurant avec précision la période d'un jour au sein d'une année et, vers 1500 avant J.-C., la période d'une heure dans une journée. Cela fut accompli, respectivement en observant l'augmentation hélicoïdale de l'étoile brillante Sothis Sirius et en introduisant la nouvelle technologie des cadrans solaires.

La civilisation occidentale américaine dans laquelle je vis a livré au monde la possibilité d'analyser des temps de l'ordre de la « femtoseconde », un million d'un milliardième de seconde, la vitesse nécessaire pour enregistrer des atomes en mouvement. Le concept de l'atome, invisible jusqu'à récemment, fut donné au monde par Démocrite, issu de la civilisation grecque, il y a vingt-cinq siècles. Qu'il est fabuleux et significatif que ces civilisations aient présenté au monde les notions de temps et de matière, avec les énormes bénéfices qu'elles ont eus pour l'humanité, sans que nous nous battions les uns les autres pour déterminer quelles contributions avaient été réalisées dans quels endroits et à quelles époques – dans ce cas précis de la science, c'est la tradition qui a facilité une telle construction de ponts sur un millénaire entier.

La complexité qui enrobe les relations internationales est réelle et personne ne peut affirmer que des solutions aux problèmes mondiaux soient évidentes. Que ce soit à cause de leur glorieux passé ou de leur richesse géographique et culturelle présente, toutes les nations ont un rôle important à jouer dans la résolution des problèmes internationaux. Si la seule superpuissance mondiale aujourd'hui, les États-Unis, a un rôle particulier à jouer à cause de ses pouvoirs économique, scientifique et militaire, toutes les nations sont investies de la responsabilité de tâcher de maintenir, ensemble, une coexistence pacifique dans ce monde.

Tandis que le plus puissant pays du monde doit jouer un rôle fondamental de meneur dans le combat international contre le terrorisme, il ne doit pas non plus perdre de vue son rôle de meneur dans le combat pour les droits de l'homme et dans celui de la réduction du fossé entre riches et pauvres, entre ceux qui ont et ceux qui n'ont pas. Les États-Unis ont l'opportunité d'amener le monde à devenir plus uni, de faire en sorte que toutes les personnes vivant sur terre se considèrent les unes les autres comme des compagnons d'humanité. Je me souviens de l'image éclatante d'un homme, dans les années 1960, allant sur la Lune pour la cause de l'humanité. Tout comme Neil Armstrong l'a dit dans les premiers mots qu'il a prononcés en atterrissant sur la Lune : « Un petit pas pour l'homme, un saut de géant pour l'humanité », le Plan Marshall et le Corps des volontaires pour la paix (*Peace Corps*) sont deux exemples d'initiatives représentatives de la vision américaine permettant de réaliser de grandes choses pour l'humanité.

Il est vrai que les États-Unis ne peuvent résoudre tous les problèmes ayant cours dans le monde, mais en tant que nation la plus puissante, elle doit rester fièrement debout en tant que meneuse et incarner le rôle de modèle pour les autres. Partout autour de la planète, des gens lèvent les yeux vers l'Amérique et nombre d'entre eux souhaiteraient voir instauré dans leur pays un tel système de liberté et de valeur. L'Amérique peut être un vrai partenaire dans l'aide nécessaire pour résoudre de nombreux problèmes autour du monde. La réalité de la position américaine a été exprimée par Zbigniew Brzezinski dans les termes suivants : « L'Amérique se tient au centre d'un univers entrelacé, univers au sein duquel le pouvoir s'exerce à travers une négociation et un dialogue continus, la diffusion et la quête d'un consensus formel, même si ce pouvoir provient en fin de compte d'une source unique, c'est-à-dire de Washington DC. »

Si l'histoire est un processus cohérent et évolutionnaire, tel que l'a avancé Francis Fukuyama, la démocratie libérale pourrait constituer le point final de l'évolution idéologique humaine et la forme finale de gouvernement humain, et ainsi représenter la « fin de l'histoire ». L'argument est soutenu par le succès du système économique (libre marché) et par l'émergence – couronnée de succès – du système politique (démocratie), écrasant les idéologies rivales telles que la monarchie héréditaire, le fascisme et le communisme. Cette opinion est d'autant plus controversée que de nombreuses personnes ne croient pas que la démocratie occidentale soit le seul modèle viable de gouvernement pour le reste du monde ; d'autres formes ou combinaisons de systèmes peuvent s'avérer appropriées à des cultures différentes. Cependant, indépendamment de la nature du système, je crois que la liberté humaine et les valeurs l'accompagnant, qui sont les principes de base de la démocratie, sont essentielles pour effectuer des progrès et pour la meilleure utilisation des ressources humaines. Ces principes devraient être exportés aux pays en voie de développement, mais enrobés de la compréhension de leurs différences culturelles et religieuses.

Peut-être, un jour, allons-nous développer un « système de gouvernance mondial » afin de tâcher d'assurer pour tous des valeurs humaines libres (*free human values*). Et peut-être qu'un jour, grâce au pouvoir de la science et de la technologie, et avec de la foi, nous allons révéler la vraie nature de notre conscience unique en tant qu'*Homo sapiens*, la signification de notre unité génétique malgré la race, la culture ou la religion, et notre besoin d'apprécier des valeurs humaines indispensables. Le grand ennemi de cette aspiration humaine est l'ignorance, qu'elle se manifeste à travers la perception erronée de la foi, par l'intermédiaire d'opinions déformées par d'autres personnes, *via* l'impossibilité de reconnaître l'importance et l'utilisation de nouveaux savoirs et de nouvelles technologies, ou des malentendus à propos de la nutrition et des maladies.

Dans ce monde, nous devons construire des ponts entre les humains, entre les cultures et entre les nations pour faire reconnaître aux gens que nous vivons sur une planète unique avec des objectifs communs – même si nous ne sommes pas d'accord sur certaines questions. La clé n'est pas d'ignorer les démunis, de ne pas prêter d'attention aux parties les plus frustrées du monde. La pauvreté et le désespoir sont sources de terrorisme et de perturbation de l'ordre du monde. De meilleures communications et des partenariats mettront fin à la division existant actuellement entre « nous » et « eux ». Nous ne devons pas permettre la création de barrières à travers des slogans tels que « le choc des civilisations » ou le « conflit entre religions » – l'avenir se trouve dans le dialogue et non dans les conflits ou heurts. Nous avons besoin de meneurs visionnaires qui font l'histoire, pas de leaders qui envisagent la fin de l'histoire.

LE RENOUVEAU DU DIALOGUE
ENTRE SCIENCE ET RELIGION

III

La convergence des approches

Charles Townes

Prix Nobel de physique en 1964 pour sa codécouverte du laser et du maser. Professeur de physique à l'université de Californie à Berkeley. Les travaux principaux de Townes ont porté sur la spectroscopie, l'analyse de la structure moléculaire et nucléaire, l'électronique quantique, l'astronomie des ondes radio et l'astronomie infrarouge. Il a été l'un des initiateurs de la spectroscopie de haute résolution pour mesurer le rayonnement cosmique et son utilisation dans l'examen détaillé de la structure moléculaire et atomique. Son travail a été essentiel dans la découverte des molécules complexes dans l'espace à la fin des années 1960. Il a initié le domaine de l'électronique quantique et a construit le premier maser à l'université de Columbia. Il est par ailleurs très actif dans le domaine des interactions entre science et religion, et a reçu pour cela le Prix Templeton en 2005.

La convergence entre la science et la religion

Le succès toujours grandissant de la science est source, pour la religion, de nombreux défis et conflits, conflits qui se sont résolus et se résolvent de manières différentes dans la vie de chacun. Certains, en considérant la science et la religion comme deux domaines fondamentalement différents par les techniques qu'elles impliquent et utilisent, rendent impossible toute confrontation directe entre les deux. D'autres trouvent refuge dans l'un des deux domaines et considèrent l'autre comme contingent, voire nuisible. Pour moi, la science et la religion sont universelles, et somme toute, très semblables. En fait, pour mettre les choses au clair, j'adopterai la position relativement extrême qui affirme que les différences existant entre elles sont largement superficielles et que, si l'on observe leur véritable nature, on se rend compte que les deux domaines sont presque indiscernables. C'est peut-être la véritable nature de la science qui, à cause de ses aveuglants succès superficiels, est la moins évidente. Afin d'expliquer cela et d'éclairer les non-scientifiques, il convient de faire un historique de la science et de son développement.

La progression de la science durant les XVIIIe et XIXe siècles a généré une grande confiance en ses succès et en son caractère général. Les différents domaines ont tous succombé, les uns après les autres, à l'investigation objective, à l'approche expérimentale et à la logique de la science. Les lois scientifiques ont pris une dimension absolue et il est devenu facile de croire qu'à terme la science serait en mesure de tout expliquer. C'était l'époque à laquelle Laplace pouvait dire que s'il connaissait la position et la vitesse de toutes les particules de l'Univers, et s'il disposait d'une puissance de calcul suffisante, il serait alors capable de prédire entièrement le futur. Laplace ne faisait qu'exprimer ce que les lois de la physique de l'époque avaient imposé de façon inéluctable : un déterminisme complet. C'était l'époque où le fervent Pasteur, à qui l'on demandait comment il pouvait, en tant que scientifique, être également religieux, répondait simplement que son laboratoire était un domaine et que sa maison et sa religion en étaient un autre, totalement différent du premier. De cette période d'absolutisme scientifique persistent aujourd'hui, dans notre pensée et nos attitudes, de nombreux vestiges. Elle a fourni au communisme – issu du XIXᵉ siècle – dominé par la pensée marxiste, une partie de sa croyance dans l'inexorable déroulement de l'histoire et dans l'organisation scientifique de la société.

Vers la fin du XIXᵉ siècle, de nombreux physiciens considéraient leur œuvre comme presque achevée et ne nécessitant plus que de modestes ajouts et perfectionnements. Mais, peu après, de sérieux problèmes surgirent. La société actuelle semble peu consciente de l'importance de ces problèmes et de la façon dont ils ont bouleversé certaines des idées scientifiques les plus fondamentales. Cette ignorance vient peut-être du fait que la science a su rester solide, qu'elle a continué sur sa lancée, malgré les changements de parcours, et a su détourner l'attention du grand public de ces questions de fond en résolvant avec succès les problèmes de la vie courante.

Nombre de bases philosophiques et conceptuelles de la science ont en réalité été bouleversées et révolutionnées. Il n'y a qu'à donner un exemple de ces changements pour en comprendre le caractère poignant : la question de savoir si la lumière est constituée de petites particules émises par une source de lumière ou bien si elle est une perturbation ondulatoire créée par cette dernière fut, par exemple, longuement discutée par les autorités scientifiques. La question fut tranchée au début du XIXᵉ siècle par une brillante expérimentation pouvant être entièrement interprétée par la théorie. Les expériences apprirent aux scientifiques de l'époque que la lumière était sans équivoque une onde et non des particules. Cependant, vers 1900, d'autres expériences prouvèrent également sans équivoque que la lumière était un flot de particules et non pas une onde.

Les physiciens étaient confrontés à un paradoxe fort perturbant. La solution n'en advint finalement que plusieurs décennies plus tard, au milieu des années 1920, grâce au développement d'un nouvel ensemble d'idées, connu sous le nom de mécanique quantique.

Le problème était que, par le passé, les scientifiques raisonnaient en termes d'expériences, se cantonnant au comportement d'objets de grande taille, excluant de ce fait les phénomènes atomiques. Examiner la lumière ou les atomes nous fait pénétrer dans un nouveau domaine : celui des très petites quantités, auquel nous ne sommes pas accoutumés et pour lequel notre intuition peut s'avérer trompeuse. Avec du recul, il n'est pas surprenant que l'étude de la matière au niveau atomique nous ait appris tant de nouvelles choses et que certaines d'entre elles soient incompatibles avec plusieurs idées qui nous paraissaient claires jusqu'ici. Aujourd'hui, les physiciens pensent que la lumière n'est ni exactement corpusculaire ni précisément ondulatoire : elle est les deux à la fois. Le fait même de nous poser la question : « La lumière est-elle une onde ou une particule ? », était une erreur. Elle peut, en effet, avoir des propriétés correspondant à ces deux aspects. C'est le cas pour tout type de corps matériel, que ce soit des balles de base-ball ou des locomotives. Nous n'observons pas ce type de dualité chez ces objets macroscopiques car ils n'affichent pas de propriétés ondulatoires de manière évidente mais pensons qu'en principe, ces propriétés sont présentes.

Nous en sommes arrivés à croire en d'autres phénomènes étranges. Supposons qu'un électron soit mis dans une longue boîte dans laquelle il peut se déplacer d'avant en arrière. La théorie veut désormais que, dans certaines conditions, l'électron pourra être trouvé à l'avant ou à l'arrière de la boîte mais jamais au centre. Cette affirmation tranche donc avec l'idée selon laquelle un électron se déplace d'avant en arrière, pourtant la majorité des physiciens sont aujourd'hui convaincus de sa validité et peuvent en démontrer la véracité en laboratoire.

Un autre aspect étrange de la nouvelle mécanique quantique s'appelle « le principe d'incertitude ». Ce principe établit le fait que si l'on essaie de déterminer l'endroit précis où se trouve une particule, on ne peut déterminer tout à la fois à quelle vitesse elle se déplace et dans quelle direction elle se dirige ; ou, si l'on détermine sa vitesse, on ne peut jamais définir sa position exacte.

D'après cette théorie, on peut en conclure que Laplace se méprenait depuis le début. S'il était encore vivant aujourd'hui, il comprendrait, comme d'autres physiciens contemporains, qu'il est fondamentalement impossible d'obtenir l'information nécessaire à ses prédictions précises, quand bien même il ne s'occuperait que d'une seule particule plutôt que de tout l'Univers.

Les lois de la science moderne semblent avoir détourné notre pensée du déterminisme complet pour nous orienter vers un monde dans lequel le hasard joue un rôle majeur. Il s'agit de hasard à l'échelle atomique, mais il est des situations où le changement aléatoire de position d'un atome ou d'un électron peut avoir des conséquences sur la Vie dans le sens large du terme, et, du même fait, sur la société tout entière. Nous pouvons citer pour exemple le cas de la reine Victoria qui transmit son hémophilie – devenue mutante – à certains mâles descendants de familles royales européennes du fait d'un tel événement de type atomique. Ainsi un événement microscopique imprévisible eut-il des répercussions sur la famille royale d'Espagne et, par l'intermédiaire d'un tsar affligé d'une telle maladie, sur la stabilité même du trône de Russie.

Cette nouvelle vision du monde, qui n'est pas prévisible *via* les seules lois de la physique, fut difficile à accepter pour les physiciens des générations précédentes. Même Einstein, l'un des architectes de la mécanique quantique, n'accepta jamais complètement l'indéterminisme du hasard impliqué par cette théorie. Voici la réponse intuitive qu'il lui admonesta : *« Herr Gott würfelt nicht »* (« Dieu ne joue pas aux dés ! »). Il est intéressant de noter que le communisme russe, dont on trouve les racines dans le déterminisme du XIXe siècle, adopta longtemps une opposition doctrinaire forte à l'égard de la nouvelle physique de la mécanique quantique.

Les scientifiques étendirent leurs recherches à d'autres domaines encore, hors de notre expérience commune. D'autres surprises les y attendaient. Pour les objets se déplaçant à une vitesse bien supérieure que celle à laquelle nous étions habitués au cours de nos expériences passées, la relativité démontre que d'étranges phénomènes se produisent. Premièrement, les objets ne peuvent dépasser une certaine vitesse, quelle que soit la force qu'on leur imprime. Leur vitesse maximale absolue est celle de la lumière, soit 300 000 km/s. De plus, lorsque les objets se déplacent à grande vitesse, ils deviennent plus petits et plus massifs – ils changent de forme et pèsent plus lourd. Même la vitesse d'écoulement du temps change ; si une montre est projetée à très grande vitesse, le temps qu'elle affiche, lui, passe moins vite. Ce comportement singulier est à l'origine de la fameuse expérience conceptuelle des chatons. Prenez une portée de six chatons et divisez-la en deux groupes. Gardez trois chatons sur Terre et envoyez les trois autres dans une fusée dont la vitesse se rapproche de celle de la lumière, puis faites-les revenir après une année. Les chatons restés sur Terre seront évidemment devenus des chats alors que ceux qui étaient dans l'espace seront toujours des chatons. Cette théorie n'a pas été testée avec de vrais chatons, mais elle a été vérifiée expérimentalement quant au vieillissement d'objets non animés et semble être valide.

Ah ! à quel point certaines idées tenues pour évidentes et établies par les scientifiques du début du siècle pouvaient être fausses !

Les scientifiques sont désormais beaucoup plus prudents et modestes lorsqu'il s'agit d'appliquer des idées dans des domaines où elles n'ont pas été testées. Bien entendu, une grande partie de l'objet de la science réside dans le développement de lois générales qui peuvent être appliquées à de nouveaux domaines. Ces lois sont souvent remarquablement efficaces en ce qu'elles nous apportent de nouvelles informations et nous permettent de prédire des choses que l'on n'a pas encore observées directement. Et cependant nous devons rester conscients du fait que de telles extensions peuvent être fausses, et même fausses de façon fondamentale. Malgré ces bouleversements de notre vision, il est rassurant de remarquer que les lois de la science du XIXᵉ siècle ne sont pas si fausses que cela dans le domaine dans lequel elles étaient initialement appliquées – le monde des vitesses ordinaires et des objets plus grands que la pointe d'une aiguille. Dans ce domaine, elles restent essentiellement vraies, et force est de constater que ce que nous apprenons toujours à l'école, ce sont les lois de Newton et de Maxwell, car dans leur propre domaine, elles restent valides et utiles.

Nous savons aujourd'hui que les théories scientifiques les plus sophistiquées et les plus récentes – dont la mécanique quantique – sont toujours incomplètes. Nous les utilisons car nous savons que dans certains domaines, elles sont étonnamment vraies. Pourtant elles nous amènent parfois à des inconsistances que nous ne comprenons pas, et nous devons alors admettre que nous sommes passés à côté d'un point crucial. Nous nous contentons d'admettre et d'accepter les paradoxes en espérant qu'un jour prochain une compréhension plus complète nous permettra de les résoudre. En fait, reconnaître ces paradoxes et les étudier nous aide sans doute à mieux comprendre les limitations de notre pensée et à y apporter des corrections.

Avec ce rappel du véritable état de la connaissance scientifique, nous arrivons maintenant aux similitudes identitaires existant entre science et religion. Le rôle de la science est de découvrir l'ordre dans l'Univers et de comprendre par là-même les choses dont nous (et tous les hommes) faisons l'expérience sensible. Nous exprimons cet ordre sous forme de lois et de principes scientifiques, en nous efforçant de les énoncer simplement mais inclusivement. Le but de la religion peut être formulé, je pense, en tant que la compréhension (et donc l'acceptation) de l'intention et du sens de notre Univers ainsi que notre rapport à ce dernier. La plupart des religions voient une origine unificatrice et englobante du sens, et c'est cette force suprême et intentionnelle que nous appelons Dieu.

Comprendre l'ordre de l'Univers et comprendre son intention sont deux choses différentes mais finalement pas si éloignées l'une de l'autre. La traduction de « physique » en japonais est *butsuri*, qui signifie littéralement « les raisons des choses ». Ainsi, associons-nous facilement et inévitablement la nature et l'intention de notre Univers.

159

Quels sont les aspects de la religion et de la science qui les font sembler si diamétralement opposées ? Je pense que beaucoup d'entre eux résultent de la différence de vocabulaire qui leur est attribué, et ce pour des raisons historiques ; beaucoup d'autres viennent de différences quantitatives suffisamment conséquentes pour que nous les prenions inconsciemment pour des différences qualitatives. Considérons maintenant certains de ces aspects à cause desquels science et religion semblent – superficiellement – très différentes.

Job et Einstein, des hommes de foi

Le rôle essentiel de la foi en religion est si connu qu'il est souvent considéré comme la caractéristique qui distingue la religion de la science. Or la foi est également essentielle à la science, même si nous ne reconnaissons pas, dans le cadre de la science, sa nature et son utilité premières. Le scientifique a besoin de la foi lorsqu'il se met au travail, et d'une foi encore plus grande pour mener à bien ses travaux les plus difficiles. Pourquoi ? Parce qu'il doit personnellement s'engager à croire qu'il existe un ordre prévalant dans l'Univers et que l'esprit humain – et de fait son propre esprit –, est capable de comprendre cet ordre. Sans cette croyance, il n'y aurait aucun intérêt à essayer de comprendre un monde présumé désordonné et incompréhensible. Un tel monde nous ramènerait à l'époque de la superstition, lorsque l'homme pensait que des forces capricieuses manipulaient son univers. En fait, c'est grâce à cette croyance d'un monde compréhensible par l'homme qu'a pu s'effectuer le changement basique de l'âge de la superstition à l'âge de la science et qu'ont pu avoir lieu toutes les avancées scientifiques.

Un autre aspect de la foi scientifique est le postulat qu'il existe une réalité unique et objective partagée par tous. Cette réalité passe, bien entendu, par nos sens, ce qui peut occasionner des différences d'interprétation selon ce que chaque individu observe. Cependant, la pensée scientifique reste fermée à l'idée de Berkeley selon laquelle le monde naîtrait de l'esprit, ou à l'existence possible de deux ou plusieurs visions du monde à la fois valides et opposées. Plus simplement, le scientifique postule, et l'expérience affirme, que la vérité existe. La nécessité de la foi en science rappelle la description de la foi religieuse attribuée à Constantin : « Je crois afin de pouvoir connaître. » Mais cette foi est tellement ancrée dans le scientifique que l'on en oublie son existence.

Einstein offre un exemple assez probant de cette foi en un ordre, et nombre de ses contributions proviennent d'une dévotion intuitive à un type d'ordre particulièrement séduisant. L'une de ses fameuses remarques est inscrite en allemand dans le hall de l'Université de Princeton : « Dieu est subtil, mais il n'est pas malicieux. » C'est-à-dire que le monde que Dieu a créé est peut-être complexe et difficile à comprendre pour nous, mais il n'est pas arbitraire et illogique. Einstein a passé la seconde moitié de sa vie à chercher une unité existant entre la gravitation et les champs électro-magnétiques. De nombreux physiciens pensent qu'il était sur une mauvaise piste, et personne ne sait encore s'il a réalisé des avancées appréciables. Mais il avait foi en une grande vision d'unité et d'ordre, et a travaillé durement dans ce sens durant plus de trente ans. Sans doute avait-il cette conviction inébranlable qui lui aurait permis de dire avec Job : « *Though he slay me, yet will I trust him* » (« Bien qu'il me pourfende, je continuerai à avoir confiance en lui »).

Des scientifiques **moins** connus, travaillant sur des projets moins import**ants, se** trouvent fréquemment dans une situation où les choses ne semblent pas avoir de sens ; donc ordonner et comprendre leurs travaux semble désespéré. Pourtant le scientifique garde la foi dans cet ordre, qui est à trouver, et que lui ou l'un de ses collègues finira par découvrir.

Le rôle de la Révélation

Une autre idée répandue concernant la différence entre science et religion concerne leurs méthodes respectives de découverte. Les découvertes religieuses proviennent souvent de grandes révélations. Il est communément admis que la connaissance scientifique découle de la déduction logique ou de l'accumulation de données, analysées par des méthodes établies afin d'en tirer des généralisations que l'on appellera lois. Or une telle description de la découverte scientifique ne retranscrit pas la vérité. La plupart des grandes découvertes scientifiques se produisent fort différemment et sont plus proches de la révélation. En général, le terme n'est pas utilisé dans le domaine scientifique puisque nous avons l'habitude de l'utiliser dans le contexte religieux. Dans les cercles scientifiques, on parle d'intuition, de découvertes accidentelles ou encore d'*une brillante idée que l'on a eue*. Si l'on observe la façon dont les grandes idées scientifiques émergent, on s'aperçoit qu'elles ressemblent remarquablement à des révélations religieuses vues sous un angle non mystique. Pensez à Moïse dans le désert, perturbé et cherchant comment sauver les enfants d'Israël, lorsque soudain une révélation lui fut faite par un buisson en feu. On retrouve des schémas de ce type pour nombre de révélations aussi bien dans l'Ancien que dans le Nouveau Testament.

Pensez au Bouddha Gautama qui a voyagé et cherché pendant des années ce qui était bon et qui, un jour, s'assit sous un arbre, lieu où ses idées lui furent révélées. De même le scientifique, après un travail acharné et un engagement intellectuel et émotionnel important, trouve subitement la solution. De telles idées surgissent plus souvent dans des moments de pause ou de contemplation qu'en travaillant. Un exemple connu ? La découverte du noyau benzénique par Kekulé qui, rêvassant devant le feu, eut l'idée d'une molécule en forme de serpent se mordant la queue. Nous ne savons pas décrire les processus humains qui entraînent la création de telles lueurs scientifiques, substantiellement nouvelles et importantes. Mais il est clair que les grandes découvertes, les grands sauts, viennent rarement de la prétendue méthode scientifique, mais plus souvent, comme pour Kekulé, par l'intermédiaire de révélations – pas forcément aussi imagées, mais toutes aussi réelles.

Les preuves

La notion selon laquelle les idées religieuses ne reposent que sur la foi et la révélation alors que la science réussit à avancer des preuves factuelles constitue une idée reçue de plus à propos de la différence existant entre science et religion. Dans cette perspective, les preuves confèrent aux idées scientifiques un caractère absolu et universel que les idées religieuses ne possèdent que dans les revendications des fidèles. La nature de la preuve scientifique est en fait relativement différente de ce que cette approche laisse supposer. Toute preuve mathématique ou logique inclut que l'on choisisse un ensemble de postulats, qui sont consistants entre eux et qui sont applicables dans une situation donnée.

Dans le cas de la science de la Nature, ils sont censés s'appliquer au monde qui nous entoure. Ensuite, sur la base de lois logiques sur lesquelles on se met d'accord et que l'on doit également admettre, on peut alors prouver les conséquences de ces postulats. Peut-on être sûr que ces postulats sont satisfaisants ? Le mathématicien Gödel a montré qu'il est fondamentalement impossible, dans les mathématiques les plus répandues, de déterminer si l'ensemble des postulats est auto-consistant. La seule façon de tester la consistance du premier ensemble de postulats est d'élaborer un nouvel ensemble de postulats *maîtres* qui pourra, à notre insu, s'avérer logiquement inconsistant. Nous n'avons donc pas de base réelle sur laquelle nous pourrions construire un raisonnement fiable. Gödel nous surprit encore plus en nous montrant que dans ce même domaine mathématique, il existait toujours des vérités mathématiques qui étaient fondamentalement indémontrables par la logique normale. Ses démonstrations n'ont eu lieu qu'il y a quelques décennies, néanmoins, elles ont profondément changé notre vision de la logique humaine.

Un autre moyen de se convaincre de la validité d'un concept scientifique ou d'un postulat est de le mettre à l'épreuve de l'expérience, comme on le fait pour les sciences de la Nature. Nous imaginons des expériences visant à tester les hypothèses de travail et considérons comme correctes les lois et hypothèses qui semblent en accord avec nos résultats. De tels tests peuvent infirmer une hypothèse ou bien nous donner la confiance nécessaire en son exactitude et son applicabilité, mais jamais la prouver de manière absolue.

Les croyances religieuses peuvent-elles aussi être considérées comme des hypothèses de travail, testées et validées par l'expérience ? Certains trouveront cette vision séculière et répugnante. Quoi qu'il en soit, elle met à l'écart l'absolutisme en matière de religion. Mais je ne vois pas en quoi notre acceptation de la religion sur cette base peut être répréhen-

sible. La validité des concepts religieux a été, au cours des
âges, mise à l'épreuve par les sociétés et les expériences
personnelles. Leur faut-il impérativement être plus absolus
que la loi de la pesanteur ? Cette dernière est une hypothèse
de travail, et nous ne sommes pas certains de son fondement
ni de sa permanence. Cependant, par notre foi en cette loi
ainsi qu'en de nombreuses autres hypothèses scientifiques
complexes, nous risquons notre vie quotidiennement.

La science traite souvent de problèmes tellement simples
et de situations tellement contrôlables en comparaison de
ceux ayant cours en religion, que la différence quantitative
concernant la manière dont on teste les hypothèses tend à
cacher les similitudes logiques existantes. Faire des expériences réglementées dans le domaine de la religion n'est
sans doute pas possible et nous prenons pour preuves l'histoire humaine et les expériences personnelles. Or, dans certains aspects de la science – notamment dans l'extension de
la science aux sciences sociales – on a davantage recours à
l'expérience (humaine ou personnelle) et à l'observation
qu'aux expériences facilement reproductibles.

Supposons maintenant que l'on accepte complètement
la proposition selon laquelle la science et la religion sont
essentiellement similaires. Quelle situation obtient-on et
vers quelle situation se dirige-t-on ? Je pense que la religion peut profiter de l'expérience scientifique, grâce à
laquelle la dure réalité de la nature et la tangibilité des
preuves ont réussi à faire entrer dans notre pensée des
idées auxquelles l'humanité a souvent résisté.

Et alors ?

Nous devons, dans un premier temps, reconnaître la
nature hésitante et provisoire de la connaissance. Si notre

compréhension actuelle de la science ou de la religion reste en accord avec l'expérience, elle conservera sans doute un important degré de validité comme c'est le cas pour la mécanique de Newton. Mais il est peut-être des choses plus profondes que nous ne connaissons pas encore et qui vont radicalement modifier notre manière de penser.

Nous devons également nous attendre à rencontrer des paradoxes et ne pas être trop surpris ou trop excessivement dérangés par ces derniers. Nous savons qu'il existe de nombreux paradoxes en physique – notamment concernant la nature de la lumière – et qu'une compréhension plus large des choses permet de les résoudre. Il y a des paradoxes que nous n'avons toujours pas résolus. Dans le domaine de la religion, nous sommes dérangés par la souffrance qui nous entoure et son inconsistance apparente avec un Dieu d'amour. De tels paradoxes en science, s'ils ne détruisent pas notre foi en elle, nous rappellent que notre compréhension des choses est limitée et qu'ils peuvent parfois nous aider à faire de nouvelles avancées.

Peut-être trouverons-nous un jour en religion des manifestations du principe d'incertitude – dont nous savons aujourd'hui qu'il est un phénomène particulièrement caractéristique de la physique ? S'il est fondamentalement impossible de déterminer de manière précise à la fois la position et la vitesse d'une particule, nous ne devrions pas être surpris de rencontrer des limitations de ce type dans d'autres aspects de notre expérience.

Cette opposition dans la détermination précise de deux quantités est également appelée complémentarité ; position et vitesse représentent deux aspects complémentaires d'une particule, et seul un des deux peut être mesuré de manière précise à un moment donné. Niels Bohr a déjà suggéré que la perception de l'homme ou de n'importe quel autre organisme vivant et celle de sa constitution physique illustraient bien ce type de complémentarité. C'est-à-dire que l'examen poussé et précis de la constitution atomique de l'homme peut, par nécessité, brouiller la vision que l'on peut en avoir, par ailleurs, en tant qu'être vivant spirituel.

Il ne semble, de toute manière, pas y avoir de justification à la position dogmatique adoptée par certains, stipulant que le remarquable phénomène qu'est la personnalité humaine individuelle puisse être exprimé selon les termes des lois actuelles du comportement des atomes et des molécules. La justice et l'amour représentent un autre exemple de cette complémentarité. Une approche entièrement basée sur l'amour du prochain et une application scrupuleuse de la justice semblent difficilement compatibles. Ces exemples pourraient n'être que des analogies relativement floues de ce qu'est la complémentarité en science. Ils pourraient aussi s'avérer être valides dans le cadre de manifestations encore mal définies du principe d'incertitude. Quoi qu'il en soit, nous devons nous attendre à ce type d'occurrence et être prévenus par la science qu'il y aura toujours des limitations fondamentales à notre connaissance précise et consistante de toutes les choses à la fois.

Enfin, si la science et la religion sont largement similaires et non pas arbitrairement confinées dans leurs domaines, elles devront à un moment ou à un autre converger clairement. Je pense que cette confluence est inévitable. Science et religion représentent toutes deux les efforts de l'homme qui cherche à comprendre son univers et doivent en fin de compte traiter de la même substance. Alors que nous progressons dans les deux domaines, ces derniers doivent évoluer ensemble. D'ici à ce que cette confluence se réalise, la science sera passée par de nombreuses révolutions aussi extraordinaires que celles qui se sont produites durant ce siècle, et aura sans doute revêtu un habit que les scientifiques d'aujourd'hui auraient du mal à identifier. Notre compréhension de la religion aura peut-être connu des progrès et des changements. Mais elles doivent converger, et de cette convergence naîtra une nouvelle force pour elles deux.

En attendant, chaque jour, face à l'incertitude et au changement, armés d'une connaissance à jamais limitée et hésitante, comment pouvons-nous vivre et agir de façon glorieuse ? C'est ce problème qui, je pense, a de si nombreuses fois incité l'homme à affirmer qu'il possédait la vérité ultime enfermée dans quelque phraséologie ou symbolisme, même lorsque cette phraséologie incarne différentes interprétations citées par différentes personnes.

Notre engagement, nos efforts, notre dévotion pour des idées que nous reconnaissons comme provisoires et non arrêtées représentent, pour notre esprit et nos émotions, un véritable test.

Galilée a épousé la cause de la théorie copernicienne du système solaire, et cela lui a coûté très cher du fait de l'opposition que l'Église a formulée à son encontre. Nous savons aujourd'hui que la position que défendait Galilée, la véracité de l'idée selon laquelle la Terre tourne autour du Soleil et non l'inverse, était une problématique inutile. Les deux descriptions sont équivalentes dans le cadre de la relativité générale, même si la première est plus simple. Et pourtant nous honorons le courage et la détermination de Galilée qui revendiqua ce qu'il tenait pour vrai. C'était important pour son intégrité ainsi que pour le développement des visions scientifiques et religieuses de l'époque, desquelles a découlé notre meilleure compréhension actuelle de ces problèmes.

De même que l'autorité de la religion était plus importante dans l'Italie de Galilée qu'elle ne l'est aujourd'hui, la science paraissait plus récente et plus simple. Nous avons tendance à croire qu'aujourd'hui nous sommes plus évolués et que la science et la religion sont plus complexes, si bien qu'il nous est difficile d'adopter une position aussi tranchée. Cependant, si nous acceptons l'idée qu'il existe une vérité, nous nous devons alors de nous engager pour elle comme l'a fait Galilée ou Gautama bien avant lui. Pour nous-mêmes et pour l'humanité nous avons le devoir d'utiliser au mieux notre sagesse et nos instincts, les leçons de l'histoire et la sagesse ancestrale, les expériences et les révélations de nos proches, des saints et des héros, afin de nous rapprocher le plus possible de la vérité et du sens. De plus, nous devons être prêts à vivre et à agir en accord avec nos conclusions.

Jean Kovalevsky

Astronome, membre de l'Académie des sciences. Président du Comité international des poids et mesures. Spécialiste de mécanique céleste et d'astrométrie, il a été le responsable du Consortium international FAST, analysant les données du satellite Hipparcos. Ancien directeur du CERGA à l'observatoire de la Côte d'Azur.

Science et religion

Introduction

L'objet de ce texte est de vous faire partager quelques réflexions sur la complémentarité des richesses spirituelles et intellectuelles que nous offrent la religion d'une part, et la science de l'autre, ce qui m'amènera évidemment à traiter des relations qui existent entre elles. Je voudrais pour cela dépasser les aspects, qui ont d'ailleurs évolué au cours des siècles, pour transcender aussi bien la vision réductrice d'une science isolée que celle d'une religion considérée séparément du monde matériel, ou alors comme située au-dessus de tout. Je souhaite présenter un point de vue que je désirerais voir contribuer à une certaine convergence des approches si différentes que la science et la religion suivent dans leur recherche d'une description d'une réalité qui, à mon avis, est unique.

Avant d'aborder ce problème, faisons une remarque préliminaire. N'ayant lu que fort peu d'ouvrages sur ce sujet et n'ayant aucune culture théologique ou philosophique sérieuse, je livre ici des réflexions toutes personnelles, étant conscient que certains aspects que je vais aborder ont été certainement traités ailleurs bien mieux que je ne saurais le faire. Je me baserai donc uniquement sur la connaissance que j'ai de la pensée et des méthodes scientifiques et des enseignements de la religion chrétienne. Cela dit, il est incontestable que cette tentation d'unifier les diverses approches de la Vérité est très ancienne puisqu'on la trouve dans les religions qui ont toutes une certaine cosmologie. Je ne citerai, pour la religion chrétienne, à part les récits de la Bible, que le point de vue de saint Thomas d'Aquin (le thomisme est toujours très vivant parmi les catholiques) ou encore celui de Teilhard de Chardin.

Antinomies

Science et religion ! Voilà bien deux domaines qui paraissent disjoints et passablement contradictoires. Disons que ces disciplines sont antinomiques. Certes, elles ont en commun de décrire chacune une certaine réalité (et aussi, peut-être qu'elles considèrent toutes deux l'œuvre de Dieu, même si les savants athées ne le savent pas). Mais pour y parvenir, le cheminement est distinct et il ne faut pas s'étonner que leurs conclusions soient d'ordre différent. La science adopte une approche dite de « méthode scientifique », mélange en proportions diverses d'observations, d'expérimentations et de déductions théoriques. La religion est basée sur une révélation, mais contient également certaines formes d'expériences et de faits historiques, alors que l'exégèse joue un rôle important dans l'interprétation des textes. On reviendra plus loin sur ces aspects qui sont peut-être moins opposés qu'on pourrait le penser de prime abord. Pourtant, la différence entre les approches et une dissimilitude des discours produisent soit une situation conflictuelle, soit l'annexion de l'une par l'autre, soit encore une ignorance dédaigneuse de l'une pour l'autre.

Dans le premier cas, la religion a la tentation d'inclure dans sa conception du monde certains résultats scientifiques tout en rejetant ceux qui lui paraissent contraires. Ainsi, par exemple, si certains aimeraient considérer le big-bang comme une preuve de la création du monde par Dieu, d'autres rejettent la théorie de l'évolution des espèces en maintenant à la lettre les récits de la Genèse biblique. Inversement, les matérialistes scientifiques, sans parler des scientistes, rejettent toute idée de Dieu et, en tous les cas, considèrent que la science se suffit à elle-même. Au mieux, il y a une séparation totale comme s'il s'agissait de deux mondes différents. C'est d'ailleurs la position prise par de nombreux scientifiques croyants même à l'heure actuelle : pour eux, il n'y a pas plus de rapports entre la science et la religion qu'entre la musique et la construction d'un barrage hydroélectrique, l'existence des deux n'étant pas remise en cause.

Certes, un ingénieur des travaux publics peut aussi être mélomane sans pour autant composer des chants à la gloire du barrage de Serre-Ponçon. Mais, pour ma part, je ne peux pas, en tant que scientifique croyant aux réalités présentées par la science et la religion, les dissocier et ne pas ressentir qu'il s'agit là de deux manières d'approcher quelque chose qui est Un et pour lequel on devrait un jour trouver une description synthétique. En effet, le monde (et je donne à ce mot le sens de tout ce qui existe, en opposition au mot Univers qui se rapporte au monde matériel étudié par l'astronomie et les autres sciences) est tel que chacune de ces deux réalités s'applique. Il doit ainsi y avoir une description cohérente qui les inclut toutes les deux.

J'ai dit que science et religion sont antinomiques. Cela ne veut pas dire contradictoires. En nous référent au *Littré*, nous lisons que l'on peut concilier une antinomie. En prenant le sens que Kant donne à ce mot (sans pour autant le

suivre dans toute sa logique), l'antinomie est une contradiction naturelle qui résulte non d'un raisonnement vicieux,
mais des lois mêmes de la raison toutes les fois que, fran-
chissant les limites de l'expérience, nous voulons savoir de
l'Univers quelque chose d'absolu. Une antinomie peut être
résolue par une synthèse ; c'est bien ce que nous voulons
faire.

Antinomies en religion et en science

Or, si l'on analyse cette notion d'antinomie, on constate
qu'elle est profondément ancrée dans la doctrine chrétienne. Lorsqu'une antinomie se présente, elle tente non de
faire un choix, mais d'en faire la synthèse. Ainsi, par
exemple, un, deux et trois sont des notions bien distinctes.
Or, le dogme trinitaire nous enseigne que Dieu est Unité-
Trinité (Trinité consubstantielle et indivisible). Ce serait
une erreur du point de vue chrétien d'y voir une contradiction sous forme d'une opposition entre monothéisme et
polythéisme. Il faut transcender cette contradiction apparente : c'est là le fondement de la théologie chrétienne. On
pourrait décrire de la même façon l'antinomie de présenter
le Christ comme étant à la fois Dieu et Homme.

Cette façon de résoudre les antinomies par une synthèse
est tout à fait chrétienne et peut s'étendre à d'autres couples
opposés tels que vie et mort ou corps et âme. Ainsi la mort
n'est pas un aboutissement marquant la disparition de la
vie, mais un passage qui la préserve. Le chrétien garde ce
passage présent à l'esprit mais, en attendant, il doit vivre
pleinement.

L'acceptation de la richesse de la dualité antinomique
n'est certes pas aisée. Elle l'est peut-être encore moins à

l'heure actuelle où on a tendance à tout opposer et réduire à des choix par oui ou non. C'est le syndrome du tout ou rien : le binaire 0 ou 1 des ordinateurs ou encore la logique du tiers exclu. Par exemple, pour en revenir aux religions, le judaïsme a refusé l'antinomie Christ-Dieu. Plus tard, l'islam attaquera violemment le dogme trinitaire au nom du monothéisme. C'est la raison pour laquelle j'estime que la pensée chrétienne est mieux préparée que d'autres à refuser l'opposition illustrée par la conjonction « ou » et à examiner la synthèse amenée par la conjonction « et », notamment entre elle-même et la science. Au demeurant, de façon générale, le refus de telles synthèses conduit à des positions tranchées qui sont le fait des intégrismes religieux et des divers sectarismes.

La pensée scientifique, marquée par le rationalisme déductif, notamment sous l'influence des mathématiques, a également de grandes difficultés devant une situation antinomique. Elle y est cependant de plus en plus invitée par l'expérience. Ainsi, la lumière est à la fois, selon la manière dont on l'observe, onde et particule. On sait que l'acceptation de cette antinomie a donné, par sa résolution, naissance à la théorie des quanta, une des théories les mieux prouvées de la science moderne. On peut citer d'autres antinomies scientifiques : le chat de Schrödinger est mort et vivant à la fois, l'Univers est à la fois fini et sans bornes, une particule pourrait être en deux endroits différents en même temps, le temps est une notion relative et s'écoule différemment selon la vitesse des horloges (jumeaux de Langevin), etc.

En parallèle, la pensée chrétienne s'est dégagée d'un conformisme littéral vis-à-vis des Écritures. Les exégèses, basées sur une meilleure connaissance historique et culturelle du peuple juif et de leurs voisins et établies sur des raisonnements déductifs que ne renieraient pas les scientifiques les plus puristes, ont progressivement dégagé

175

l'essentiel de la foi des croyances et traditions annexes. Le croyant peut maintenant bien mieux présenter sa religion d'une manière plus pure et plus raisonnée qu'autrefois. L'Église, elle-même, loin de rejeter la pensée rationnelle, appelle à resserrer les rapports entre la science et la foi et à ne pas négliger l'apport de la raison dans l'approfondissement de la foi. Ainsi, les modes de pensée chrétiens et scientifiques se rapprochent et ont plus de points communs aujourd'hui qu'il y a un siècle. Je pense qu'on peut, et même qu'on doit, aller plus loin. Les vérités enseignées par la science et la religion sont apparemment antinomiques, mais comme dans les exemples précédents, on devrait pouvoir les rassembler en une sorte de synthèse.

On vient de voir que les pensées scientifiques et religieuses se sont rapprochées par le fait qu'elles sont capables d'établir une synthèse de certaines antinomies. Un autre point de rapprochement est que les façons dont chacune approfondit et annonce sa vérité présentent aussi de fortes analogies. C'est ce que je voudrais maintenant montrer en les présentant successivement.

La méthode scientifique

La science est basée sur l'observation et l'expérimentation. Elle dispose d'un certain nombre d'outils tels que les récepteurs, les appareils de laboratoire, les ordinateurs, etc. (Je simplifie évidemment.) À l'aide de ces outils, on fait des mesures, on décrit des phénomènes. Mais une mesure n'est pas seulement un nombre, et une observation n'est pas seulement la relation d'un fait. Une mesure doit être accompagnée des conditions dans lesquelles elle a été réalisée (par exemple, la température, le champ magnétique, l'éclair, etc.). De même, les faits rapportés doivent l'être dans leur contexte (par exemple, le comportement d'un animal correspond-il à une situation de peur, d'agressivité, de faim, défend-il son territoire, etc. ?). Ces détails sont fondamentaux car le stade suivant est la recherche des relations de cause à effet ou des corrélations avec certains paramètres en vue de généraliser le phénomène en éliminant les conditions secondaires. L'observation ou la mesure se répète-t-elle lorsqu'elle est effectuée dans des conditions voisines ? Sinon quels paramètres faut-il fixer pour en assurer la répétitivité ? De quels paramètres ce phénomène dépend-il et de quelle façon ? En effet, deux dangers guettent le scientifique :

1. Les généralisations hâtives (tous les chats de la ville sont gris parce qu'on en a vu trois de suite qui étaient gris).

2. La mise en cause du hasard (tel volcan est-il devenu actif par hasard, ou y a-t-il des causes profondes à détecter ?).

Pour éviter ces errements, on s'appuie sur des théories c'est-à-dire des énoncés qui décrivent un certain nombre de phénomènes et qu'on essaie d'utiliser pour en expliquer un nouveau. On les appelle parfois « lois de la nature » (par exemple, la loi de la gravitation universelle, les lois de l'électromagnétisme, celles de la génétique, la mécanique quantique, etc.). Ces théories subsistent tant qu'on n'a pas trouvé un phénomène qui les contredise. Toute nouvelle vérification expérimentale ajoute à la crédibilité d'une théorie. Une seule expérience bien établie qui contredit une théorie suffit à en prouver l'insuffisance et conduit à une avancée théorique génératrice de progrès. Les nouvelles théories englobent les faits précédemment avérés plus d'autres. On notera qu'à ce stade, l'imagination scientifique est un atout précieux : l'intuition joue un rôle important dans les découvertes. Mais il est intéressant de discuter la manière dont ces théories ou ces lois sont présentées.

Les modèles

En réalité, l'énoncé de ces théories ou de ces lois sous-entend la formule « tout se passe comme si... ». Newton l'a explicitement employé en énonçant sa loi de la gravitation universelle. Plus tard, l'observation du mouvement de la planète Mercure a montré que celui-ci n'y obéissait pas tout à fait. Alors Einstein l'a remplacée par un énoncé basé sur un principe totalement différent : tout se passe comme si l'espace était déformé par la présence de matière, les planètes suivant des trajectoires déterminées par la courbure d'un tel espace. Mais la loi de Newton reste une excellente approximation. Dans le langage scientifique moderne, le « tout se passe comme si » s'appelle « modèle ». Ce mot est révélateur : la science ne prétend pas atteindre la réalité, mais en donne une description ou, si on préfère, une transcription.

Cette notion de modèle est omniprésente dans la science. L'avènement des ordinateurs en a multiplié l'usage. On modélise une étoile, le climat, une molécule complexe, la trajectoire d'une particule ou les remous provoqués par un avion. On se donne les lois physiques qui gouvernent le phénomène et on écrit les équations qui représentent ces lois appliquées à l'objet étudié dans les conditions où il se trouve, puis on les résout. La solution est comparée aux observations et on modifie éventuellement les hypothèses jusqu'à satisfaire les observations. On obtient ainsi un modèle du phénomène qu'on peut d'ailleurs faire évoluer en modifiant des paramètres.

On voit ainsi qu'un modèle est une construction abstraite qui permet de décrire un objet ou un phénomène, que ce soit sous la forme d'analogies, de formules mathématiques, d'un ensemble d'hypothèses, de graphiques, de représentations imagées, etc. Il est important d'insister sur le fait que ce n'est pas la réalité qui est rétablie (on ne sort pas une étoile d'un ordinateur !), mais bien une représentation simplifiée sous une forme qui en facilite la compréhension. Ainsi, pour en revenir à l'exemple d'un modèle d'étoile, on donnera les distributions des températures, des pressions et de la matière à l'intérieur d'une étoile telles que les caractéristiques observées à sa surface (spectre, température, dimensions) soient retrouvées. Mais rien ne prouve que le modèle trouvé soit le seul possible et qu'il n'y ait pas des éléments inconnus qu'on n'ait pas encore mis en évidence. On a parlé, dans un autre contexte (théorie quantique des particules élémentaires) de « réalité voilée » lorsqu'il est fondamentalement impossible de représenter un phénomène dans tous ses détails. Je dirai volontiers que, de la même manière, tout modèle ne dévoile qu'une partie de la réalité et ce d'une façon indirecte. La vérité scientifique est donc toujours présentée et même connue de manière cryptée, incomplète ou encore voilée. De là à nier l'existence d'un monde objectif et considérer que tout est image est une tentation à laquelle certains ont cédé, mais je ne les suivrai pas sur cette pente qui mène au nihilisme total.

Un autre aspect de la science, qui a profondément marqué son image, est son pouvoir de prédiction. Le scientisme du XIXe siècle, à la suite de Laplace, est basé sur le fait que si l'on connaissait parfaitement les causes (c'est-à-dire les lois de la Nature) et les conditions initiales exactes d'un phénomène évolutif (par exemple les positions des planètes à un instant donné), on pourrait en déduire exactement son évolution dans l'avenir. On sait maintenant que certaines lois de la physique macroscopique ont un caractère statistique basé sur la loi des grands nombres (deuxième principe de la thermodynamique) alors qu'en physique des particules, il existe une incertitude fondamentale (d'après le principe de Heisenberg, on ne peut pas observer avec une grande précision à la fois la position et la vitesse d'une particule). D'autres lois parfaitement déterministes, comme la loi de la gravitation universelle, peuvent conduire à des situations instables menant à une incertitude sur l'évolution d'un système, d'autant plus forte qu'on ne peut pas connaître avec une précision infinie les conditions à un instant donné (chaos déterministe). On a aussi introduit la notion de chaos quantique. Tout cela contribue au flou de la réalité physique et même des modèles tendant à la représenter.

Pour terminer ce tour d'horizon de la représentation de la réalité scientifique il faut signaler un autre danger dont l'image de la science souffre parfois. Il est certes bon de présenter au public les résultats et les théories scientifiques, mais souvent la vulgarisation simplifie encore plus, parfois à outrance, les modèles. Cela donne des images simplistes de la réalité, en supposant qu'en ce faisant, elle ne soit pas trahie, ce qui est malheureusement souvent le cas.

La religion

L'originalité des religions est qu'elles sont basées sur une révélation. Mais cela ne suffit pas. Il ne suffit pas de se déclarer messie ou gourou pour imposer le message qu'on a reçu (ou que l'on a cru recevoir). Les confirmations isolées ne sont pas suffisamment crédibles pour établir une religion. La révélation n'est vraiment admise comme telle que si elle est accompagnée et suivie de très nombreuses expériences personnelles ou collectives, solitaires ou partagées. Il peut s'agir de faits observés, de témoignages, d'expériences mystiques ou spirituelles, de rencontres, de réflexions, de conversions soudaines ou progressives. Certaines de ces expériences sont ésotériques, d'autres sont transmissibles. C'est cette transmission qui fait, par exemple, la force et la continuité des ordres monastiques. C'est l'accumulation de ces événements qui constitue le terreau sur lequel la religion se développe, confortée par la Tradition et les approfondissements doctrinaux et constituant, en définitive, un ensemble tout aussi impressionnant que les bases d'une théorie scientifique.

Cependant, dans la mesure où la description des faits religieux n'a pas la rigueur des mesures ou des observations scientifiques et que, d'autre part, elle passe par une interprétation personnelle, sinon émotionnelle, elle se trouve être beaucoup plus sensible à l'environnement culturel ou philosophique. Pourtant, la science fourmille également d'erreurs associées à des préjugés. Ainsi, des exemples récents, comme les théories de Lyssenko, montrent que la science n'est toujours pas à l'abri d'erreurs associées à un préétabli philosophique ou politique.

Prenons l'exemple de la religion chrétienne. La révélation fondamentale se trouve dans les Évangiles, encore qu'elle ait été préparée par les révélations de l'Ancien Testament. Les Évangiles relatent des faits et transmettent l'enseignement du Christ, ce qui concourt à établir la véracité historique et le contenu du dogme. Je voudrais, à titre d'exemple, attirer particulièrement l'attention sur l'enseignement relatif au Royaume de Dieu. Il est donné sous forme de paraboles. Or, qu'est-ce qu'une parabole sinon une vérité profonde et indescriptible représentée par une analogie qui utilise une image ou un récit suggéré par l'environnement culturel des auditeurs ? Ainsi, le Royaume de Dieu est présenté par plusieurs paraboles commençant par les mots « à quoi comparerais-je le Royaume des

Cieux ? Il est semblable à... ». C'est exactement l'équivalent d'un modèle en science. L'amour de Dieu pour les hommes est présenté comme celui d'un père pour son fils prodigue ou du patron donnant le plein salaire à des ouvriers n'ayant travaillé qu'une heure. Ce sont encore des modèles. Je dirais même de la vulgarisation.

Ce sont encore des modèles que l'Église orthodoxe présente aux fidèles sous forme d'icônes. À première vue, ce sont des représentations stylisées de personnages ou d'événements, bien différentes des peintures religieuses occidentales. Ce sont des modèles que le croyant interprète comme des fenêtres sur le Royaume de Dieu en les vénérant, ce qui contribue à l'affermissement de sa foi. C'est à travers elles qu'il prend contact avec cette réalité religieuse si difficile à cerner. Cependant, la réceptivité à ces représentations a un côté culturel. D'autres sont plus sensibles à d'autres modèles ou symboles comme le cierge pascal ou les lieux d'apparition de la Sainte Vierge.

Ces symboles et ces modèles sont, dans la religion, encore plus éloignés de la réalité qu'ils représentent qu'en science. Il s'ensuit que, bien plus encore que dans le cas de la science, la connaissance religieuse est partielle et imparfaite et sa transmission est encore plus simplificatrice et déformante. On peut donc dire que la réalité religieuse nous parvient, tout comme la réalité scientifique, sous une forme voilée. La difficulté supplémentaire est que l'interprétation est plus personnalisée, ce qui peut expliquer la diversité des grandes familles religieuses chrétiennes.

Interpénétration de la science et de la religion

Une position très fréquemment prise est la suivante : à chacun son métier et les vaches seront bien gardées : laissons à la science le soin de dévoiler le « comment » des phénomènes naturels et que la philosophie ou la religion réfléchissent sur leur « pourquoi ». C'est net, mais bien simpliste, puisque les deux s'intéressent au même monde. Le meilleur moyen d'éviter les conflits n'est-il pas de ne pas piétiner les plates-bandes de l'autre ? Cela revient à refuser intégralement l'approche de l'autre, donc à acculer l'une à un dogmatisme intégriste et l'autre à un matérialisme et un scientisme non moins sectaire. Ces deux points de vue extrêmes sont beaucoup trop rigides. Cela revient à résoudre l'antinomie entre les deux approches par une séparation binaire définitive. Or, bien au contraire, un dialogue doit s'instaurer en vue de rechercher une réponse synthétique à certaines questions fondamentales communes. De même qu'il n'est pas possible de répondre à la question du pourquoi sans connaître le comment, inversement, une vision globale du monde ne peut se passer d'une interprétation philosophique explicite ou implicite des grands problèmes qui se posent à l'esprit. Donnons quelques exemples.

L'Univers est tel que des êtres vivants, puis pensants, ont pu apparaître. Avant d'en discuter le pourquoi, c'est à la physique de poser correctement le problème. C'est aux scientifiques de dire entre quelles limites les valeurs des quelques constantes universelles doivent se situer pour que des éléments lourds puissent se former au sein des étoiles, pour que l'Univers n'ait pas implosé avant que la vie ait pu apparaître, pour que des réactions chimiques complexes puissent se produire sous certaines conditions et que les constituants biologiques de base ainsi formés soient stables, etc. Si, comme certains calculs tendent à le montrer, les intervalles favorables sont très faibles, alors le problème du hasard ou d'une volonté extérieure se posera à la fois à la science et à la religion et il serait malhonnête de part et d'autre de l'éluder, même si on peut s'attendre à ce que plusieurs réponses soient proposées.

Un autre exemple est donné par la constatation que, contrairement à la mécanique statistique qui régit la thermodynamique, on constate une tendance fréquente sinon générale à la formation d'éléments de plus en plus complexes (atomes lourds, molécules simples, puis celles qui caractérisent la vie). On constate que cette tendance est génératrice de progrès, ce qui pose immédiatement la question du pourquoi. Science et religion ont toutes deux leur mot à dire (c'est d'ailleurs ce qu'a tenté de faire Teilhard de Chardin). L'une sans l'autre ne pourra donner qu'une réponse incomplète : les scientifiques auraient tendance à y mettre, volontairement ou non, un préalable positiviste ou métaphysique tandis qu'une interprétation strictement religieuse, non basée sur des résultats scientifiques, mènerait à un créationnisme primaire.

On pourrait de même approfondir les mystères de la Vie, qu'il s'agisse de sa nature ou de son origine, en confrontant les approches religieuses de ces problèmes aux acquis de la science. On pourrait en dire autant de l'origine de l'Univers ou du destin de l'humanité, etc. Bien que toujours voilé, ce qui sortira de cette synthèse aura une légitime prétention d'être plus complet et de se rapprocher de la réalité profonde. C'est en tous les cas dans ce sens qu'il faut aller pour résoudre l'antinomie entre la science et la religion, ces deux classes d'approche de la Vérité. Pour aller plus loin, il est utile d'aborder cette notion de vérité des points de vue de la science et de la religion.

Vérité scientifique et vérité religieuse

La science et la religion prétendent, par des cheminements dissemblables, mais qui ne s'excluent pas, chercher la vérité et la transmettre. Malgré la différence de leurs approches, elles procèdent pourtant en partie de la même logique. Nous avons vu que les résultats des recherches scientifiques se présentent sous forme de modèles que l'on cherche à rendre cohérents entre eux, avec les observations et avec les lois fondamentales de la physique. Ces modèles permettent aux scientifiques de donner une représentation accessible des observations et des mesures et de rendre compte de la répétitivité des effets lorsque les causes sont fixées.

Dans le cas de la religion, dans laquelle les dogmes jouent le même rôle que les lois de la physique en science, les modèles sont constamment confrontés aux expériences religieuses et spirituelles des croyants, la cohérence de l'ensemble étant un des objectifs des théologiens. Je voudrais insister sur cette analogie. De même que les théories scientifiques évoluent lorsque les observations l'exigent, il y a aussi enrichissement de la théologie lorsqu'il y a consensus parmi les fidèles qui vivent leurs expériences religieuses. Les exégètes et les théologiens sont, en religion, les équivalents des théoriciens en science. De même que les expériences ou observations scientifiques capitales conduisant à des lois sont reconnues par toute la communauté scientifique et deviennent incontournables pour modéliser la réalité, les expériences mystiques essentielles sont reconnues par le biais de nouveaux dogmes chez les catholiques, une évolution plus progressive et plus nuancée chez les orthodoxes, une certaine libéralisation des concepts chez les protestants et aussi par des béatifications ou des canonisations, par la création d'ordres religieux nouveaux ou plus simplement par consensus, et contribuent ainsi à enrichir la vérité religieuse et sa tradition.

Peut-être est-ce parce que les deux approches sont liées à la façon dont fonctionne l'esprit humain, mais le fait est que la recherche de la Vérité suit un processus analogue en science et en religion et cela, avec la même rigueur. Certes, les « preuves » de ces vérités ne sont pas du même ordre, mais elles sont issues de la même démarche. La preuve de la relativité restreinte se trouve par exemple dans les mesures effectuées dans les accélérateurs de particules. La preuve de Dieu se trouve dans les témoignages ou les expériences mystiques. Bien entendu, n'importe qui ne peut pas renouveler personnellement des expériences mystiques. Est-ce une raison pour les nier ou en nier la signification ? Je défie l'homme de la rue de renouveler pour son propre compte une expérience d'accélération des particules. Est-ce une raison pour en nier les résultats et leurs conséquences théoriques ? Tout le monde n'est ni Einstein, ni sainte Thérèse de Lisieux. Dès lors se pose le problème de la communication et de l'adhésion à ces vérités.

Confiance et foi

Je suis scientifique. Je comprends les méthodes de recherche et de raisonnement utilisées par mes collègues, mais dans 99 % des cas, je suis incapable de vérifier leurs expériences ou de les suivre dans leurs déductions conduisant aux modèles qu'ils me proposent. Pour moi, et pour prendre des exemples dans des sciences très diverses, l'action de l'ARN ou des neurotransmetteurs, le calcul des prédicats, la théorie des quarks ou l'organisation des cristaux liquides, c'est de l'hébreu. Pourtant, je fais confiance à mes collègues et crois en leurs résultats, de même qu'ils me font confiance quand je leur présente ma spécialité scientifique que, en général, ils ne comprennent pas mieux. Je leur fais également confiance, même si au cours des recherches d'explication on voit apparaître des modèles divergents, parce qu'en définitive, il y a tout un réseau de relations entre les diverses sciences qui réunit l'ensemble des résultats scientifiques en une globalité cohérente.

Cela n'exclut pas l'esprit critique. Il y a des erreurs scientifiques (et même des faux). On entend dire, et je l'ai moi-même dit : « Je ne crois pas à ce résultat. » Cela se produit lorsqu'il se rapporte à un domaine que je connais, soit qu'il contredise mon expérience, soit qu'il heurte mes vues personnelles, vues forcément limitées, sur l'Univers physique. Si ces résultats se confirment, je dois les accepter et modifier mes idées. Mais il arrive aussi que des résultats annoncés comme étant sérieusement vérifiés, souvent médiatisés à outrance, se trouvent finalement être inexacts, justifiant alors le scepticisme qui les avait accueillis (exemple, la mémoire de l'eau, la cinquième force ou les avions renifleurs). Ces résultats hétérodoxes prennent extérieurement des allures scientifiques et c'est un rôle vital que de faire le tri aussi rapidement que possible car ils font un tort considérable à la science. Ainsi, en dépit de ces errements, mais en ayant confiance dans la communauté des scientifiques pour séparer l'ivraie du bon grain, je crois en la science et en ses résultats.

Je suis chrétien. Je comprends qu'il existe une vision religieuse du monde et j'en ressens profondément la nécessité. Mais je suis à 99 % incapable de vérifier ce que l'on m'enseigne. Je n'ai pas eu d'expérience mystique, je suis nul en théologie, je suis incapable de soutenir une discussion sur le péché originel ou sur l'immaculée conception, mais je fais confiance à tous ceux, très nombreux, qui ont témoigné de leurs pratiques mystiques, à ceux qui vivent quotidiennement leur foi chez eux ou dans les monastères, et surtout, à cette tradition bi-millénaire qui est le fruit d'une immense accumulation d'expériences et qui constitue un tout cohérent et harmonieux. En d'autres termes, je fais confiance à tous ces témoignages et à toutes les confirmations qu'ils impliquent et cette confiance affermit ma foi.

Dans ce domaine aussi, les erreurs existent. On a dit qu'une religion est une secte qui a réussi, tout comme en science, il y a de nombreuses idées qui n'ont pas réussi. Si des sectes ne réussissent pas, c'est parce qu'elles ne recueillent pas le fonds de témoignages concordants nécessaire pour asseoir une religion. Comme en science, en définitive, le tri se fait.

Ainsi, ce parallélisme m'inspire la même confiance vis-à-vis de la religion chrétienne que vis-à-vis de la science. C'est pourquoi, dans ces conditions, il me paraît nécessaire qu'une vision du monde doive comporter des éléments pris dans chacun des domaines avec un enrichissement mutuel. L'effort à faire pour y arriver est de résoudre leur antinomie par une synthèse issue d'un dialogue confiant. Ces deux visions devront se compléter et même se rejoindre et constituer un outil beaucoup plus efficace pour la connaissance et la compréhension du monde que chacune d'entre elles prise séparément. C'est, en tous les cas, une telle synthèse, d'ailleurs toute personnelle, qui me permet de concilier ma foi chrétienne et mon expérience scientifique. Une telle vision synthétique me permet de donner un sens au monde, sans lequel j'aurais un sentiment d'incomplétude.

Il y a une circonstance particulière qu'on ne peut pas éluder : malgré quelques variantes, la connaissance scientifique est globale, alors qu'il y a plusieurs grandes religions. Ce fait incite les matérialistes à prétendre que cela prouve que les religions sont vides de sens. Mais à l'examen, il faut constater qu'il y a un fonds commun à toutes les religions : la force de la mystique, la puissance de l'esprit qui peut interagir avec le monde matériel, la reconnaissance d'un Dieu – qu'il soit unique ou qu'il y en ait plusieurs – et une certaine possibilité de communiquer avec lui ou eux, le caractère non inéluctable ou définitif de la mort, etc. Il est certain que des adeptes d'une autre religion que la mienne pourraient tenir le même raisonnement que moi et justifier tout autant leur confiance en leur foi. Si l'on compare l'objectif d'une vie religieuse à l'escalade d'une montagne (encore un modèle !), il se peut qu'il y ait plusieurs voies pour l'atteindre. Mais il est essentiel de suivre celle qu'on a choisie et en laquelle on a confiance, car essayer d'en changer en cours de route, c'est prendre le risque de s'égarer ou de tomber dans un précipice. C'est pourquoi cela ne me gêne pas qu'il y ait d'autres religions qui soient fort respectables et peut-être aussi efficaces pour atteindre le sommet. Toutes peuvent apporter un plus à une vision purement scientifique du monde.

L'histoire des sciences nous donne un élément de comparaison. En effet, elle est apparue dans des pays très différents. Les sciences chinoise, assyrienne, inca, égyptienne, grecque sont très différentes. Pourtant, elles donnaient toutes des descriptions, des modèles valables à la précision qu'on pouvait alors atteindre, notamment pour les phénomènes astronomiques, la géométrie, la métallurgie, la mécanique. De même, les sciences appartenant à une même lignée se sont considérablement modifiées au cours des siècles. La science du Moyen Âge, celle du XVIIe ou du XIXe siècle et la science moderne ne se ressemblent pas. Pourtant toutes comprennent une portion de vérités scientifiques plus ou moins approximatives, plus ou moins bien exprimées, mais exactes. Qui peut dire ce que sera la science du XXIIe siècle ? Pourquoi ce qui s'applique à la science ne s'appliquerait-il pas aux religions si elles ont un certain fonds de vérité, plus ou moins grand, plus ou moins bien exprimé ?

Exemple de synthèse

On en arrive dès lors au raisonnement suivant. Il est une vérité scientifique et une vérité religieuse. De plus, par définition, le monde est unique puisqu'il contient tout ce qui existe. Or, Dieu existe (c'est la vérité première des religions), et par conséquent il est dans le monde. Donc, une cosmologie totale doit l'inclure. Toutefois, comme l'étude scientifique de l'Univers matériel, avec ses trois dimensions et le temps, n'a pas permis de trouver Dieu, il faut en conclure qu'il transcende l'Univers matériel et qu'il faut étendre à d'autres dimensions le monde qui nous concerne. Tout comme un être à trois dimensions pourrait toucher du doigt des êtres hypothétiques à deux dimensions vivant dans un plan sans qu'ils puissent même imaginer comment il est, Dieu pourrait être parmi nous et même en nous sans que nous nous en doutions. Dans un tel hyper-Univers difficilement accessible autrement que par des modèles, mais que, d'ailleurs, les mathématiciens sauraient définir, Dieu et l'Univers matériel soit coexisteraient, soit seraient en symbiose. Une telle éventualité permettrait de résoudre l'antinomie science-religion tout en expliquant l'impossibilité de se représenter Dieu. Des qualificatifs tels que « Amour » ou « Vie » qu'on tente de Lui donner ne sont pas mesurables mais permettent, comme le prétend la religion chrétienne, d'avoir une parcelle présente en nous (« le Royaume de Dieu est en vous »). Ainsi l'homme aurait une composante dans cette autre dimension extérieure à notre Univers matériel. On pourrait appeler cette composante « Âme ».

Dans une telle vision, la religion et la science jouent un rôle complémentaire. D'ores et déjà, certaines propriétés de l'association onde-particule (expérience d'Aspect sur la non-séparabilité) ne sont pas compréhensibles dans l'état actuel de la science et on a proposé de faire intervenir une autre dimension qui pourrait expliquer une transmission instantanée de l'information. Ce n'est pas pour autant la dimension divine, mais cela montre seulement que se restreindre à ce qui est directement accessible, à l'observation physique et à nos modèles actuels, est insuffisant.

Il y a aussi d'autres domaines, qui sont encore tabous dans la science moderne, mais qui pourraient jeter des lueurs sur les relations avec l'Univers spirituel. Je ne citerai que les actions à distance comme l'hypnose ou certaines prémonitions, sans parler des visions répertoriées par la religion. C'est un terrain glissant sur lequel il ne faut s'aventurer qu'avec la plus extrême prudence. Je pense néanmoins que s'y engager permettrait à la science, non pas de rencontrer Dieu, mais de constater que le substrat dans lequel baigne la vérité religieuse a une existence objective.

Conclusion

En conclusion, je voudrais reproduire le paragraphe suivant du *Prologue du phénomène humain* : « Le moment est venu de se rendre compte qu'une interprétation, même positiviste, de l'Univers doit, pour être satisfaisante, couvrir le dedans aussi bien que le dehors des choses, l'Esprit autant que la matière. La vraie physique est celle qui parviendra, un jour, à intégrer l'Homme total dans une représentation cohérente du monde. »

Thierry Magnin

Vicaire général de Saint-Étienne. Il est professeur de physique à l'École des mines de Saint-Étienne (en disponibilité) où il dirigea un laboratoire de recherche en physique des matériaux (URA CNRS). Spécialiste en physique du solide, il a publié plus de deux cents articles et cinq ouvrages dans ce domaine. Lauréat de l'Académie des sciences, il fut membre du Comité national du CNRS. Docteur en théologie avec une thèse sur les rapports entre science et théologie, il a publié plusieurs ouvrages sur ce thème dont *Entre science et religion*.

La philosophie morale,
lieu de dialogue entre science et théologie

Introduction

Il est maintenant bien reconnu que le développement des sciences dures (les mathématiques et la physique en particulier) au XXe siècle conduit à reconsidérer les notions philosophiques traditionnelles de réalité et de sens. Devant l'émergence de nouvelles visions de la complexité en physique quantique, en thermodynamique du non-équilibre et en cosmologie, l'épistémologie des sciences redéfinit le mot réalité à travers la relation sujet-objet dans la recherche scientifique.

L'observateur fait partie de la réalité qu'il analyse. La théorie de la mesure montre même que, pour un physicien, connaître et mesurer « c'est agir sur le réel ». C'est un « réel d'interactions » qui est proposé à l'analyse scientifique, avec une remise en cause profonde des trois dogmes du scientisme que sont : le déterminisme laplacien (notions d'imprévisibilité et d'incertitude), le réductionnisme ontologique (il y a plus d'informations dans le Tout que dans la somme des parties) et le réductionnisme méthodologique (indécidabilité et incomplétude avec le théorème de Gödel). L'homme devient ainsi « traducteur » d'un monde complexe et l'objectivité forte des sciences est largement remise en cause.

Ces évolutions conduisent à la question « qu'est-ce qui est en jeu, aujourd'hui, dans la démarche scientifique, quels choix et quelles valeurs la sous-tendent ? ». La phrase suivante de Einstein (citée par Franck dans son livre sur Einstein) est particulièrement intéressante en ce sens : « Reconnaissons qu'à la base de tout travail scientifique d'envergure se trouve une conviction bien comparable au sentiment religieux, celle que le monde est intelligible ! » Le terme conviction renvoie aux choix préalables, aux attitudes morales du chercheur scientifique.

Le but du présent article est d'analyser ces attitudes (domaine de l'éthique de la connaissance), de préciser leurs fondements (domaine de la philosophie morale avec l'analyse critique des fondements) et d'apporter ainsi la contribution d'un physicien à la question « science et conscience aujourd'hui ». Pour cela, nous distinguerons bien les différents niveaux : science, métaphysique et philosophie morale.

La démarche scientifique dans « le jeu des possibles »

Pour introduire quelques éléments clés de la démarche scientifique aujourd'hui, je reprendrai quelques mots de la conclusion du livre de François Jacob, prix Nobel de médecine avec Jacques Monod, *Le Jeu des possibles*[1]. Dans cet ouvrage, F. Jacob étudie notamment les relations existant entre sciences (dures) et mythes. Il souligne d'abord que l'un des titres de noblesse de la démarche scientifique est d'avoir contribué largement à casser l'idée d'une vérité intangible. À partir de ce constat, il montre comment beaucoup d'activités humaines (les arts, les sciences, les techniques, la politique) ne sont que des manières particulières, chacune avec ses règles propres, de « jouer le jeu des possibles ». Il en vient alors à souligner qu'à certains égards, sciences et mythes remplissent la même fonction. Ils fournissent tous deux à l'esprit humain une certaine représentation du monde et des forces qui l'animent. Ils délimitent tous deux le champ des possibles.

« Mythique ou scientifique, la représentation du monde que construit l'homme fait toujours une large part à son imagination... Pour apporter (en science) une observation de quelque valeur, il faut déjà, au départ, avoir une certaine idée de ce qu'il y a à observer. Il faut déjà avoir décidé de ce qui est possible... Ce regard est nécessairement guidé par une certaine idée de ce que peut bien être la réalité. Il implique toujours une certaine conception de l'inconnu, de cette zone située juste au-delà de ce que la logique et l'expérience autorisent à croire... L'enquête scientifique commence toujours par l'invention d'un monde possible, ou d'un fragment de monde possible. Ainsi commence aussi la pensée mythique. Mais cette dernière s'arrête là » (p. 28). Après avoir indiqué les points communs entre sciences et mythes et le rôle primordial de l'imagination dans les deux démarches, l'auteur souligne aussi les différences de fond prévalant entre ces deux approches du possible.

Ce qui est important dans l'analyse de F. Jacob, c'est la manière dont l'homme cherche à « inventer l'avenir » au travers de diverses activités qui ont chacune leurs règles propres, mais qui font toutes appel à son imagination. Et la conclusion de F. Jacob nous ramène à une question d'éthique :
« Notre imagination déploie devant nous l'image toujours renouvelée du possible. Et c'est à cette image que nous confrontons sans cesse ce que nous craignons et ce

que nous espérons. C'est à ce possible que nous ajustons nos désirs et nos répugnances. Mais s'il est dans notre nature même de produire de l'avenir, le système est agencé de façon telle que nos prévisions doivent rester incertaines. Nous ne pouvons penser à nous sans un instant suivant, mais nous ne pouvons savoir ce que sera cet instant... des changements doivent arriver, l'avenir sera différent de ce que nous croyons. Cela s'applique tout particulièrement à la science. La recherche est un processus sans fin dont on ne peut jamais dire comment il évoluera. L'imprévisible est dans la nature même de l'entreprise scientifique... Il faut en accepter la part d'imprévu et d'inquiétant » (p. 118-119).

La plupart des scientifiques de haut niveau souscrivent aujourd'hui à cette description. Certains comme Poincaré, Hadamard, Heisenberg ou Bohr jadis ont eu le courage de l'affirmer publiquement.

Quand la science est confrontée à la complexité du réel

Depuis que le physicien est confronté à la complexité du réel, on assiste, dans la pensée scientifique, à de profondes mutations, comme celle de la fin du rêve laplacien, celle de la « fin des certitudes », celle du retrait du fondement.

1) La fin du rêve laplacien

La science classique était dominée par les notions de permanence et de stabilité, de prévision, de déterminisme et, par là, de maîtrise. L'idée de certitude en science avait un rayonnement majeur, quasiment synonyme de « partage de la science divine ». Or l'émergence de la physique quantique et de la thermodynamique du non-équilibre notamment marqua l'avènement dans le champ du rationnel des notions d'incertitude, d'incomplétude, d'indécidabilité, notions qui modifient radicalement le statut de la connaissance *via* la place du sujet connaissant. Il s'agit là d'une véritable mutation de la rationalité scientifique dont il convient d'apprécier l'effet sur les mentalités.

Poincaré tout d'abord, et bien d'autres ensuite, ont montré que le « rêve laplacien » du déterminisme était une illusion. Si, en effet, pour un système composé de deux corps en interaction, les lois de Newton permettent de prévoir complètement son évolution dès lors qu'on connaît les différentes composantes des trajectoires de chacun, cela n'est plus possible pour un système à trois corps et, *a fortiori*, à *n* corps. La prévision complète est impossible, il n'existe pas de solution générale au problème. Poincaré est ainsi à l'origine de la notion d'imprédictibilité qui caractérise le chaos déterministe (comportement imprévisible d'un système pourtant régi par des équations d'évolution déterministes). Ce chaos déterministe s'observe aujourd'hui très souvent dans la nature. La sensibilité aux conditions initiales rend définitivement caduc le rêve laplacien : ce n'est pas parce qu'un système est soumis à une loi d'évolution formellement déterministe que cette évolution est prédictible. Il ne peut donc exister de description exhaustive de la réalité, dans l'état actuel de nos connaissances bien sûr !

Soulignons ici un élément important. En acceptant de quitter le déterminisme laplacien et l'idée de certitude pour le chaos déterministe et l'imprévisibilité, les scientifiques ont ouvert des possibilités toutes nouvelles au progrès des connaissances. L'idée de certitude semblait être la seule véritablement digne d'une vraie démarche scientifique. Pourtant cette vision était en fait pessimiste, le temps (et sa flèche) étant alors illusion (*cf.* les travaux de Prigogine notamment). L'imprédictibilité et le chaos redonnent sa place au temps et permettent son rôle constructif d'une « incertaine réalité » (Bernard d'Espagnat). Ici l'idée de probabilité n'est plus introduite comme conséquence de notre ignorance, mais comme trace de l'évolution même ! Le non-équilibre donne une idée des potentialités de la matière. Ce changement de vision du monde ne peut être sans conséquence, on s'en doute, sur le comportement même du scientifique ! L'Univers – pour nous – n'est pas donné, il est en construction !

2) Quelque chose échappe

La prétention à la « complétude » du discours scientifique, qui va de pair avec la revendication de certitude, suppose aussi l'existence d'un langage susceptible de refléter la totalité du réel. Or, il ressort des études de Wittgenstein, par exemple, que la structure logique du langage ne peut être décrite à l'intérieur du langage lui-même. Autrement dit, ce dans quoi ou grâce à quoi on représente, n'est pas représentable (est inexprimable). Il y a de l'inexprimable au-delà du langage. Accepter ainsi qu'il y ait de l'indicible, n'est-ce pas ouvrir à la question du sens en reconnaissant en même temps la contingence de l'homme ?

La science classique, avec son rêve de prévisibilité parfaite, affirmait sa volonté de construire un système de représentation exhaustif. Les travaux de Gödel sont venus mettre un terme à ces prétentions. Les résultats de Gödel indiquent en substance qu'il existe des propositions indécidables, des propositions arithmétiques vraies que l'on ne peut pas déduire des axiomes, et des énoncés vrais indémontrables. Il s'ensuit qu'aucune théorie ne peut apporter par elle-même la preuve de sa propre consistance et que l'auto-description complète est logiquement impossible. La consistance implique alors l'incomplétude et la complétude ne peut être obtenue qu'aux dépens de la consistance : là aussi, quelle évolution !

La physique quantique est le terrain privilégié de la mise en évidence de l'incomplétude, de ce « quelque chose qui échappe ». La microphysique rappelle que l'homme n'est pas un spectateur indépendant du réel qu'il explore mais qu'il est en partie intégrante (nous sommes « au monde », « en situation »). La réalité décrite par la physique n'est plus indépendante des modalités de la description. Et cela, non seulement, comme on le savait déjà, parce que c'est l'homme qui bâtit les concepts et théories, mais parce que mesurer et connaître, c'est agir sur le réel ou plutôt interagir avec lui. Une telle interaction perturbe nécessairement l'objet et il s'ensuit que toute mesure est entachée d'une irréductible indétermination exprimée, dans le formalisme de la mécanique quantique, par les relations d'incertitude (d'indéterminisme) de Heisenberg. L'incertain apparaît co-extensif à la connaissance que nous prenons du réel. Il y a un vrai butoir à la connaissance de l'objet quantique. Quelque chose échappe, et pourtant la connaissance progresse aussi par l'acceptation non passive de cette incomplétude. Je dis bien « acceptation non passive », car la lutte d'Einstein pour trouver des failles à la théorie quantique (recherche de variables cachées) a fait progresser la connaissance.

Quelque chose échappe, quelque chose qui est de l'ordre de l'origine. Il apparaît que, tant l'étude du langage (Wittgenstein) que celle de la logique (Gödel), celle de la structure de la matière (Heisenberg) ou celle de l'évolution irréversible (Prigogine) débouche sur le même constat d'incomplétude, le même horizon d'indécidabilité, la même impossibilité à limiter le vrai à la totalité de ce qui peut être dit, formellement démontré ou immédiatement mesuré. Reconnaître que quelque chose est formalisable, c'est aussi reconnaître que quelque aspect de cette chose échappe nécessairement. Faire une théorie de la connaissance conduit à reconnaître que quelque chose nous échappe. Et cela n'est pas une défaite de la raison, mais une condition de progrès, une condition d'intelligibilité.

Aux notions classiques de causalité linéaire, de réduction, de complétude, de stabilité, font place celles de sensibilité aux conditions initiales, d'irréductibilité, d'incomplétude, d'incertitude, d'instabilité, d'imprédictibilité. Et la science contemporaine nous invite à prendre la mesure de la positivité de cette incomplétude qui apparaît comme la condition même de la connaissance. Il s'agit d'une belle ouverture à la question de la signification et à la place du sujet dans l'exploration du monde auquel il appartient ! Voilà que le progrès au niveau de la connaissance scientifique se traduit en termes de passage de la certitude à l'incertitude, qui n'est pas sans renvoyer l'homme à sa contingence et à sa finitude.

3) Le retrait du fondement

L'un des traits caractéristiques de la réflexion épistémologique d'aujourd'hui est de constater ce que nous appellerons, avec J. Ladrière[2] « la mise en question du fondement, voire le retrait du fondement ». Selon l'auteur ici cité, cette constatation peut être établie à travers le projet de Hilbert de fonder les mathématiques, à travers l'atomisme logique et à travers le développement de la phénoménologie (tentative de reconstituer le mouvement même de l'autoconstitution de l'expérience).

Dans les trois cas, la démarche consiste à découvrir une région privilégiée qui porterait en elle-même les garanties de sa propre validité et à montrer comment on peut ramener, par des opérations appropriées, les parties relativement obscures du discours de l'expérience à la clarté sans défaut de cette région (rôle de fondement joué par cette région). Reprenant le projet de Hilbert de fondation des mathématiques, J. Ladrière montre que ce projet s'est heurté aux limitations des systèmes formels : « Les démonstrations de non-contradiction (qui constituaient l'essentiel du programme de Hilbert) ne peuvent avoir, en général, qu'une partie relative... Plus largement, l'idée d'un domaine fondateur privilégié s'avère intenable (à la fois parce qu'il n'y a pas moyen de tout "réduire" à un tel domaine et parce qu'il n'est pas possible de repérer une région qui aurait de quoi se fonder elle-même en un sens absolu). »

Ce qui sert de fondement à un moment donné ne constitue, selon J. Ladrière, qu'une zone d'arrêt toute provisoire dans un processus qui est appelé à se poursuivre. Ce sont seulement les circonstances contingentes de la recherche, les limitations provisoires de moyens d'investigation, opératoires, conceptuels ou expérimentaux, qui donnent provisoirement à tel niveau d'analyse le statut d'un niveau fondamental. Il « n'y a donc plus de différence d'essence entre le fondant (qui ne l'est jamais qu'improprement) et le fondé, il n'y a plus de discontinuité véritable dans les statuts. Mais cela signifie que cette sorte de solidité inébranlable, cette consistance sans faille qui était attribuée au fondement et qu'il transmettait à tout ce qu'il fondait, commence maintenant à faire défaut ».

Le principe de complémentarité de Bohr comme exemple de confrontation à la complexité

L'histoire de l'émergence de l'idée de complémentarité chez Bohr fait l'objet d'une partie du remarquable ouvrage de G. Holton, *L'Imagination scientifique*[3]. Voici les principaux points à retenir.

1) La complémentarité en mécanique quantique

En mécanique quantique, la description des particules élémentaires (comme l'électron) qui constituent la matière nécessite l'utilisation de termes qui apparaissent mutuellement exclusifs et que nous appellerons « contradictoires » ou « antagonistes » (A et non A). Ainsi, un électron, par exemple, est une particule élémentaire bien connue : sa trace et son impact peuvent être enregistrés dans un détecteur (propriétés corpusculaires). Mais ses propriétés ondulatoires sont tout aussi bien établies et elles se manifestent notamment dans les phénomènes de diffraction (avec interférométrie). Pour décrire une particule, la physique quantique parle d'onde *et* de corpuscule, même si, expérimentalement, le caractère ondulatoire *ou* le caractère corpusculaire se manifeste seul. Or ces deux images, onde et corpuscule, s'excluent l'une l'autre. En effet, une chose donnée ne peut pas être en même temps, dans notre langage classique, une onde (c'est-à-dire un champ qui s'étend sur un espace grand) et une particule (c'est-à-dire une substance enfermée sous un très petit volume). Pourtant, avec la complémentarité, la continuité (aspect ondulatoire) et la discontinuité (aspect corpusculaire) vont être considérées simultanément dans la description des particules élémentaires.

On trouve ainsi de nombreux couples de contradictoires (ou d'antagonismes) en mécanique quantique : continuité-discontinuité, séparabilité-non-séparabilité, symétrie-rupture de symétrie, causalité locale-causalité globale...

Ainsi, le système constitué des deux particules élémentaires dites corrélées (émises ensemble par une même source par exemple) est dit *non séparable*. Néanmoins, la logique de la vie quotidienne indique que notre monde macroscopique est fait d'éléments séparables même si des interactions entre ces éléments existent et peuvent être déterminées. La question est alors : comment concilier la continuité et la discontinuité, la séparabilité macroscopique et la non-séparabilité microscopique ?

Parmi les différentes approches proposées pour résoudre cette question, celle des physiciens Bohr et Heisenberg avec le principe de complémentarité constitue la plus probante à ce jour. Pour eux, la complémentarité décrit un phénomène par deux modes différents qui doivent être exclusifs. C'est seulement en considérant ces deux modes contradictoires que l'on peut entrer dans une compréhension du phénomène. « En jouant des deux images (onde-corpuscule, par exemple), en passant de l'une à l'autre et en revenant à la première, nous obtenons finalement l'impression juste sur l'étrange sorte de réalité qui se cache derrière nos expériences atomiques[4]. »

Bohr et Heisenberg utilisent le concept de complémentarité à plusieurs reprises pour interpréter la théorie quantique. Ainsi la connaissance de la position d'une particule est complémentaire de la connaissance de sa quantité de mouvement (produit de la masse par la vitesse). Si nous connaissons l'une avec une haute précision, nous ne pouvons connaître l'autre avec la même précision élevée (principe d'incertitude de Heisenberg) et cependant nous devons connaître les deux pour déterminer le comportement de cette particule.

Une particule peut être expérimentalement étudiée soit à l'aide d'un détecteur soit avec un interféromètre. Autrement dit, si l'on désire parler d'un objet quantique, dit Bohr, il convient de le faire en termes de corpuscule ou d'onde en fonction de l'appareillage qu'on utilise et donc de la question que l'observateur pose. Aucune image n'est complète et il est nécessaire de tenir ensemble deux images contradictoires pour décrire l'objet quantique.

Le fait nouveau par rapport à la physique classique est que *la définition même des grandeurs physiques est directement conditionnée par les procédures de mesure utilisées.* « La procédure de mesure a une influence essentielle sur les conditions sur lesquelles repose la définition même des quantités physiques en question » (lettre de Bohr citée par M. Jammer[5]).

Bohr montrera ainsi que le postulat fondamental, en mécanique quantique, de l'indivisibilité du quantum d'action nous oblige à adopter un nouveau mode de description désigné comme complémentaire. Toute application donnée des concepts classiques empêche l'usage simultané d'autres concepts classiques qui, dans un contexte différent, sont également nécessaires pour l'élucidation des phénomènes. Soulignons ici fortement l'importance du mode de *couplage des conditions expérimentales et de l'appareil conceptuel* qui est à la base du principe de complémentarité de Bohr. Ce dernier est destiné à préciser la manière dont fonctionnent les concepts qui interviennent dans la compréhension théorique des phénomènes quantiques. Ce point est essentiel pour l'analyse philosophique de l'idée de complémentarité.

Cette « façon de voir le réel » génère bien sûr un paradoxe, au niveau du langage classique.

Ainsi en est-il des couples onde-corpuscule, séparabilité-non-séparabilité. Mais pour Bohr, les paradoxes résultant de cette double description sont, si l'on peut dire, déplacés par le fait qu'il est impossible de réaliser simultanément deux mesures dont l'une révélerait le caractère ondulatoire et l'autre le caractère corpusculaire d'un même objet. Quand l'une des images s'actualise, l'autre se virtualise ou se potentialise.

Soulignons encore cependant que cette complémentarité ne renvoie pas à une simple juxtaposition d'images mais se réfère aux aspects mutuellement exclusifs que représentent les phénomènes quantiques. La particule élémentaire n'est ni une onde ni un corpuscule, c'est une « chose » qui combine les deux images.

2) Différents niveaux de réalité ?

Le philosophe et scientifique S. Lupasco[6] et le physicien B. Nicolescu[7] vont apporter deux contributions essentielles, mais pas assez connues, à l'idée de complémentarité.

L'objectif général de Lupasco est de proposer une nouvelle logique, notamment à partir de ce que l'expérience de la microphysique permet de dire et de révéler de la pensée humaine. Selon lui, Hegel et Bachelard, même s'ils ont pris conscience que la science classique n'était plus adéquate pour décrire l'expérience microphysique, ne sont pas allés assez loin.

Refusant la logique classique du oui ou non, Lupasco montre alors que seule une logique du tiers inclus est capable de rendre compte de l'ensemble de la réalité. La diversité de la réalité peut être structurée et contenue dans la triade : actualisation (A) – potentialisation (P) – état T (qui correspond au tiers inclus). L'actualisation correspond à ce qui est expérimentalement mesuré. La potentialisation est ce qui existe « potentiellement » même si cela n'est pas actualisé (par exemple les états physiques correspondant à la fonction d'onde). L'état T implique un équilibre dynamique entre A et P.

B. Nicolescu introduit dans le schéma de S. Lupasco la notion de niveaux de réalité[8]. Pour bien comprendre cette notion et ne pas faire de confusion avec les notions connexes de niveaux de représentation et de niveaux d'organisation, nous indiquons l'analyse suivante.

Quand le physicien veut décrire le quark par exemple, il l'introduit tout d'abord comme une entité purement mathématique (ce sera le premier *niveau de représentation*), puis comme une particule libre (on parlera de deuxième *niveau de représentation)* et plus récemment comme une particule confinée dans les hadrons (ce sera le troisième *niveau de représentation*). En fait ces trois *niveaux de représentation* appartiennent au même *niveau de réalité,* ce que nous allons appeler le niveau quantique. À l'opposé, les quantons (qui correspondent à un *niveau de représentation* particulier des particules élémentaires) correspondent aussi, comme nous l'avons vu, à des ondes et des corpuscules (*autre niveau de représentation).* Mais dans ce cas, ces deux niveaux de représentation correspondent à *deux niveaux de réalité,* le niveau quantique et le niveau de la physique classique. Les niveaux d'organisation de la matière interviennent en fait soit au *même niveau de réalité,* soit en en combinant plusieurs.

Ainsi, un *niveau de réalité* correspondra à une famille de systèmes qui restent invariants sous l'action d'une loi. On distingue alors différents niveaux en fonction des échelles utilisées : échelle des particules, échelle de l'homme, échelle des planètes. De plus, deux niveaux de réalité sont différents s'il existe une rupture dans les lois, la logique et les concepts fondamentaux (comme la causalité par exemple) quand on passe d'un niveau à un autre.

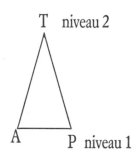

Ainsi, au niveau macroscopique (niveau 1), la causalité locale (et la séparabilité) est dominante mais au niveau microscopique (niveau 2) la causalité est globale (et il y a non-séparabilité)

Ce qui apparaît contradictoire au niveau 1 (onde-corpuscule, séparabilité – non-séparabilité) peut être unifié au niveau 2 avec l'état T relié à la dynamique des antagonistes. Sans une traduction appropriée dans le passage d'un niveau (de réalité) à un autre, on engendre une série de paradoxes sans fin. Dans cette approche, la logique du tiers inclus ne met pas en défaut le principe de non-contradiction grâce à la notion de niveaux de réalité. Elle souligne en revanche la nécessité d'envisager le tiers inclus.

Voilà résumée l'idée de complémentarité et ses développements. Soulignons aussi le travail de E. Morin sur la complexité et l'idée de complémentarité[9], dans le sens de celui de B. Nicolescu ici rapporté, mais sans la notion très éclairante de *niveau de réalité.* Cette idée constitue un exemple particulièrement pertinent pour mettre en évidence l'évolution de la mentalité scientifique face à la complexité du réel analysé.

La philosophie morale, un terrain de dialogue à explorer

« Quelque chose échappe », tel est le grand leitmotiv de l'épistémologie moderne analysant l'incomplétude de toute science. Le principe de complémentarité en est une illustration intéressante.

La science contemporaine nous invite à prendre la mesure de la positivité de cette incomplétude qui apparaît aujourd'hui comme une condition même de la connaissance. Il s'agit d'une belle ouverture à la question de la signification et à la place du sujet dans l'exploration du monde auquel il appartient. Il y a comme un retrait du fondement : « Quelque chose échappe. » Cette « absence de représentation figée » pose de manière aiguë la question du fondement et du sens.

Le progrès des connaissances scientifiques renvoie l'homme à sa contingence et à sa finitude. Nous touchons là au domaine de la morale. Si rechercher la vérité, dans toutes les disciplines scientifiques, philosophiques, théologiques, artistiques... est un choix moral qu'on pourrait qualifier d'originaire, chercher cette vérité en courant le risque (acte de courage) de le faire avec une logique et des concepts radicalement neufs peut être considéré comme un choix moral supplémentaire.

On peut ainsi mettre en évidence de nouvelles valeurs dans la démarche scientifique aujourd'hui. Une analyse critique sur les fondements de ces valeurs fait entrer dans le domaine de la philosophie morale.

LA CONVERGENCE DES APPROCHES

1) Une décision initiale dans la démarche scientifique : construire du sens sur fond de non-sens

Le schéma du triangle que nous avons développé au sujet de la complémentarité (avec, en fait, une incessante ouverture à de nouveaux niveaux de compréhension de la réalité, car l'antagonisme n'est jamais résolu au point T) est une illustration du retrait du fondement dont nous avons déjà parlé avec J. Ladrière. Il y a de l'indécidable, la raison ne peut s'appuyer sur autre chose que sur elle-même et en même temps elle éprouve sa finitude ; la raison ne peut se boucler sur elle-même. « Quelque chose échappe. »

D'où une décision initiale du sujet : construire du sens sur fond de non-sens. Nous en avons un bel exemple avec la complémentarité qui cherche à conjuguer les antagonismes en fonction des niveaux de réalité. Cette décision est un point essentiel dans la démarche scientifique, bien illustrée par la phrase d'Einstein citée en introduction. Einstein parle bien d'une conviction qui nous situe dans le domaine de l'éthique. La décision de construire du sens sur fond de non-sens peut conduire au plan de l'éthique selon l'intentionalité (décision personnelle) qui lui correspond, selon l'engagement qui est lié à cette décision.

2) Recherche de sens sur fond de non-sens

C'est dans la recherche de vérité que les acteurs des différentes disciplines (scientifiques, philosophes, artistes, théologiens...) se retrouvent engagés dans un choix moral qui consiste à trouver des possibilités de sens sur ce qui apparaît souvent comme un fond de non-sens (exemple de la mise en évidence d'antagonismes). À chaque fois que la pensée bute sur le réel et met à nu sa finitude pour le représenter, surgit un dynamisme de base de cette raison qui la rend capable d'accueillir de nouvelles structures et de construire de nouveaux concepts susceptibles de favoriser une progression dans l'intelligibilité du réel. Dans cette dynamique de la raison, le choix de l'intelligibilité du monde est central et moteur.

De plus, comme nous l'avons déjà indiqué, les moyens conceptuels choisis pour progresser dans l'intelligibilité correspondent eux aussi à un choix risqué (par exemple accepter positivement l'incomplétude alors que règne encore l'attrait de la certitude). Cette démarche n'est pas sans lien avec les notions de bien et de mal : prôner la certitude (ou, à l'opposé, l'incertitude) est vu comme positif ou négatif selon les individus. Il s'agit alors d'un engagement moral, de décisions d'ordre éthique. Du reste, les affrontements des différentes écoles de pensée, dans chaque discipline, sont là pour manifester des oppositions qui, en science par exemple, ne sont pas que d'ordre technique mais bien d'ordre éthique (*cf.*, par exemple, les débats sur le darwinisme et les théories de l'évolution).

Abordant cette « dynamique de la raison », J. Ladrière[10] montre qu'elle se fonde sur un souci éthique qui la précède. L'essentiel se définit par le mouvement de montée vers la vie morale, à partir de la recherche toujours en marche de nouvelles représentations du réel et l'accueil des manifestations de celui-ci. La dynamique de la raison se comprend donc comme une activité de mise en représentation, une fois accueilli le monde à analyser et à comprendre. *Le point d'accueil nécessaire à cette démarche passe par la prise en compte d'une altérité fondamentale* (l'autre), constituée notamment par ce qui résiste à nos représentations. Il y a des moments dans la recherche scientifique où le réel se manifeste dans des modalités pour lesquelles nos modes de représentation s'avèrent insuffisants. Il nous faut donc accueillir cette « nouvelle manifestation ».

Cet « accueil » contribue à son tour à constituer le sujet connaissant, en tant que bon scientifique notamment. *La constitution du sujet à partir de cet accueil est un élément capital dans le processus moral.* C'est dans la réception de ce qui n'est pas moi que je me constitue comme sujet. Cette altérité n'est pas en soi une valeur morale, mais elle correspond à un processus de prise de décision dans lequel opère à la fois la reconnaissance de l'altérité et une tension vers l'unité. C'est l'ouverture à ce qui est autre (chose et personne) qui est de l'ordre de l'éthique. Un nouveau rapport à la totalité s'ouvre ainsi, une nouvelle interaction avec la totalité, ce qui engendre un processus créateur qui suppose une ouverture à l'universalité.

Non seulement chacun accueille, selon l'expression de J. Ladrière, la totalité de l'Univers, dans sa créativité personnelle, mais cette créativité produit elle-même un nouvel espace de communication qui dépasse les contradictions antérieures. « Tout domaine d'objectivité est donc la projection dans l'extériorité de ce qui s'effectue dans un champ pratique, et corrélativement tout champ pratique est lui-même traversé par l'exigence de sa propre extériorisation. Sur la base de la compréhension de cette articulation entre champ d'objectivité et champ pratique, la raison réfléchissante peut alors, en un troisième moment, découvrir d'une part que, dans toutes les objectivités constituées que croyait d'abord seulement reconnaître en leur contraignance d'extériorité, sa propre activité constituante est à l'œuvre, et d'autre part que cette activité même ne peut se découvrir elle-même que sous le statut objectivité que se donne en se thématisant[11] ».

Selon Ladrière, au lieu de considérer l'activité humaine pratique comme une simple résultante de processus infra-conscientiels appartenant à l'espace et au temps (cette activité est, du reste, déjà présente dans ces processus), on peut inverser l'analyse. Il s'agit alors de voir dans cette activité humaine la *manifestation* de ce qui fut à l'œuvre dans les processus infra-conscientiels eux-mêmes, *on considère alors la morale comme un processus, partant de l'altérité d'une totalité saisie comme extériorité, avec laquelle le sujet se pose et devient créateur.*

Bachelard avait inauguré un mouvement pour réconcilier l'esprit de la contradiction et la pensée scientifique. La pensée complémentaire élargit ce mouvement. Finalement, la formule suivante de Pascal résume bien la dynamique de cette pensée : « Les deux raisons contraires. Il faut commencer par là, sans cela on n'entend rien et tout est hérétique. Et même à la fin de chaque vérité, il faut ajouter qu'on se souvient de la vérité opposée[12] ».

Le développement de l'idée de complémentarité chez Bohr nous conduit à souligner que la complémentarité des antagonismes repose sur une activité de l'esprit qui rend progressivement intelligible la complexité de la réalité, sur fond de tension entre l'identique et l'autre. Cette perspective de l'esprit en acte s'inscrit dans une perspective morale puisqu'elle décide de créer du sens sur fond de non-sens, de créer du sens à partir de faits « in-sensés », de s'ouvrir à l'altérité et à l'universalité.

Toutes ces visions de sens basées sur la reconnaissance de l'unité d'antagonismes (ou qui conduisent à cette reconnaissance) trouvent leur origine dans « une pratique première » qui est celle de l'articulation entre le sujet et le réel auquel appartient ce sujet, articulation entre l'unicité du sujet et la multiplicité du réel dans lequel agit le sujet. Tout cela illustre bien le processus créateur dont parle J. Ladrière, ainsi que les positions de E. Weil sur « l'élévation vers l'universel » et celles de E. Levinas sur « le rôle de la tension initiale comme ouverture active à l'autre ». Nous pouvons maintenant aborder ces positions ; elles vont nous aider à découvrir encore les fondements de l'idée de complémentarité.

3) La condition de l'élévation à l'universel chez E. Weil

On peut trouver chez E. Weil, un kantien imprégné de Hegel, de nombreux éléments de réflexion qui peuvent servir de fondements aux ingrédients de la complémentarité. Dans son ouvrage *Logique de la philosophie*[13] notamment les chapitres « Non-Sens », « Conditions », « Absolu » et « Œuvre », E. Weil montre que la philosophie vise la recherche personnelle de la vie sensée pour elle-même et elle identifie de ce fait les obstacles qui rendent difficile, voire impossible, cette vie sensée. Weil distingue chez l'homme à la fois la finitude de l'être connaissant, incapable de comprendre la réalité sans la reconstruire artificiellement, et l'infini de sa liberté qui le conduit personnellement à créer du sens, par le refus de la violence identifiée comme refus d'un discours cohérent. Ainsi la philosophie consiste-t-elle en l'organisation d'un discours cohérent, faisant sens, et fondé sur la connaissance (historique, politique, économique…) des attitudes à partir desquelles l'homme a agi par le passé et agit dans le présent.

Le discours philosophique comme refus de la violence repose sur un domaine (la condition, notre situation au monde) qui peut apparaître lui-même insensé. Notons ici que Weil distingue le discours et le langage, en soulignant que ce dernier est dans « la condition » (au sens d'une irréductible finitude). Il faut insister sur cette distinction essentielle chez Weil entre le langage et le discours. Quand l'homme utilise le langage, il utilise celui de la collectivité : le langage de l'homme de la condition ne lui appartient pas. Le discours, lui, est de l'ordre de la recherche de cohérence qui va permettre de redécouvrir une universalité perdue dans « la condition ». Notons qu'à travers cette notion de « condition », on retrouve bien ici le problème de la démarche scientifique qui vise une réalité qu'elle ne peut pas atteindre totalement, avec un langage dit « classique » (pour la physique quantique par exemple) qui entraîne des contradictions.

Le discours philosophique repose, selon Weil, sur une vérité première de l'existence qui apparaît comme non fondée elle-même, et donc in-sensée. « La réflexion montre que la vie de la conscience est entre le sens et le non-sens,

212

et les deux sont constamment dans le discours... Pour le moment, il suffit de rappeler les polarités comme langage-condition, décision-situation, moi-monde... On peut dire que la vérité est le domaine, et que tout ce qui remplit ce domaine et qui nous en livre l'existence est le non-sens » (p. 95). Le discours philosophique comme refus de la violence repose donc sur un domaine (condition, situation, monde) devenant lui-même insensé par l'acte selon lequel ce domaine est saisi. Mais avant même que ce non-sens du domaine puisse être pensé comme tel dans le discours philosophique, il est d'abord « vie reçue » comme un fait indémontrable.

L'universalité « perdue » ne pourra être retrouvée, atteinte, que dans l'intériorité, par une action effective. C'est par une telle action dans le monde historique que l'homme peut se comprendre, et, se comprenant, entrer dans la logique de la philosophie en cherchant dans l'action une cohérence totale avec les valeurs qu'il a reconnues par la pensée (on retrouve ici quelque chose du processus créateur de J. Ladrière). C'est dans cette opération que se produit l'élévation à l'universel, car « l'universel, une fois que le choix s'est fait en faveur d'un discours cohérent, précède l'individuel, non seulement au sens transcendantal, mais aussi au sens historique le plus banal. L'homme ne commence pas par être un individu pour lui-même : il l'est d'abord pour les autres » (p. 68).

C'est cette élévation à l'universel qui confère de la valeur à toute action personnelle et qui est le critère d'une véritable morale de l'humanité. Comme le souligne E. Weil, la raison ne se « boucle pas sur elle-même ». Elle s'éprouve elle-même dans l'absence de sens, signe d'une finitude de la connaissance humaine, d'une « incomplétude » dirait le scientifique d'aujourd'hui. C'est l'action qui accepte la finitude, la contingence de l'homme, qui ouvre à l'universel. À la basc de ce processus, il y a le choix moral du discours cohérent (ici comme refus de la violence).

Ce choix moral n'est pas sans rejoindre la conviction de Einstein et de bien d'autres : le monde est intelligible !... En même temps il y a toujours quelque chose qui échappe. Le sujet est amené à trouver du sens sur fond de non-sens... en acceptant les limites de la raison et en retrouvant l'universalité perdue par une action, un choix effectif : c'est bien ce qui est au fondement de la complémentarité telle que nous l'avons introduite avec Bohr, Nicolescu et la structure en niveau de réalité. C'est cette élévation à l'universel qui confère de la validité à toute action personnelle et qui forme, selon Weil, le seul critère d'une véritable morale de l'humanité.

Avec cette pertinente analyse de Weil, on peut de nouveau retrouver la distinction des différents plans sur lesquels nous travaillons. C'est le refus de la violence qui permet ici de passer du plan de la métaphysique (recherche de sens sur fond de non-sens) au plan de la morale (le sujet est amené à trouver du sens en retrouvant l'universalité perdue par une action, un choix effectif qui l'engage). Cette action, nous l'avons dit, contient une acceptation de la finitude, de la contingence de l'homme. Une telle « sagesse » (tirer la leçon de la contingence de l'homme) ouvre un espace privilégié pour le dialogue avec les théologiens[14].

Nous avons mis en évidence, avec Weil et Ladrière, des fondements de la complémentarité. Celle-ci apparaît ainsi comme une illustration, parmi d'autres, de la problématique du Même et de l'Autre. Ce qui est particulièrement intéressant, c'est que notre démarche, qui avait comme point de départ une réflexion sur l'évolution des idées en science aujourd'hui, nous conduit en fait sur le terrain de la philosophie morale, *via* la métaphysique (trois plans à bien distinguer).

4) Le sens du mystère

Les éléments précédemment développés peuvent être repris en termes de « dialectique du mystère ».

De quel mystère s'agit-il ? C'est le « mystère du connaître » que nous avons évoqué jusqu'ici, à partir d'une réflexion sur l'évolution de la connaissance en sciences. La formule d'Einstein, « le plus incompréhensible, c'est que le monde soit compréhensible », et la mise en évidence de « la fécondité » de l'incomplétude, sont comme deux « signes » du mystère du connaître dans la démarche scientifique moderne.

L'une des œuvres les plus intéressantes pour repenser l'idée de mystère a été, au XXᵉ siècle, celle de Gabriel Marcel[15]. Ce dernier reproche aux philosophes d'avoir « abandonné » le mystère aux théologiens d'une part, aux vulgarisateurs d'autre part. G. Marcel fait porter sa réflexion non seulement sur le mystère du connaître, mais aussi sur le mystère de l'union de l'âme et du corps, sur le mystère de l'amour, de l'espérance, de la présence et de l'être. L'aspect le plus intéressant pour les questions que nous traitons ici porte sur la distinction que G. Marcel fait entre le problème et le mystère. Le problème est une question que nous nous posons sur des éléments considérés comme étalés devant nous, hors de nous généralement. Certes, si nous réfléchissons, nous sommes bien obligés de reconnaître qu'il subsiste toujours, entre eux et nous, le lien du connaître. Mais le propre de la pensée qui se pose des problèmes est de postuler implicitement que le fait de les connaître ne modifie pas les éléments de ce problème. De plus, à part l'intérêt purement intellectuel que nous pouvons leur porter, il n'y a pas de choc en retour sur nous. Le cas le plus clair est celui des problèmes mathématiques classiques.

Il y a mystère, au contraire, quand celui qui s'interroge appartient à ce sur quoi il s'interroge. C'est pourquoi l'être est mystère puisque je ne puis poser de question sur l'être que parce que je suis. « Un mystère, c'est un problème qui empiète sur ses propres données, qui les envahit et se déplace par là-même comme simple problème… C'est un problème qui empiète sur ses propres conditions immanentes de possibilité. Et encore : le mystère est quelque chose dans lequel je me trouve engagé, et ajouterai-je, non pas engagé partiellement par quelque aspect déterminé et spécialisé de moi-même, mais au contraire engagé tout entier en tant que je réalise une unité qui d'ailleurs, par définition, ne peut jamais se saisir elle-même et ne saurait être qu'objet de création et de foi. »

Le mystère abolit donc la frontière entre « l'en moi » et « le devant moi » qui caractérise le domaine du problématique, même si nous savons que l'acte de connaître est une intervention et que l'on n'atteint jamais un « en soi ». Il y a un mystère de l'être qui est aussi *mystère de l'acte de pensée*, ce qui se traduit aussi par le fait suivant : « Nous ne pouvons pas nous interroger sur l'être comme si la pensée qui s'interroge sur l'être était en dehors de l'être. » Il y a bien un mystère du connaître : « La connaissance se suspend à un mode de participation dont une épistémologie quelle qu'elle soit ne peut espérer rendre compte parce qu'elle-même le suppose. »

Pour G. Marcel, le mystère n'est ni l'inconnaissable ni une sorte de pseudo-solution. Loin de désigner une « lacune du connaître », le mystère est un appel à explorer. Cette réhabilitation du mystère sur le plan philosophique (G. Marcel emploiera le terme méta-problématique pour désigner le mystère) permet un pont intéressant avec la théologie, comme analysé dans mon livre. Une telle approche n'est pas sans rappeler celle de saint Augustin pour qui, dans un autre contexte, le mystère n'est pas ce que l'on ne peut pas comprendre mais ce que l'on n'aura jamais fini de comprendre.

Reprenons maintenant, à l'aide de l'apport de G. Marcel, notre propre réflexion sur l'incomplétude, la complémentarité et la logique d'antagonismes que nous avons développée précédemment. Il s'agit bien d'un exemple de « mystère du connaître ». Le schéma relatif à la notion de niveau de réalité est très expressif du mystère du connaître auquel le scientifique est confronté. En science, on peut aussi parler d'une implication du sujet pensant (l'homme est un élément de la nature qu'il analyse), même si l'engagement du scientifique n'est pas aussi fort que celui du philosophe, tel que G. Marcel le décrit. De même on peut aussi parler de modification du réel par le sujet qui l'analyse, même si, une fois encore, la modification n'est pas aussi forte ou totale que dans la question philosophique de l'être décrite par G. Marcel (le sujet en physique n'est pas personnalisé, la modification du réel intervient par l'opération de mesure, elle-même dépersonnalisée).

Néanmoins, la question du connaître en science moderne renvoie le scientifique au mystère du connaître, si bien exprimé par Einstein. Ainsi, la recherche de l'unité d'antagonismes trouve son origine dans une « pratique première » qui est celle de l'articulation entre le sujet et le réel auquel appartient le sujet (articulation entre l'unicité du sujet et la multiplicité du réel dans lequel agit le sujet). L'acceptation du mystère du connaître est une fois de plus liée à celui de la finitude de l'homme : elle relève d'un choix moral implicite et explicite selon les scientifiques ! Avec la complémentarité, l'incomplétude et la notion de niveau de réalité, nous pouvons davantage parler de « dialectique du mystère » en sciences.

Conclusions : chemins d'ouverture au mystère de l'homme

La science du XXe siècle conduit le scientifique à se poser la question de la place de l'homme dans l'histoire de l'Univers. Cette question intervient à partir d'une réflexion sur les fondements des grandes théories et sur ce qui sous-tend la démarche scientifique. La science classique avait fourni des schémas de représentation du monde très méca-nistes, définissant le monde comme une grande horloge et l'homme comme une simple pièce de ce grand montage. On a pu mesurer l'influence de la vision scientiste pour mieux entrevoir ce que le changement de perspective de la science d'aujourd'hui peut avoir comme conséquences sur les mentalités de la société, sur son éthique[16].

L'objectivité « scientifique » érigée en critère suprême de vérité a eu des conséquences plus fortes que ne l'ima-ginent les scientifiques eux-mêmes. Le sujet est devenu « objet[17] ». Que l'homme soit « objet » de connaissance, pour le scientifique, rien de plus normal. Mais qu'au nom d'une vision scientiste, il devienne objet d'exploitation, objet d'expériences idéologiques, objet d'expériences scienti-fiques pour être disséqué, formalisé, manipulé, cela est inacceptable. Bien sûr, ce n'était pas la visée de la plupart des scientifiques qui ont tenté de fonder l'objectivité de la science. Mais ce qui est pointé ici, c'est l'« influence morale » que les idées et concepts venus de la science peuvent avoir sur une société.

Dans les sciences de l'Univers et de la matière, le sujet est aujourd'hui partiellement réintégré, à travers la prise en compte de ce qui le relie à l'objet. La vision d'un « monde incertain », pour reprendre l'expression de scientifiques comme d'Espagnat et Prigogine, appelle à dépasser le maté-rialisme dit scientifique, même si la biologie d'aujourd'hui semble relancer la question.

Le retrait du fondement que nous avons signifié pré-cédemment va dans le même sens. Attention cependant de ne pas trop vite « combler l'incertitude » par un retour plus ou moins masqué des certitudes. La tentation de combler le « trou d'incomplétude » de Gödel par un « dieu bouche-trou » en est un exemple. Laissons l'homme accueillir le réel tel qu'il se présente, laissons travailler une raison ouverte qui apprend à conjuguer l'un et le multiple, à articuler l'unicité de l'homme à la multiplicité du réel. Le mystère n'est pas de l'ordre de la magie : il est de l'ordre d'une intelligence qui progresse sans se suffire à elle-même.

Entrer dans une telle perspective, chercher le sens de cette altérité et de cette unité fondamentales entre le sujet et le réel, c'est faire le choix de supposer, dans un monde incertain, la possibilité d'une intelligibilité, l'existence d'un sens. Accepter l'altérité, ne pas chercher à réduire le complexe au simple, penser la différence, voilà ce à quoi le scientifique est conduit ; choix moral, chemin de réflexion sur le mystère de l'homme dans la nature.

Ainsi des attitudes morales fondamentales sont comme appelées par toute recherche de vérité, en science notamment ; honnêteté dans cette recherche de vérité bien sûr, reconnaissance du retrait du fondement au sens où la raison humaine ne peut se boucler sur elle-même, acceptation active de l'incomplétude de toute connaissance et d'une approche dialectique dans laquelle il y a toujours quelque chose qui échappe, acceptation d'une altérité fondamentale pour le sujet (altérité liée à une tension vers l'unité), acceptation de la finitude et de la contingence du sujet connaissant et choix de trouver un sens sur fond de non-sens. Une certaine humilité en résulte, gage d'un progrès de la connaissance qui passe par l'abandon de certitudes définitives pour une incomplétude qui ne nie pas la recherche de la vérité mais qui met en évidence notre incapacité propre à l'atteindre par nous-mêmes, tout en nous ouvrant davantage à la profondeur de cette vérité. Tout cela entre dans le cadre de la philosophie morale ! C'est sur ce registre qu'il est intéressant de situer les relations entre le scientifique et le croyant en recherche.

IV

Accords et conflits entre les deux discours

Bruno Guiderdoni

Astrophysicien, directeur de recherches au CNRS, directeur de l'observatoire de Lyon, spécialiste de la formation des galaxies, il travaille sur plusieurs grands projets européens de satellite, sur la formation et la détection des galaxies les plus lointaines de l'Univers. Ancien animateur de l'émission « Connaître l'Islam » sur France 2, il est aussi directeur de l'Institut des Hautes Études islamiques.

Cosmologie moderne et quête de sens :
un dialogue sur la voie de la connaissance ?

Selon une idée très répandue, la science tenterait de répondre au « comment » et la religion au « pourquoi ». Si une telle division des rôles était exacte, si, en effet, la science ne traitait que des « faits » et la religion ne parlait que du « sens », il ne devrait exister aucun conflit entre les deux approches. Elles pourraient être menées en parallèle, sans échanges tout autant que sans conflits. Malheureusement, la situation n'est pas aussi simple, et cette idée, bien que très populaire, n'en reste pas moins un cliché. Pour dire les choses simplement, s'il est vrai que la science traite des causes *efficientes* et la religion, des causes *finales* – en reprenant les termes techniques de la philosophie aristotélicienne* –, la tendance de fond du développement des sciences est que l'explication en termes de causes efficientes repousse la nécessité d'une explication en termes de causes finales, et, pour finir, élimine ces dernières.

---

* À la question « pourquoi le Soleil brille-t-il ? », une réponse en termes de causes finales pourrait être : il brille pour donner de la lumière aux êtres humains ; alors qu'une réponse en termes de causes efficientes serait : il brille car sa surface est chaude. Cette réponse appelle une chaîne d'explications de nature astrophysique : la surface du Soleil est chaude parce que ses régions centrales abritent des réactions thermonucléaires, etc.

Cette modification des attentes – dans la recherche de la connaissance – qui accompagna le développement des explications en termes de causes efficientes, et l'appréciation grandissante de l'efficacité de ces dernières par rapport aux causes finales, se sont progressivement instaurées en Occident à partir de la Renaissance. Au Moyen Âge, même s'il existait déjà d'interminables polémiques et des débats très animés sur les questions cosmologiques, les juifs, les chrétiens et les musulmans partageaient la même perspective sur le monde. Les hommes et les femmes de foi du Moyen Âge percevaient autour d'eux bien davantage que des « choses » et des « phénomènes » : ils contemplaient avant tout des *symboles* et cherchaient à obtenir, à travers l'étude du cosmos, des intuitions intellectuelles et des dévoilements spirituels.

La période de « synthèse médiévale » – entre cosmologie aristotélicienne et ptolémaïque d'une part, et enseignements des Écritures saintes d'autre part – est dorénavant loin derrière nous. En Occident, le développement de la science moderne a conduit à une modification radicale de notre façon de voir et d'agir dans le monde, mais aussi, à une crise spirituelle profonde. L'homme y a perdu sa place centrale dans le cosmos. Il a été rejeté sur une planète standard, orbitant autour d'une étoile standard, au sein d'une galaxie standard localisée quelque part dans l'immensité de l'espace. Une telle science est neutre du point de vue des valeurs. Elle est même dénuée de quelque signification que ce soit. Pour l'exprimer avec les mots de Claude Levi-Strauss : « L'Univers n'a de sens que par rapport à l'homme, qui lui-même n'en a aucun. »

Le conflit qui avait cours entre science et religion en Occident ne cessa que lorsque la religion admit qu'elle n'avait plus rien à dire à propos de la figure du monde. S'ensuivit un accord de non-belligérance à partir duquel les deux approches n'empiétèrent plus l'une sur l'autre...

dans la mesure où la science colonisa tout simplement la « réalité » dans son ensemble. Pour y parvenir, elle a – une fois de plus, tout simplement – défini la « réalité » comme ce qui peut être étudié scientifiquement. Les théologiens, qui, pour leur part, avaient accepté d'abandonner le terrain, doivent maintenant expliquer la raison pour laquelle l'Univers semble ne pas avoir besoin de l'« hypothèse » de Dieu – pour reprendre les termes de Laplace. Dieu semble s'être bien caché sous l'épais rideau des phénomènes. Des idées comme celles de la *kenosis* et du *tsimtsum,* qui fleurirent respectivement dans la pensée théologique chrétienne et juive, ont connu, ces dernières années, une renaissance spectaculaire. Elles sont maintenant utilisées par des théologiens spécialisés dans la doctrine de la Création, afin d'expliquer la raison pour laquelle Dieu se « retire » du monde pour le laisser s'autogouverner *via* ses propres lois, sans le moindre signe direct d'intervention divine. L'insistance est mise sur la (relative) indépendance accordée par Dieu aux lois de la nature, et sur la (relative) liberté accordée par Dieu à l'être humain.

Comme on le sait, la tradition islamique a, de tout temps, enseigné que Dieu se tient à proximité du monde, et qu'Il agit continuellement dans la création. « Chaque jour, Il est à l'œuvre[1]. » Ainsi, les théologiens musulmans ne peuvent-ils pas suivre le chemin de certains théologiens occidentaux dans le sens d'un *Créateur* qui laisserait sa création fonctionner seule, avec une indépendance si grande qu'Il en deviendrait, finalement, une nouvelle sorte de *Deus otiosus,* soit du fait de sa volonté, soit par son désir de faire l'expérience de la faiblesse humaine. Pour la tradition islamique, Dieu est, certes, caché, mais Il est également apparent, en conformité avec ses Noms *azh-Zhahir wal-Batin*. Le Créateur est tellement grand que sa création n'a aucune imperfection. Mais Il est également manifeste dans, et à travers, sa création.

Le mystère fondamental, qui sous-tend la physique et la cosmologie, est le fait que le monde soit intelligible. Pour un croyant, le monde est intelligible car il est créé. Le Coran recommande fortement de méditer et de réfléchir sur la Création pour trouver dans son harmonie les traces du Créateur. D'où ce qu'il est convenu d'appeler les « versets cosmiques » du Coran, qui sont fréquemment cités comme l'un des « miracles » intellectuels du texte coranique : « Dans la création des cieux et de la terre, et dans l'alternance de la nuit et du jour, il y a des signes pour ceux qui ont un cœur ; ceux qui se souviennent de Dieu debout, assis ou couchés, et réfléchissent sur la création des cieux et de la terre, en disant : "Ô mon Dieu, Tu n'as pas créé tout cela en vain. Que la Gloire soit à Toi ! Sauve-nous des tourments du feu."[2] » L'exploration du monde est encouragée, dans la mesure où l'explorateur est suffisamment sage pour reconnaître que l'harmonie présente dans le cosmos provient de Dieu. En regardant le cosmos, l'intelligence que Dieu a mise en nous rencontre constamment l'Intelligence qu'Il a employée en créant les choses. Le Coran mentionne les régularités omniprésentes dans le monde : de même que « vous ne trouverez aucun changement dans la coutume de Dieu[3] », « il n'existe aucun changement dans la création de Dieu[4] ». Cela ne veut pas dire que la Création soit immuable, mais qu'il y a une « stabilité » dans la Création qui reflète l'inaltérabilité de Dieu. L'attention du lecteur est également attirée sur l'« aspect numérique » des régularités cosmiques. Le Coran dit : « Le Soleil et la Lune [sont ordonnés] selon un calcul exact (husban)[5]. » Ainsi, un cosmologiste musulman n'est-il pas étonné que les lois de la physique, que nous concevons et utilisons pour décrire les régularités cosmiques, soient basées sur les mathématiques.

Nous vivons une époque très étonnante pour la compréhension de la structure et de l'histoire du cosmos. Ces dernières décennies ont vu se produire des découvertes spectaculaires, essentiellement rendues possibles par le développement rapide des techniques d'observation. En conséquence, nous avons acquis un trésor d'images que nous avons la chance d'être la première génération à pouvoir contempler : la Terre au beau milieu de l'obscurité du ciel, la multitude d'apparences que revêt la surface d'autres planètes et d'autres satellites du système solaire, la cartographie de notre galaxie à toutes les longueurs d'onde, la découverte de phénomènes très énergétiques tels que les explosions d'étoile, ou bien le recensement potentiel de milliards de galaxies éloignées rendu possible par les relevés profonds. Nous avons maintenant accès à des distances, des époques et des tailles de structure qu'il était simplement impensable d'atteindre à l'époque du Moyen Âge, lorsque l'astronome arabe Al-Farghanî calcula la distance séparant la Terre du trône de Dieu selon les postulats de la cosmologie ptolémaïque, et trouva une valeur de 120 millions de kilomètres[6]. Ces nouvelles images ont profondément changé notre conscience du cosmos.

Pour comprendre la structure de l'Univers, les cosmologistes doivent en retracer l'histoire. Celle-ci est reconstruite théoriquement à partir d'informations obtenues au moyen de mathématiques élaborées. Il n'existe aucun doute sur le fait que, dans l'interprétation qu'ils en font, il y a une bonne dose de spéculations audacieuses, voire d'idées folles. Mais la réalité résiste, et toutes les théories ne sont pas en accord avec les faits. Certaines ont été définitivement éliminées à l'épreuve des faits et des observations. En revanche, la théorie standard apparaît maintenant comme un outil puissant pour interpréter les données fournies par les télescopes, et guider de nouvelles découvertes.

Pour résumer, les cosmologistes pensent désormais que l'Univers est en expansion, et que cette dernière a commencé à partir d'une phase extrêmement dense et chaude, en un début appelé big-bang. Durant l'expansion, le contenu en matière et radiation de l'Univers se dilue et refroidit, et l'abondance relative des diverses espèces de particules élémentaires change. Environ 100 secondes après le big-bang, des noyaux légers commencent à se former. Après 300 000 ans, l'Univers devient neutre et transparent. La lumière émise par ce qu'on appelle la « surface de dernière diffusion », correspondant à la transition entre l'époque de l'Univers opaque et celle de l'Univers transparent, est observée sous la forme du rayonnement du fond diffus cosmologique (*Cosmic Microwave Background*), avec un spectre de corps noir à 2, 725 K. Puis la matière va poursuivre sa structuration au fur et à mesure du processus d'expansion de l'Univers. L'histoire est désormais bien documentée, mais il existe plusieurs énigmes récurrentes au milieu des nombreuses pages écrites par les cosmologistes. Notre incapacité à les résoudre pointe probablement vers la structure métaphysique de la réalité. Je voudrais ici répertorier brièvement deux de ces énigmes.

La première énigme a pour origine l'ajustement fin (*fine-tuning*) qui préside à la formation des structures. Les régions diamétralement opposées sur la surface de dernière diffusion n'ont jamais été en connexion causale auparavant et devraient présenter des différences de température conséquentes, contrairement à l'isotropie remarquable qui y est mesurée. Il s'agit de ce que l'on appelle le « problème de l'isotropie ». En outre, la densité de l'Univers est proche de la densité critique et la géométrie spatiale, presque euclidienne, alors que toutes les valeurs du paramètre de densité sont *a priori* possibles. C'est le « problème de la platitude ».

En conséquence, notre Univers observable semble avoir émergé d'un ensemble très particulier de conditions initiales, résultant en une géométrie hautement improbable. Or il est maintenant clair que ces caractéristiques constituent des conditions nécessaires à l'apparition de la complexité dans l'Univers. Par exemple, un paramètre de densité plus grand aurait produit un effondrement rapide de l'Univers sur lui-même, en une échelle de temps bien inférieure à celle de l'évolution des étoiles, qui sont nécessaires à l'enrichissement du milieu interstellaire en éléments lourds et à la formation subséquente des planètes, tandis qu'un paramètre de densité plus faible aurait eu comme conséquence un univers très dilué, avec des structures de faible masse inaptes à garder leur gaz, donc à former des étoiles.

Naturellement, une explication philosophique énoncée en termes de causes finales peut être proposée pour donner une signification à ce type d'ajustement fin, et aux autres « coïncidences cosmiques » recueillies sous le chapeau de ce qu'on appelle le *principe anthropique*[7]. Dans une perspective religieuse, cette explication par les causes finales peut être la signature de l'intervention divine dans le monde, alors que, dans une perspective panthéiste, elle pourrait être interprétée comme la tendance naturelle de la matière à s'auto-organiser. Mais de telles explications demeurent inacceptables pour la science moderne. En fait, la résistance est telle, que l'élimination des explications en termes de causes finales s'est imposée au cœur même du développement de la cosmologie contemporaine. L'explication actuellement donnée aux problèmes d'isotropie et de platitude (et à d'autres énigmes qui leur sont liées) est que l'Univers a subi une étape d'inflation exponentielle, qui a eu pour conséquence de gonfler une petite zone initiale, causalement connectée, au-delà de la taille de l'Univers actuellement observable, et a effacé la courbure spatiale. Cette explication évite l'introduction de causes finales pour justifier les conditions initiales particulières à partir desquelles l'Univers a débuté, tout simplement parce que l'inflation efface la mémoire de ces conditions initiales, pour faire évoluer l'Univers observable, de façon nécessaire, vers l'isotropie et la platitude.

229

Du même coup, l'inflation fournit une explication à l'origine des « inhomogénéités » qui produiront les structures à grande échelle après amplification gravitationnelle : ce sont simplement des fluctuations quantiques, gonflées à des échelles macroscopiques. Le problème est que la théorie actuelle ne peut prévoir l'amplitude de ces fluctuations, dont la mesure montre qu'elle est égale à 1/100 000 sur la surface de dernière diffusion ($Q = 10^{-5}$). Lorsqu'une théorie complète de l'inflation émergera, elle devra prévoir cette valeur, qui n'apparaît actuellement qu'en tant que paramètre libre. Mais il est déjà clair que cette valeur est également une condition nécessaire à l'apparition de la complexité dans l'Univers. Avec $Q = 10^{-6}$, le gaz ne peut refroidir dans les puits de potentiel des halos de matière sombre, et aucune étoile ne peut s'y former. Avec $Q = 10^{-4}$, les galaxies sont si denses que de fréquentes rencontres entre les étoiles y empêchent l'existence d'orbites planétaires stables, qui sont une condition nécessaire à l'existence des écosystèmes d'êtres vivants qui tirent leur énergie du rayonnement stellaire. Une fois de plus, notre Univers observable semble avoir émergé d'un ensemble très particulier de conditions initiales.

Les cosmologistes ont élaboré une nouvelle théorie qui évite d'avoir recours aux causes finales pour expliquer la valeur de Q. Cette théorie est appelée « inflation chaotique ». Dans l'inflation chaotique, l'inflation a lieu éternellement, et fabrique de nouvelles zones d'univers dont l'espace-temps gonfle exponentiellement, se découplant causalement l'une de l'autre. Puis l'étape d'inflation exponentielle débouche sur une phase d'expansion normale. Dans ce contexte, les lois et les constantes de la physique pourraient être fixées par une brisure de symétrie, et afficher différentes valeurs selon les différentes zones de l'Univers qui sont considérées. En conséquence, avec un nombre infini de réalisations, nous ne devons pas nous étonner du fait qu'il y ait au moins *une* zone de l'Univers qui ait les valeurs des lois, des constantes, et de Q s'accordant avec l'apparition de la complexité. Néanmoins, la question de savoir si cette théorie est vérifiable reste encore ouverte.

D'après l'explication qui prévaut actuellement, l'apparente précision de l'ajustement fin des propriétés de l'Univers ne serait pas due à un ensemble particulier de conditions initiales, mais à l'exploration d'une gamme de valeurs possibles dans diverses zones de l'Univers. Ainsi, nous vivons simplement dans une zone qui a des valeurs compatibles avec l'existence de la complexité. Mais ce type d'explication n'insiste peut-être pas assez sur la « puissance » allouée aux principes de la mécanique quantique et à la théorie fondamentale des champs. Lorsqu'on aura développé une théorie englobante, ce que les Anglo-Saxons appellent « *a theory of everything* » (peut-être une version de la théorie des super-cordes), il s'avérera que cette théorie expliquera comment l'Univers a la possibilité de produire un très grand nombre de zones parmi lesquelles, par le seul fait du grand nombre de réalisations, certaines pourront héberger le développement de la complexité. Mais si nous voulons *expliquer* cela, c'est-à-dire pourquoi c'est cette théorie et pas une autre qui s'applique, nous devrons pousser notre investigation encore plus loin, vers une théorie plus large encore, qui expliquera la *nécessité* de cette loterie cosmique de façon autocohérente, sans invoquer une quelconque finalité.

L'ironie de l'histoire est que, même lorsque les cosmologistes essayent d'évacuer les causes finales en élaborant de nouvelles théories et en découvrant de nouveaux phénomènes, ils se trouvent toujours et encore confrontés au même type d'énigme. Le fait qu'il existe un réglage de cette précision au sein de l'Univers doit certainement vouloir dire quelque chose à propos de la réalité. Mais quoi ? Si l'on est croyant, on peut aisément interpréter cette situation en y lisant un signe divin. Si l'on choisit de refuser, ou de mettre de côté, cette interprétation, la porte s'ouvre sur une exploration sans fin du cosmos, déplaçant et amplifiant toujours davantage l'énigme. Un croyant pourrait reconnaître une sorte de ruse divine dans cette entreprise d'exploration du cosmos. En effet, pour lui, « où que vous vous tourniez, là est la face de Dieu[8] ».

La seconde énigme traite de l'universalité des lois de la physique. Certains cosmologistes donnent la dénomination d'« univers » à chacune des zones causalement déconnectées, et celle de « multivers », à l'ensemble de toutes les zones engendrées par l'inflation chaotique. Bien entendu, le choix des termes revêt peu ou prou une signification de nature philosophique ou idéologique. Selon une étymologie parfois mise en avant pour son pouvoir symbolique, l'Univers serait un signe dirigé « vers l'Un » (*unum versus*). Cela signifie-t-il que les univers multiples du multivers suggèrent une multitude de dieux ? Dans l'esprit de certains de ses promoteurs, la nouvelle cosmologie semblerait mieux disposée envers le polythéisme qu'envers le monothéisme. Or, toutes les zones de l'Univers sont effectivement reliées par le fait qu'elles sont régies par les mêmes principes de physique quantique et la même théorie fondamentale. Pour cette raison, il existe un *unique* Univers, quel que soit le nom qu'on veut bien lui donner. La question que l'on peut alors se poser est : pourquoi les lois de la physique quantique sont-elles aussi *universelles* ?

De nouveau, les cosmologistes contemporains ne méditent pas suffisamment sur la validité continuelle et permanente de ces lois. Une longue controverse a eu lieu en Islam sur l'existence et le statut des causes secondes. Il est connu que la théologie Ash`arite, celle qui domine dans le monde sunnite, remet fortement en question l'existence même de la causalité. Le postulat est qu'il n'y a pas de causes secondes simplement parce que Dieu, en tant que

Cause première, n'a de cesse, à chaque instant, de recréer le monde. Au sein de ce renouvellement permanent de la Création (*tajdîd al-khalq*), les atomes et leurs « accidents » sont recréés à chaque instant. En conséquence, les régularités observées dans le monde ne sont pas dues à une connexion causale mais à une conjonction permanente existant entre les phénomènes, et proviennent d'une « coutume » (*sunnah*) établie par Dieu. Autrement dit, dans cette perspective, Dieu est libre de changer à chaque instant les règles de sa coutume, même si, de façon obvie, il choisit de ne pas le faire « en général ». Ce principe de théologie islamique doit être compris, en premier lieu, comme une façon de souligner le mystère métaphysique que constitue la validité continuelle des lois. La permanence de Dieu fait que la création se comporte de façon régulière, malgré un renouveau permanent : « Vous ne verrez pas le moindre défaut dans la création du Miséricordieux. Tournez vos yeux : y détectez-vous la moindre faille[9] ? »

La renaissance de la création qui est enseignée par les doctrines islamiques implique également l'apparition continuelle de nouvelles créatures. D'après les enseignements de l'école dite akbarienne, fondée sur les œuvres de Muhyi al-Din Ibn Arabi, « le plus grand des maîtres » (1165-1240), les choses ne « sont » pas, puisque seul Dieu est. Elles ne détiennent en propre qu'une « préparation », ou une « prédisposition » à recevoir l'être et les qualités de Dieu. En conséquence, étant donné que le statut du cosmos est paradoxal, en équilibre entre l'Être absolu de Dieu et le pur néant, nous ne saurions arriver à une affirmation claire et définitive sur la réalité fondamentale du monde. La réalité ultime nous est cachée et les descriptions que nous en faisons resteront toujours approximatives.

Dieu est infini et « l'auto-dévoilement ne se répète jamais », pour reprendre une affirmation souvent citée par l'école akbarienne. Donc, l'autodévoilement de Dieu n'a pas de fin. À chacun des niveaux du cosmos, il y a toujours de nouvelles créatures et de nouveaux phénomènes qui sont continuellement « projetés » dans le monde du dévoilement. Ce qui apparaît dans la Création correspond exactement au flux des choses que Dieu choisit d'amener à l'existence. C'est la raison pour laquelle, selon le grand théologien et mystique Al-Ghazali (1058-1111) : « Il n'y a rien, dans la possibilité, de plus merveilleux que ce qui est », car ce qui est reflète ce que Dieu veut nous montrer de Lui. Une telle perspective permet de comprendre le dire prophétique : « Ne maudissez pas le temps, car Dieu est temps. » Après tout, la production d'un nombre infini de zones de l'Univers physique décrit par l'inflation chaotique pourrait s'accorder avec cette compréhension de la nouveauté inépuisable comme auto-dévoilement perpétuel de Dieu. L'apparition de propriétés « émergentes » à tous les niveaux de la complexité, et particulièrement l'apparition de la vie et de l'intelligence, sont d'autres aspects de cet autodévoilement continuel. C'est la raison pour laquelle Ibn Arabi commente : « Dieu ne s'ennuie pas au point que nous devions nous ennuyer. » Sans doute les cosmologistes comprendront-ils cela aisément, eux qui sont constamment étonnés par la beauté des phénomènes révélés par leurs nouveaux outils d'observation.

L'apparition de l'être humain a été rendue possible par l'existence de nombreuses « coïncidences » anthropiques au sein des lois de la physique et des valeurs des constantes qui déterminent les propriétés des structures cosmiques et terrestres. Le long intervalle de temps qui s'est écoulé depuis le big-bang, et la vaste étendue de l'espace autour de nous, sont des conditions nécessaires à notre existence, de même que les déserts de sable et de glace qui recouvrent une partie de la surface terrestre sont indispensables à l'équilibre climatique et écologique de notre planète. Mais quel poids le temps qui s'est écoulé ou l'espace qui s'est étendu ont-ils, en regard de la dignité et de la complexité de l'être humain engagé dans l'aventure intellectuelle que constitue la recherche du savoir ?

Cependant, il existe une différence significative entre la recherche scientifique et la quête spirituelle du but ultime de notre existence. Contrairement à la recherche scientifique, la quête spirituelle ne se cantonne pas à la recherche intellectuelle de la vérité et à la production de résultats utiles. Elle vise principalement à transformer l'être humain afin que celui-ci puisse être préparé à passer la barrière de la mort. Revenons à l'histoire de la pensée islamique, avec Averroès (1126-1198) et Ibn Arabi. Ces deux figures majeures de la pensée islamique se sont rencontrées à Cordoue, aux alentours de 1180. Averroès, qui était alors un philosophe de renom, défendait l'idée selon laquelle la raison humaine était capable d'atteindre toute la vérité potentiellement accessible à l'être humain, et pas moins que ce qui était apporté par la révélation, sous le voile des symboles et des dogmes, à la destination du commun des mortels, c'est-à-dire de ceux qui ne pouvaient pénétrer la subtilité de la démarche scientifique. Averroès avait entendu dire que le jeune Ibn Arabi avait été gratifié d'une ouverture spirituelle spéciale, et il était désireux de le rencontrer. Ibn Arabi rapporte ainsi leur rencontre : « Lorsque je suis entré et me suis trouvé devant Averroès, celui-ci s'est levé en témoignant amour et respect. Il m'a embrassé et m'a dit "oui". Je lui ai dit "oui". Sa joie a augmenté parce que je l'avais compris. Alors je me suis rendu compte de la raison pour laquelle il s'était réjoui et je lui ai dit "non". Sa joie a disparu, sa couleur a changé, et il a douté de ce qu'il possédait en lui-même. » Vient alors l'explication de ces étranges échanges. Averroès pose la question cruciale qui nous intéresse ici : « Comment as-tu trouvé la situation dans le dévoilement et l'effusion divine ? Est-ce ce que la démarche rationnelle nous apporte ? » Ibn Arabi répond : « Oui et non. Entre le oui et le non, les esprits s'envolent de leur matière, et les têtes se détachent de leur corps. »

Puis il relate la réaction d'Averroès : « Il devint pâle et commença à trembler. Puis il s'assit et récita : "Il n'y a de pouvoir et de force que par Dieu", étant donné qu'il avait compris mon allusion*. »

Ibn Arabi fait référence à l'eschatologie en rappelant que, même si la raison peut aller très loin dans sa tentative de saisir la réalité, personne n'a jamais été intimement changé par la connaissance scientifique qu'il pouvait avoir du monde. La quête spirituelle n'est pas limitée à la contemplation intellectuelle de la vérité. Elle tend vers le salut qui est la signification ultime de l'être humain. Selon les enseignements de l'islam – comme de bien d'autres religions –, nous devrons quitter ce monde à l'heure de notre mort afin de poursuivre notre quête de savoir et entrer dans un autre niveau d'être qui est un lieu plus spacieux et important pour l'autodévoilement de Dieu. La tradition islamique promet que la quête du savoir prendra fin lorsque les élus contempleront la Face de Dieu, sur ce qui est appelé la « Dune de Musc » (*al-kathîb*) qui se trouve tout en haut des Jardins paradisiaques, à la frontière même de la Création. La religion est providentiellement révélée pour nous préparer à affronter la Réalité absolue, qui est un autre des noms de Dieu. Mais cette fin de la *quête* ne sera pas la fin de la *connaissance*. Au contraire, la contemplation de Dieu par les élus est continuellement renouvelée dans la mesure où ils connaîtront, selon le verset coranique, « ce qu'aucun œil n'a vu, ce qu'aucune oreille n'a entendu, et ce qui n'a jamais atteint le cœur d'aucun mortel ». Notre raison pourrait estimer que cela est *impossible*, étant donné que nous ne pouvons pas concevoir « comment » une telle rencontre peut se produire. Cependant, la « Dune » est le lieu des réponses à la question « pourquoi », et non à la question « comment ».

_____

* J'utilise ici la traduction anglaise de William Chittick dans *The Sufi Path of Knowledge*, SUNY.

En même temps que nous avons obtenu des progrès spectaculaires dans la compréhension scientifique de l'Univers, nous avons oublié la *contemplation* de ce même Univers, qui est nécessaire à l'être humain. C'est ce genre de prise de conscience qui peut nous aider à « réconcilier » la science et la religion, et non un concordisme de bas étage. Une telle prise de conscience devrait s'accompagner de la mise en valeur de trois qualités, qui semblent pertinentes pour tous ceux, scientifiques et croyants, qui gardent une tension continuelle vers la Vérité. Ces qualités sont la gratitude (*shukr*), la crainte (*taqwâ*) et la perplexité (*hayrah*). La gratitude naît du regard que l'on porte sur les merveilles du cosmos, la crainte, du sens de la transcendance qu'elles inspirent et la perplexité, enfin, de l'existence ininterrompue d'énigmes irrésolues qui pointent vers des mystères plus fondamentaux. Ces qualités sont connues de la pensée religieuse et mystique. Dans la perspective islamique, on peut ajouter que la gratitude se réfère aux « Noms de Beauté » (*asmâ' al-Jamâl*) et la crainte, aux « Noms de Majesté » (*asmâ' al-Jalâl*) qui se dévoilent dans les mondes, tandis que la perplexité se réfère à la coexistence de qualités opposées, une coexistence qui ne peut être résolue que dans la perfection (*kamâl*) d'Allâh, le « Nom de la Synthèse » (*ism al-jâmi'*).

Gratitude, crainte et perplexité sont trois modes de l'étonnement fondamental qui découle de la contemplation du cosmos. Cet étonnement est une façon d'adorer Dieu. Qu'en est-il alors de ceux qui cherchent la vérité sur les chemins de la quête scientifique ? Savons-nous également, en tant que scientifiques, cultiver gratitude, crainte et perplexité ? Une telle attitude devrait nous amener à accroître notre sens des responsabilités au sein de l'humanité et à mieux estimer les conséquences sociales et environnementales des applications technologiques rendues possibles par la science moderne.

Trinh Xuan Thuan

Astrophysicien, professeur d'astronomie à l'université de Virginie. Spécialiste de l'étude de la structure de l'Univers à grande échelle et de la formation des galaxies, il est le découvreur de la plus jeune galaxie connue à ce jour. Auteur de nombreuses publications scientifiques ainsi que d'ouvrages de vulgarisation dans le domaine de l'astrophysique. Il a publié avec Matthieu Ricard *Du big-bang à l'éveil : science et bouddhisme*, dans lequel il s'exprime sur les liens et les tensions qui existent entre son pari en faveur du principe créateur et ses convictions bouddhistes.

Science et bouddhisme :
à la croisée des chemins

Un dialogue entre science et bouddhisme a-t-il une raison d'être ?

En tant qu'astrophysicien étudiant la formation et l'évolution des galaxies, mon travail m'amène constamment à m'interroger sur les notions de réel, de matière, de temps et d'espace. En tant que Vietnamien élevé dans la tradition bouddhiste, je ne peux m'empêcher de me demander comment le bouddhisme envisage ces mêmes concepts.

Mais je n'étais pas certain qu'une démarche consistant à confronter la science et le bouddhisme puisse avoir un sens. Je connaissais surtout l'aspect pratique du bouddhisme qui aide à acquérir la connaissance de soi, à progresser spirituellement et à devenir un être humain meilleur. Pour moi, le bouddhisme était avant tout une voie menant à l'Éveil, une voie contemplative au regard principalement tourné vers l'intérieur. De plus, la science et le bouddhisme utilisent des méthodes d'investigation du réel totalement différentes. En science, ce sont l'intellect et la raison qui tiennent le rôle principal. Divisant, catégorisant, analysant, comparant et mesurant, le scientifique exprime les lois de la nature dans le langage hautement élaboré des mathématiques. L'intuition n'est pas absente en science, mais

239

elle n'est utile que si elle peut être formulée dans une structure mathématique cohérente.

En revanche, l'intuition – l'expérience intérieure – joue le premier rôle dans la démarche contemplative. Elle n'essaie pas de fragmenter la réalité, mais tente de l'appréhender dans sa totalité. Le bouddhisme ne fait pas appel aux instruments de mesure et aux observations sophistiquées qui fournissent la base expérimentale de la science. Ses énoncés sont de nature plus qualitative que quantitative. Je redoutais que le bouddhisme n'ait que peu à dire sur la nature du monde phénoménal, car ce n'est pas sa préoccupation principale, alors que c'est fondamentalement celle de la science.

J'ai rencontré Matthieu Ricard pour la première fois lors d'une université d'été à Andorre, en 1997. Matthieu était la personne idéale pour aborder ces questions. Non seulement il avait une formation scientifique – doctorat en biologie moléculaire de l'Institut Pasteur – mais il connaissait bien la philosophie et les textes bouddhiques, vivant au Népal depuis une trentaine d'années et étant devenu moine bouddhiste. Nous avons eu de passionnantes discussions au cours de longues randonnées dans le décor grandiose des montagnes pyrénéennes. Notre discussion a été mutuellement enrichissante. Elle a suscité de nouvelles interrogations, des points de vue inédits, des synthèses inattendues qui demandaient et demandent encore approfondissement et clarification.

Je vais exposer ici les sujets principaux de nos discussions qui nous ont parfois réunis, parfois opposés. Un livre – *L'Infini dans la paume de la main* (Press Pocket, 2002) – est né de ces échanges amicaux entre un astrophysicien né bouddhiste, qui souhaite confronter ses connaissances scientifiques avec ses sources philosophiques, et un scientifique occidental, qui est devenu moine bouddhiste et dont l'expérience personnelle l'a conduit à comparer deux approches de la réalité.

Au terme de nos conversations, mon admiration pour l'analyse bouddhiste du monde des phénomènes s'était accrue. Mais les buts ultimes de la science et du bouddhisme ne sont pas les mêmes. Celui de la science s'arrête à l'étude et l'interprétation des phénomènes lorsque celui du bouddhisme est thérapeutique : en comprenant la vraie nature du monde physique, nous pouvons nous libérer de la souffrance engendrée par notre attachement erroné à la réalité apparente du monde extérieur et progresser dans la voie de l'Éveil.

Il n'est pas de mon intention d'imprimer à la science des allures de mysticisme ni d'étayer le bouddhisme par les découvertes de la science. La science fonctionne parfaitement et atteint le but qu'elle s'est fixé sans aucun besoin d'un support philosophique du bouddhisme ou d'une autre religion. Le bouddhisme est la science de l'Éveil, et que ce soit la Terre qui tourne autour du Soleil ou le contraire ne change rien à l'affaire. Mais parce qu'ils représentent l'un comme l'autre une quête de la vérité, dont les critères sont l'authenticité, la rigueur et la logique, leurs manières respectives d'envisager le réel ne devraient pas déboucher sur une opposition irréductible, voire plutôt sur une harmonieuse complémentarité. Le physicien Werner Heisenberg a écrit : « Je considère que l'ambition de dépasser les contraires, incluant une synthèse qui embrasse la compréhension rationnelle et l'expérience mystique de l'unité, est le *mythos*, la quête, exprimée ou inexprimée, de notre époque. »

Je discuterai plus loin des concepts bouddhiques de l'interdépendance, de la vacuité et de l'impermanence, et de la façon dont ils correspondent aux idées de la science moderne. Je décrirai également comment le bouddhisme rejette l'idée d'un « principe anthropique ». Enfin, je conclurai en explicitant l'idée selon laquelle la science et la spiritualité sont deux modes de connaissance qui se complètent, et que l'homme a besoin des deux pour ne pas perdre son humanité.

L'interdépendance des phénomènes dans le bouddhisme

L'interdépendance des phénomènes constitue un des principes fondamentaux du bouddhisme. Rien ne peut exister de façon autonome ni être sa propre cause. Un objet ne peut être défini indépendamment d'autres objets et n'existe qu'en relation avec d'autres entités. Autrement dit, ceci surgit parce que cela est. L'interdépendance est essentielle à la manifestation des phénomènes. Selon le bouddhisme, la perception que nous avons du monde comme étant composé de phénomènes distincts issus de causes et de conditions isolées est appelée « vérité relative » ou « vérité trompeuse ».

L'expérience du quotidien nous induit à croire que les choses ont une réalité objective indépendante, comme si elles existaient de leur propre chef et possédaient une identité intrinsèque. Le bouddhisme, lui, maintient que ce mode d'appréhension des phénomènes n'est – juste – qu'une construction de notre esprit qui ne résiste pas à l'analyse. Il soutient que c'est uniquement en relation et en dépendance avec d'autres facteurs qu'un événement peut survenir. Une chose ne peut surgir que si elle est reliée, conditionnée et conditionnante. Une entité qui existerait indépendamment de toutes les autres devrait soit exister depuis toujours, soit ne pas exister du tout. Elle ne pourrait agir sur rien et rien ne pourrait agir sur elle.

Le bouddhisme envisage donc le monde comme un vaste flux d'événements reliés les uns aux autres et participant tous les uns des autres. La façon dont nous percevons ce flux cristallise certains aspects de cette globalité de manière purement illusoire et nous fait croire qu'il s'agit d'entités autonomes dont nous sommes entièrement séparés. Le bouddhisme ne nie pas la vérité conventionnelle, celle que l'homme ordinaire voit ou que le savant détecte, ni ne conteste les lois de cause à effet, ou les lois physiques ou mathématiques. Il affirme simplement que, si on va au fond des choses, il y a une différence entre la façon dont le monde nous apparaît et sa nature ultime.

L'aspect le plus subtil de l'interdépendance concerne la relation entre la « base de désignation » et la « désignation » d'un phénomène. La localisation, la forme, la dimension, la couleur ou toute autre caractéristique apparente d'un phénomène sont des bases de désignation. Leur ensemble constitue la désignation de l'objet, une construction mentale qui attribue une existence autonome illusoire à cet objet. Dans notre expérience de tous les jours, ce n'est guère l'existence nominale d'un objet qui nous apparaît, mais sa désignation. Le bouddhisme ne dit pas que l'objet n'existe pas puisque nous en faisons l'expérience, évitant ainsi la position nihiliste qui lui est souvent attribuée à tort. Mais il affirme aussi que cette existence n'est pas autonome et qu'elle est purement interdépendante, évitant ainsi la position réaliste matérialiste. Il adopte la Voie médiane selon laquelle un phénomène ne possède pas d'existence autonome, mais n'est pas néanmoins inexistant, et peut interagir et fonctionner selon les lois de la causalité.

La non-séparabilité en mécanique quantique

Un concept scientifique qui est étonnement proche du concept bouddhique d'interdépendance est celui de non-séparabilité en mécanique quantique, basé sur la célèbre expérience de pensée proposée par Einstein, Podolsky et Rosen (EPR) en 1935.

En termes simplifiés, l'expérience est la suivante : imaginons une particule qui se désintègre spontanément en deux photons A et B. Pour des raisons de symétrie, les deux photons partent dans des directions opposées. Si A part vers le nord, nous détectons B au sud. Jusque-là, apparemment, rien d'extraordinaire. Mais c'est oublier les bizarreries de la mécanique quantique : avant d'être capturé par le détecteur, A ne présentait pas un aspect de particule, mais celui d'une onde. Cette onde n'étant pas localisée, il existe une certaine probabilité pour que A se trouve dans n'importe quelle direction. C'est seulement quand il est capté que A se métamorphose en particule et « apprend » qu'il se dirige vers le nord. Mais si, avant d'être capturé, A ne « savait » pas à l'avance quelle direction il allait prendre, comment B aurait-il pu « deviner » à l'avance le comportement de A et régler le sien de façon à être capté au même instant dans la direction opposée ? Cela n'aurait de sens que si A pouvait informer instantanément B de la direction qu'il a prise. Or, aucun signal ne peut voyager plus vite que la lumière. « Dieu n'envoie pas de signaux télépathiques », disait Einstein. Celui-ci conclut donc que la mécanique quantique ne donne pas une description complète de la réalité. Selon lui, il devait exister des « variables cachées » qui décrivaient les deux photons : A « savait » quelle direction il allait prendre et a « communiqué » celle-ci à B avant de se séparer de lui.

Et pourtant Einstein se trompait. En 1964, le physicien John Bell conçut un théorème mathématique connu sous le nom d'« inégalité de Bell » et destiné à vérifier expérimentalement l'existence de variables cachées. En 1982, le physicien Alain Aspect et son équipe réalisèrent à Orsay une série d'expériences sur des paires de photons et obtinrent pour résultat que l'inégalité de Bell était systématiquement violée. La mécanique quantique avait raison et Einstein avait tort.

Dans l'expérience d'Aspect, les photons A et B étaient séparés de 12 mètres, et B « savait » instantanément ce que A faisait. Dans l'expérience la plus récente de Nicolas Gisin et de son équipe genevoise, les photons sont séparés de 10 kilomètres et les comportements de A et B sont toujours parfaitement corrélés. Cela est étrange seulement si nous supposons, comme Einstein, que la réalité est morcelée et localisée sur chacun des photons. Le paradoxe n'est plus si nous admettons que A et B font partie d'une réalité globale quelle que soit la distance qui les sépare, même s'ils se trouvaient à deux bouts de l'Univers. A n'a pas besoin d'envoyer un signal à B car tous les deux font partie d'une même réalité. La mécanique quantique élimine ainsi toute idée de localisation. Elle confère un caractère holistique à l'espace. Les notions d'« ici » et de « là » n'ont plus de sens, car « ici » est identique à « là ». Les physiciens appellent cela la « non-séparabilité ».

Le pendule de Foucault et l'interdépendance du macrocosme

L'interdépendance des phénomènes ne se limite pas au monde atomique, elle caractérise l'Univers tout entier. Une expérience de physique célèbre et fascinante, celle du pendule de Foucault, révèle cette interdépendance du macrocosme. En 1851, le physicien Léon Foucault s'est servi d'un pendule pour démontrer la rotation de la Terre. Nous sommes tous familiers avec le comportement du pendule : son plan d'oscillation pivote au fil des heures. Si l'on plaçait le pendule au pôle Nord ou Sud, le plan ferait un tour complet en vingt-quatre heures exactement. Foucault réalisa, en fait, avec raison, que c'était la Terre qui tournait, alors que le plan d'oscillation du pendule restait fixe.

Cependant, une question persiste : le plan du pendule reste fixe par rapport à quel repère ? Le pendule est attaché au plafond d'un bâtiment sur Terre. La Terre nous transporte à quelque 30 km/s autour du Soleil, qui lui-même tourne autour du centre de la Voie lactée à 230 km/s. Notre galaxie tombe à son tour vers la galaxie Andromède à 90 km/s. Le Groupe local de galaxies, dont la Voie lactée et Andromède constituent les membres les plus massifs, tombe à 600 km/s vers l'amas de la Vierge et vers le superamas du Centaure, attiré par leur gravité. L'ensemble tombe à son tour vers le Grand Attracteur, un ensemble de quelques dizaines de milliers de galaxies. Tous ces groupements de galaxies sont relativement proches. Et pourtant le pendule de Foucault n'ajuste pas son comportement en fonction de cet environnement proche, mais en fonction des amas de galaxies les plus éloignés, c'est-à-dire de l'Univers tout entier. Comment expliquer ce comportement ? La réponse nous en est inconnue.

Le physicien Ernst Mach y voyait une sorte d'omniprésence de la matière et de son influence. Selon lui, la masse d'un objet – ici le pendule de Foucault – qui détermine son mouvement, est le résultat de l'œuvre de l'Univers tout entier sur cet objet à travers une influence mystérieuse, distincte de la gravité. De nouveau, nous retrouvons le concept bouddhiste de l'interdépendance. Chaque partie porte en elle la totalité, et de chaque partie dépend tout le reste.

La vacuité : l'absence d'une réalité intrinsèque

La notion d'interdépendance nous amène directement à l'idée bouddhique de la « vacuité », qui ne signifie pas

« néant » (le bouddhisme a souvent été accusé à tort de nihilisme), mais « absence d'existence propre ». Parce que tout est interdépendant, rien n'existe en soi ni n'est sa propre cause. L'idée d'une réalité solide et autonome n'est pas valide.

De nouveau, la mécanique quantique tient des propos étonnement similaires. Selon Bohr et Heisenberg, nous ne pouvons plus parler d'atomes ou d'électrons en termes d'entités réelles possédant des propriétés bien définies, telles que la vitesse ou la position. Nous devons les considérer comme formant un monde non plus de choses et de faits, mais de potentialités. La nature même de la matière et de la lumière devient un jeu de relations interdépendantes. Elle n'est plus seulement intrinsèque, elle peut également changer par l'interaction entre l'observateur et l'objet observé. Cette nature n'est plus unique mais duelle. La lumière et la matière n'ont pas une existence intrinsèque parce qu'elles peuvent apparaître soit comme onde, soit comme particule dépendant de l'appareil de mesure. Ces deux aspects sont complémentaires et indissociables l'un de l'autre. C'est ce que Bohr a appelé le « principe de complémentarité ».

Le phénomène que nous appelons « particule » prend la forme d'ondes lorsqu'il n'est pas observé. Dès qu'il y a mesure ou observation, il reprend son aspect de particule. Parler d'une réalité intrinsèque pour une particule, soit d'une réalité existant sans qu'on l'observe, n'a pas de sens car on ne peut jamais l'appréhender. Le concept d'« atome » n'est qu'un moyen commode pour relier en un schéma logique et cohérent diverses observations du monde des particules. Bohr parlait de l'impossibilité d'aller au-delà des faits et résultats des expériences et mesures : « Notre description de la nature n'a pas pour but de révéler l'essence réelle des phénomènes, mais simplement de découvrir autant que possible les relations entre les nombreux aspects de notre existence. » La mécanique quantique relativise radicalement la notion d'objet en la subordonnant à celle de mesure, c'est-à-dire à celle d'un événement.

De plus, le flou quantique impose une limite fondamentale à la précision des mesures. Il existera toujours une incertitude soit dans la position, soit dans la vitesse d'une particule. La matière a perdu sa substance.

L'impermanence au cœur de la réalité

Pour le bouddhisme, l'interdépendance est intimement liée à l'impermanence des phénomènes. On distingue l'impermanence grossière – le changement des saisons, l'érosion des montagnes, le passage de la jeunesse à la vieillesse – et l'impermanence subtile : à chaque moment infinitésimal, tout ce qui semble exister se transforme. L'Univers n'est pas fait d'entités solides et distinctes, mais est comme un vaste flux d'événements et de courants dynamiques tous interconnectés et interagissant continuellement. Ce concept de changement perpétuel et omniprésent rejoint ce que dit la cosmologie moderne : l'immuabilité aristotélicienne des cieux et l'univers statique de Newton ne sont plus. Tout bouge, tout change, tout est impermanent, du plus petit atome à l'univers entier en passant par les galaxies, les étoiles et les hommes.

Propulsé par une explosion primordiale, l'Univers se dilate. Cette nature dynamique est décrite par les équations de la relativité. Avec la théorie du big-bang, l'Univers a acquis une histoire. Il a un commencement, un passé, un présent et un futur. Il mourra un jour dans un brasier infernal ou dans un froid glacial. Toutes les structures de l'Univers – planètes, étoiles, galaxies ou amas de galaxies – sont en mouvement perpétuel et participent à un immense ballet cosmique : mouvement de rotation autour d'elles-mêmes, de révolution, d'éloignement ou d'approche les unes par rapport aux autres. Elles aussi ont une histoire : elles naissent, évoluent et meurent. Les étoiles suivent des cycles de vie et de mort qui se mesurent en millions, voire en milliards d'années.

Le monde atomique et subatomique n'est pas en reste. Là aussi, tout est impermanence. Les particules peuvent changer de nature : un quark peut changer de famille ou de « saveur », un proton peut devenir un neutron avec émission d'un positon et d'un neutrino. Dans des processus d'annihilation avec l'antimatière, la matière peut se muer en pure énergie. Le mouvement d'une particule peut se transformer en une particule, ou vice versa. En d'autres termes, la propriété d'un objet peut se transformer en particule. Grâce au flou quantique de l'énergie, l'espace qui nous entoure est peuplé d'un nombre inimaginable de particules dites « virtuelles », à l'existence fantomatique et éphémère. Apparaissant et disparaissant dans des cycles de vie et de mort d'une durée infinitésimale, elles incarnent l'impermanence au plus haut degré.

Existe-t-il un principe anthropique ?

Malgré les remarquables convergences décrites précédemment, il existe une question au sujet de laquelle le bouddhisme peut entrer en conflit avec la cosmologie moderne. Elle a trait aux origines de l'Univers et au fait que ce dernier a été réglé de façon suffisamment précise pour permettre l'apparition de la vie et de la conscience.

Le fantôme de Copernic

Depuis le XVIᵉ siècle, la taille, le statut et la place de l'homme n'ont cessé de rapetisser dans l'espace. En 1543,

Copernic déloge la Terre de sa place centrale et la relègue au rang de simple planète tournant autour du Soleil. Depuis, le fantôme de Copernic n'a cessé de nous hanter. Si notre planète n'occupait pas le centre du monde, notre astre, lui, devait sûrement l'occuper. Mais voilà que Harlow Shapley découvre que le Soleil n'est qu'une simple étoile de banlieue parmi la centaine de milliards d'autres qui composent notre galaxie. La Voie lactée n'est elle-même, on le sait maintenant, qu'une parmi les quelque 100 milliards de galaxies de l'univers observable, dont le rayon s'étend à 15 milliards d'années-lumière. L'homme n'est qu'un grain de sable sur la vaste plage cosmique. Cette réduction de la place de l'homme jusqu'à l'insignifiance conduisit au cri d'angoisse de Pascal au XVIIe siècle : « Le silence éternel des espaces infinis m'effraie », auquel firent écho, trois siècles plus tard, le biologiste Jacques Monod : « L'homme est perdu dans l'immensité indifférente de l'Univers où il a émergé par hasard », et le physicien Steven Weinberg : « Plus on comprend l'Univers, plus il nous apparaît vide de sens. »

Le principe anthropique

Je ne pense pas que l'homme ait émergé par hasard dans un univers qui lui aurait été totalement indifférent. Au contraire, tous deux sont en étroite symbiose : si l'Univers est si vaste, c'est pour permettre notre présence. La cosmologie moderne a découvert que l'existence de l'être humain semble être inscrite dans les propriétés de chaque atome, étoile et galaxie de l'Univers et dans chaque loi physique qui régit le cosmos. L'Univers semble être parfaitement réglé pour l'apparition d'un observateur intelligent capable d'apprécier son organisation et son harmonie. Cet énoncé est appelé « principe anthropique », du grec *anthropos* qui veut dire « homme ». Deux remarques s'imposent : d'abord le qualificatif « anthropique » est mal choisi. Il sous-entend que l'Univers tend vers l'homme exclusivement. En fait, les arguments anthropiques s'appliquent à toute forme d'intelligence dans l'Univers. Deuxièmement, la définition que j'ai donnée ne concerne que la version dite « forte » du principe anthropique. Il existe aussi une version « faible » qui ne suppose pas une intention dans l'organisation de la Nature. Celle-ci énonce que : « Les propriétés de l'Univers doivent être compatibles avec l'existence de l'homme. » Il s'agit, en fait, presque d'une tautologie.

Quel est le fondement scientifique du principe anthropique ? L'évolution de l'Univers est déterminée par deux types d'information : 1) ses conditions initiales, telles que son contenu en masse et énergie, son taux initial d'expansion, etc. et 2) une quinzaine de nombres dits « constantes physiques », tels que la constante gravitationnelle, la constante de Planck, la masse des particules élémentaires, la vitesse de la lumière, etc. Nous pouvons mesurer la valeur de ces constantes avec une très grande précision, mais nous ne disposons d'aucune théorie physique expliquant pourquoi ces constantes ont la valeur qu'elles ont plutôt qu'une autre.

En construisant des modèles d'univers constitués de conditions initiales et de constantes physiques différentes, les astrophysiciens se sont rendu compte de la précision des réglages de notre univers pour permettre l'émergence de la vie et de la conscience. En effet, si les conditions initiales et les constantes physiques avaient été ne serait-ce que légèrement différentes, nous ne serions pas ici pour en parler.

Considérons par exemple la densité initiale de matière dans l'Univers. La matière exerce une force gravitationnelle attractive qui s'oppose à l'impulsion de l'explosion primordiale et ralentit l'expansion universelle. Si la densité initiale était trop élevée, l'Univers s'effondrerait sur lui-même au bout d'un million d'années, d'un siècle ou même d'un an – cela dépend de la valeur exacte de la densité. Ce laps de temps serait trop court pour que l'alchimie nucléaire des étoiles produise les éléments lourds – comme le carbone – nécessaires à la vie. En revanche, si la densité initiale de matière était insuffisante, la force de gravité serait trop faible pour que les étoiles se forment. Sans étoiles, adieu aux éléments lourds et à la vie ! Tout se joue sur un équilibre très délicat. La densité initiale de l'Univers doit être réglée avec une précision de 10^{-60}. La précision stupéfiante de ce réglage est comparable à celle dont devrait être capable un archer pour planter une flèche dans une cible carrée d'un centimètre de côté qui serait placée aux confins de l'Univers, à une distance de 15 milliards d'années-lumière ! La précision du réglage dépend de la constante ou de la condition initiale dont il s'agit, mais, dans tous les cas, un changement infime entraînerait la stérilité de l'Univers.

Hasard ou nécessité ?

Comment expliquer un réglage d'une si grande précision ? Il me semble que nous avons deux possibilités : la précision du réglage est le résultat soit du hasard, soit de la nécessité. Dans l'hypothèse du hasard, il nous faut postuler l'existence d'une infinité d'univers parallèles au nôtre (ces univers multiples forment un « multivers »). Chacun de ces univers aurait une combinaison différente de constantes physiques et de conditions initiales. Mais seul le nôtre aurait la combinaison gagnante nécessaire pour l'émergence de la vie et de la conscience. Tous les autres univers auraient une combinaison perdante et seraient stériles. En revanche, si nous rejetons l'hypothèse d'univers parallèles et adoptons celle d'un seul univers, le nôtre, alors nous devons postuler l'existence d'un principe créateur qui a ajusté l'évolution de l'Univers dès son début.

Comment décider ? La science ne peut pas nous aider à choisir entre ces deux possibilités. En fait, plusieurs scénarios scientifiques permettent l'existence d'univers multiples. Par exemple, le physicien Hugh Everett, pour contourner la description, en mécanique quantique, de la réalité en termes d'ondes de probabilité, a proposé que, chaque fois que s'offre une alternative ou un choix, l'Univers se divise en deux exemplaires. Certains univers ne se distingueraient du nôtre que par la position d'un seul électron dans un seul atome. D'autres seraient radicalement différents. Ils auraient d'autres constantes physiques, d'autres conditions initiales et d'autres lois physiques.

Un autre scénario de multivers est celui d'un univers cyclique, constitué d'une série infinie de big-bang et de big-crunch. Chaque fois que l'Univers renaît de ses cendres pour repartir dans un nouveau big-bang, il le fait avec une nouvelle combinaison de constantes physiques et de conditions initiales.

Une troisième possibilité est la théorie d'Andreï Linde selon laquelle chacune des innombrables fluctuations de la mousse quantique originelle donne naissance à un univers. Notre monde ne serait qu'une petite bulle au sein d'un méta-univers composé d'une infinité d'autres bulles qui n'abriteraient pas de vie consciente, la combinaison de leurs constantes physiques et de leurs conditions initiales ne le permettant pas.

Je ne souscris pas à l'idée d'univers multiples. Qu'ils soient inaccessibles à l'observation, et donc invérifiables, fait violence à ma conception de la science. Sans vérification expérimentale, la science a tôt fait de s'enliser dans la métaphysique. D'autre part, le rasoir d'Occam suggère qu'une explication simple d'un phénomène a plus de chances d'être vraie qu'une explication compliquée. Pourquoi, dans ce cas, créer une infinité d'univers infertiles uniquement dans le but d'en avoir un qui soit conscient de lui-même ?

Mon travail d'astronome me permet d'avoir l'immense chance de me rendre dans des observatoires pour contempler le cosmos. Je suis toujours émerveillé par son organisation, sa beauté et son harmonie. Cela est difficile pour moi d'attribuer toute cette splendeur au pur hasard. Si nous rejetons l'idée d'univers multiples et acceptons celle d'un univers unique, le nôtre, alors il me semble que nous devons parier, tel Pascal, sur l'existence d'un principe créateur responsable du réglage extrêmement précis de l'Univers. Pour moi, ce principe n'est pas un Dieu personnifié, mais un principe panthéiste omniprésent dans la Nature, semblable à celui dont parlaient Einstein et Spinoza. Einstein l'a décrit ainsi : « Il est certain que la conviction, apparentée au sentiment religieux, que le monde est rationnel, ou au moins intelligible, est à la base de tout travail scientifique un peu élaboré. Cette conviction constitue ma conception de Dieu. C'est celle de Spinoza. »

Le bouddhisme n'accepte pas le concept d'un principe créateur

Le pari pascalien d'un principe créateur, que je viens d'énoncer, est contraire à l'optique bouddhique. Le bouddhisme considère que les propriétés de l'univers n'ont pas besoin d'être réglées pour que la conscience émerge. Selon lui, les flots de conscience et l'Univers matériel coexistent depuis toujours dans un univers dénué de commencement.

Leur ajustement mutuel et leur interdépendance sont la condition même de leur coexistence. J'admets que le concept d'interdépendance offre une explication au réglage si précis de l'Univers. Néanmoins, il est moins évident que ce concept puisse répondre à la question existentielle de Leibniz : « Pourquoi y a-t-il quelque chose plutôt que rien ? Car le rien est plus simple et plus facile que quelque chose. De plus, à supposer que des choses doivent exister, il faut qu'on puisse rendre compte du pourquoi elles doivent exister ainsi et non autrement. » J'ajouterai : « Pourquoi les lois physiques sont-elles ce qu'elles sont et non autres ? » Ainsi nous pourrions très bien imaginer vivre dans un univers constitué uniquement par les lois de Newton. Pourtant, ce n'est pas le cas. Ce sont les lois de la mécanique quantique et de la relativité qui rendent compte de l'Univers connu.

L'optique bouddhique soulève d'autres questions. S'il n'y a pas de créateur, l'Univers ne peut être créé. Il n'a donc ni commencement ni fin. Le seul univers compatible avec le point de vue bouddhique est donc un univers cyclique, composé d'une série sans fin de big-bang et de big-crunch. Cependant, le fait que l'Univers va un jour s'effondrer sur lui-même, donnant lieu à un big-crunch, reste loin d'être établi scientifiquement. Cela dépend de la quantité totale de matière invisible et d'énergie « noire » contenue dans l'Univers. Les dernières observations astronomiques semblent indiquer un Univers plat dont l'expansion ne s'arrêtera qu'après un temps infini, ce qui semblerait, en l'état actuel de nos connaissances, exclure un univers cyclique. Quant au concept de flots de conscience coexistant avec l'Univers dès les premières fractions de seconde du big-bang, la science est encore très loin de pouvoir le vérifier. Certains neurobiologistes pensent qu'il n'est nul besoin d'un continuum de conscience coexistant avec la matière, que la première peut émerger de la seconde, une fois que celle-ci a passé un certain seuil de complexité.

Science et spiritualité :
deux fenêtres pour contempler la réalité

Il existe donc une convergence et une résonance certaines entre les deux visions, bouddhiste et scientifique, du réel. Le concept d'interdépendance, qui se situe au cœur du bouddhisme, évoque de manière étonnante la globalité du monde mise en évidence par l'expérience EPR à l'échelle atomique et subatomique, et par le pendule de Foucault à l'échelle du cosmos. Le concept bouddhique de la vacuité trouve son pendant scientifique en mécanique quantique, dans la nature duale de la lumière et de la matière. Parce qu'un photon est, selon la façon dont on l'observe, soit onde, soit particule, il ne peut pas avoir d'existence intrinsèque. Le concept bouddhique de l'impermanence fait écho au concept d'un Univers en évolution constante. Rien n'est statique, tout bouge, tout change, tout se transforme, du plus petit atome aux structures les plus grandes de l'Univers. L'Univers lui-même a acquis une histoire.

J'ai également mentionné certains concepts au sein desquels la science et le bouddhisme peuvent être en désaccord. Le bouddhisme rejette l'idée d'un commencement de l'Univers et donc d'un principe créateur. Pour lui, la conscience est distincte de la matière, toutes deux coexistant dans un Univers sans commencement.

Les manières respectives du bouddhisme et de la science d'envisager le réel ont débouché non pas sur une contradiction aiguë, mais sur une convergence harmonieuse. Bien que leurs méthodes d'investigation soient radicalement différentes – la science repose sur l'expérimentation et les théories, alors que la contemplation joue le rôle principal dans le bouddhisme –, tous deux sont des fenêtres donnant sur la réalité et sont valides dans leurs domaines respectifs.

La science nous donne accès à la connaissance « conventionnelle ». Son but est d'étudier le monde des phénomènes. Elle est neutre et ne s'occupe ni de morale ni d'éthique. Ses applications techniques peuvent nous faire du bien ou du mal.

De son côté, la contemplation a pour objectif notre transformation intérieure et cela dans le but de nous rendre capables d'aider les autres. Si la science utilise des instruments toujours plus perfectionnés, l'approche contemplative, elle, ne se base que sur l'esprit. Le contemplatif examine le fonctionnement des pensées et tente de comprendre comment elles s'enchaînent pour finalement l'enchaîner, lui. Il observe les mécanismes du bonheur et de la souffrance, et essaie d'identifier les processus mentaux qui lui apportent paix intérieure et satisfaction profonde afin de les développer, et ceux qui, au contraire, détruisent sa sérénité, afin de les éliminer. La science, quant à elle, nous apporte des informations, mais qui n'ont rien à voir avec notre progrès spirituel et notre transformation intérieure. L'approche contemplative doit provoquer en nous une transformation personnelle profonde en termes de perception du monde et d'action sur lui. Le bouddhiste, en réalisant que les objets n'ont pas d'existence intrinsèque, diminue son attachement à ces objets, ce qui, à son tour, diminue sa souffrance. Pour sa part, le scientifique, avec la même réalisation, se contente de la considérer comme un progrès intellectuel, sans remettre en cause ni sa vision profonde du monde ni sa manière de vivre.

Confronté à des problèmes éthiques ou moraux urgents, comme en génétique, le scientifique a besoin de la spiritualité pour l'aider à ne pas oublier son humanité. Einstein l'a exprimé admirablement : « La religion du futur sera une religion cosmique. Elle devra transcender l'idée d'un Dieu existant en personne et éviter le dogme et la théologie. Couvrant aussi bien le naturel que le spirituel, elle devra se baser sur un sens religieux né de l'expérience de toutes les choses, naturelles et spirituelles, considérées comme un ensemble sensé... Le bouddhisme répond à cette description... S'il existe une religion qui pourrait être en accord avec les impératifs de la science moderne, c'est le bouddhisme. »

V

Quête personnelle et quête scientifique

William D. Phillips

Prix Nobel de Physique en 1997 pour sa codécouverte de méthodes permettant de refroidir et de capturer des atomes avec la lumière du laser. Il a rejoint en 1978 le National Institute of Standards and Technology américain où il est en charge du Groupe de Refroidissement des atomes par laser dans la division de Physique atomique. Il est professeur de physique à l'université de Maryland.

Foi ordinaire, science ordinaire

Introduction

Je suis né dans une famille qui ne plaisantait pas avec la religion. Nous priions avant les repas et avant de nous coucher. Nous appartenions à une Église méthodiste et assistions à la messe de l'école aussi bien qu'aux offices du dimanche. En bref, l'enfant que j'étais percevait sa famille à l'image de la plupart des autres qu'il connaissait. Il ne m'était donc jamais venu à l'esprit que la foi religieuse pût ne pas être naturelle ou ne pas faire partie de la vie.

Aussi loin que je m'en souvienne, je me suis toujours beaucoup intéressé à la science. Au début, je suppose qu'il s'agissait simplement d'une curiosité enfantine : découvrir la façon dont les choses fonctionnent. Mais, lorsqu'on m'a appris que l'on pouvait faire de cette curiosité une profession, j'ai compris que c'était le métier que j'avais vraiment envie d'exercer. À dix ans environ, je savais que je voulais devenir physicien. Peut-être était-ce parce que la physique était plus hygiénique et moins odorante que la chimie et la biologie (bien que je sois toujours fasciné par ces disciplines), ou peut-être était-ce parce que la physique aborde les questions les plus fondamentales quant à la façon dont l'Univers fonctionne (bien qu'à cette époque je n'eusse presque aucune notion de ce que ces questions voulaient dire et impliquaient)… Quoi qu'il en soit, j'étais voué à devenir physicien, et physicien je suis aujourd'hui !

Reste qu'il ne me semblait pas, alors, qu'il y eût de conflits fondamentaux entre mon intérêt pour la science et mon terrain d'entente avec la religion. Bien sûr, je savais que les histoires racontées par la Bible, et plus précisément les explications sur la Création, étaient littéralement en conflit avec la perception et la compréhension scientifiques des origines de l'Univers et de ses habitants. Mais lorsque je fus en âge de percevoir clairement ces conflits, j'avais également appris l'existence d'une variété d'expressions littéraires, et les façons dont le sens profond émerge de procédés tels que celui des métaphores, des allégories et de la poésie. Mes parents aussi bien que le pasteur m'encourageaient à être attentif au message spirituel des Écritures. La science était une chose, la religion en était une autre, et il n'y avait aucun problème.

Aujourd'hui, je suis toujours un membre de l'Église, de même que je chante au sein d'une chorale gospel. Notre famille prie avant les repas, se rend à l'église presque tous les dimanches et… je prie globalement moins souvent que je ne le devrais ! Ma perception de la religion est plus libérale que celle de certains, et plus conservative que celle d'autres personnes. En bref, ma vie religieuse est assez conventionnelle. Il en est de même pour ma vie scientifique ! Je suis membre de la Société américaine de physique, l'organisation professionnelle des physiciens. J'écris des articles et donne des conférences qui sont accueillies de la façon dont toute conférence de physicien peut l'être, c'est-à-dire parfois avec respect, parfois avec scepticisme. J'ai l'honneur de diriger un groupe de quinze à vingt scientifiques au National Institute of Standards and Technology (Institut national des standards et technologies), personnes dont l'enthousiasme et l'intelligence me donnent envie de me lever le matin pour aller travailler. En tant que professeur à l'université de Maryland, j'ai le plaisir d'enseigner la physique à des étudiants dont les questions suscitent en moi autant de défis personnels que de satisfaction à leur répondre. En bref, je suis un physicien ordinaire.

Être un scientifique ordinaire doublé d'un chrétien ordinaire me semble naturel. Cela semble tout aussi naturel à de nombreux scientifiques que je connais qui sont également de vrais croyants. Cependant, aux yeux de certaines personnes, il semble étrange, voire très étonnant, que quelqu'un puisse avoir une démarche sérieuse tout à la fois avec la science et avec la foi. Je vais maintenant essayer de montrer la façon dont ces deux aspects de ma vie fonctionnent, comment ils s'influencent l'un l'autre et s'informent respectivement. Il ne va s'agir, essentiellement, que du témoignage d'une personne ordinaire qui peut être sérieuse autant en ce qui concerne la science que la foi.

Ma science

Je me considère un peu comme un « mécanicien quantique » : de la même manière qu'un mécanicien travaille sur le fonctionnement d'une voiture, je travaille, de manière pratique, sur la nature quantique d'atomes et de lumière. La mécanique quantique est la théorie de la physique qui décrit comment, au niveau submicroscopique, les atomes et les photons (particules de lumière) se comportent. Il s'agit d'une théorie qui a fait ses preuves et qui, autant que l'on puisse l'affirmer, décrit avec exactitude tout ce qui a trait au phénomène ordinaire que l'on vit chaque jour, auquel s'ajoutent des phénomènes extrêmement riches qui ne sont perçus que *via* les instruments specialisés des physiciens quantiques.

Le comportement des choses au niveau quantique (microscopique) est incroyablement différent de celui, plus familier, des objets plus grands (macroscopiques). Par exemple, dans la vie ordinaire, nous sommes habitués à affirmer que nous ne pouvons pas nous trouver en deux lieux différents en même temps (nous n'avons pas le don d'ubiquité). En revanche, dans l'univers quantique, il est commun qu'un atome, un photon ou un électron se trouve en deux lieux différents au même moment. Dans le monde macroscopique, où ont lieu des événements ordinaires, les objets ont des propriétés qui ne s'altèrent pas du fait qu'on les observe ou non. Le panneau « sens unique » d'une rue indique, selon son emplacement, soit la direction de l'est, soit l'ouest. Si nous devons le regarder pour savoir quel sens nous est interdit, puisqu'il s'agit d'un panneau usuel, nous n'avons pas besoin de le regarder pour savoir qu'il *indique* en soi, et quoi qu'il en soit, une direction (qui nous est interdite). En physique quantique, un atome peut en revanche tout à la fois pointer simultanément l'est et l'ouest. Et, lorsqu'on en fait l'expérience, on peut démontrer qu'il est erroné de supposer qu'il indique déjà une direction ou une autre avant même d'être observé par un œil humain.

Si ces caractéristiques de mécanique quantique paraissent étranges, voire confuses, à des non-physiciens, soyez certains qu'elles le sont également pour des physiciens ! Nous ne prétendons pas comprendre la raison pour laquelle les choses fonctionnent aussi singulièrement ; nous savons simplement qu'elles le font et, à partir de cette connaissance, nous réalisons des choses utiles. Nombre de choses que nous pensons aller de soi dans cette vie moderne (l'électroménager, par exemple) n'existent que parce que des scientifiques et des ingénieurs ont compris les aspects singuliers de la physique quantique et ont su créer des procédés à partir de ceux-ci.

Je cohabite chaque jour avec les comportements pour le moins étranges de ces objets. Ils me sont aussi familiers que peut l'être le fonctionnement interne d'un engin à combustion pour un mécanicien automobile. Si je pense à l'étrangeté de la mécanique quantique, je suis aussi dérouté que quiconque. Mais je peux utiliser ma connaissance de ce comportement étrange pour obtenir des résultats qui sont aussi fiables que l'est celui du fonctionnement d'une automobile (bien entendu, les voitures, tout comme mes expériences en laboratoire, ne sont pas parfaitement fiables, mais ces défauts ne sont pas le résultat de problèmes fondamentaux inhérents à la compréhension de la mécanique des voitures ou de la mécanique quantique des atomes).

Mon travail de recherche s'est axé sur le refroidissement par laser et la capture des atomes[1]. Aussi surprenant que cela puisse paraître, en braquant de la lumière sur un gaz d'atome... on peut le refroidir. Les températures atteintes figurent parmi les plus faibles observées pour n'importe laquelle des substances existantes – moins d'un millionième de degré au-dessus du zéro absolu. Cette température incroyablement faible implique que les atomes se déplacent extrêmement doucement, moins d'un centimètre par seconde (cela doit être comparé aux centaines de mètres par seconde parcourus par des gaz atomiques à une température se rapprochant de celle de la pièce). Lorsque des atomes se déplacent aussi doucement, leur caractère ondulatoire devient de plus en plus évident. En effet, autre aspect étrange et merveilleux de la nature : la physique quantique nous apprend que toutes les particules se comportent également comme des ondes. En revanche, lorsque les particules sont lourdes ou se déplacent rapidement, la longueur d'onde est tellement faible qu'habituellement le caractère ondulatoire n'en est pas manifeste. Mais, lorsque la vitesse de la lumière ou d'un atome est réduite à moins d'un centimètre par seconde, la longueur d'onde peut devenir plus importante que celle de la lumière visible. Ainsi, le caractère ondulatoire de l'atome peut devenir manifeste même au niveau macroscopique, à une échelle bien plus importante que les dimensions atomiques.

Au cours de certaines de nos expériences, nous mettons des atomes de gaz dans un état particulier, appelé le « condensé Bose-Einstein ». Cet mise en « état » n'a été rendue possible que ces dernières années[2]. Dans un condensé, les atomes peuvent atteindre une longueur d'onde plus grande qu'un dixième de millimètre : assez importante pour que quelqu'un doté d'une bonne vue puisse la voir à l'œil nu. D'une certaine façon, avec mon groupe de recherche, ainsi que d'autres qui effectuent le même travail, nous amenons certains des aspects étranges et étonnants de la mécanique quantique depuis le niveau subatomique jusqu'au monde macroscopique. Bien que notre intuition relative à ce qui arrive en ces circonstances ne soit souvent pas très bonne, il nous est toujours apparu que la mécanique quantique continue à donner une description exacte de ce que nous observons.

Les expériences réalisées sur les atomes refroidis par les lasers et sur les condensés Bose-Einstein ont des applications à la fois fondamentales et pratiques. Une de ces applications pratiques peut être observée dans au moins trois pays qui, suite à de forts éboulements en 2001, utilisent désormais des horloges atomiques fonctionnant avec des atomes laser refroidis afin que ces dernières leur fournissent leur temps national standard. Et le futur promet d'être encore plus excitant ! Nous espérons pouvoir utiliser les atomes refroidis par les lasers comme des « qubits » (morceaux d'atomes) dans les processeurs d'information quantique – ordinateurs quantiques qui seront différents des ordinateurs contemporains d'une façon plus fondamentale que les machines d'aujourd'hui ne diffèrent des bouliers. Ces nouveaux ordinateurs quantiques auront en leur cœur l'étrangeté quantique qui est si intrigante pour les physiciens et pourraient être à même de résoudre des problèmes ingérables par des ordinateurs ordinaires.

Ma foi

Être décrit comme religieux m'embarrasse. Je suppose que cela est dû au fait que, pour moi, le terme implique nécessairement que la personne est plus concernée par l'apparence extérieure conférée aux pratiques religieuses que par le noyau spirituel de la religion. Ainsi, je préfère me décrire comme une personne de foi.

L'auteur de l'Épître aux Hébreux décrit la foi comme « la substance des choses espérées, l'évidence des choses non vues » (*"the substance of things hoped for, the evidence of things not seen"* » [Hébreux 11 : 1 (KJV)]). Je trouve cette déclaration à la fois magnifique et profonde. La juxtaposition des mots solides « substance » et « évidence » et des descriptions éthérées « espoir pour » et « non vues » insiste sur le fait que la foi est croyance et qu'elle a un fondement différent de celui associé à la connaissance scientifique.

Quelqu'un m'a récemment posé la question suivante : « Pouvez-vous imaginer qu'une preuve quelconque puisse un jour vous faire arrêter de croire en Dieu ? » La question est de grande importance car n'importe laquelle des hypothèses scientifiques doit être falsifiable. C'est-à-dire que l'on doit être capable de spécifier ce qui prouverait que l'hypothèse est fausse. Les énoncés qui ne sont pas falsifiables ne sont pas des énoncés scientifiques. Ma réponse à la question relative à Dieu est : « Non, rien ne pourrait me faire arrêter de croire en Dieu*. » Ma définition prouve que la croyance n'est pas d'ordre scientifique.

Cela dit, je tiens à souligner le fait que ma connaissance scientifique soutient ma foi. Si cette dernière est non scientifique (je ne dis pas antiscientifique), elle n'en est pas irrationnelle pour autant ! Lorsque j'observe l'ordre, la compréhension et la beauté de l'Univers, j'en viens à la conclusion que ce que je vois a été créé à dessein par une intelligence supérieure. Mon appréciation scientifique de la cohérence et de la merveilleuse simplicité de la physique** renforce ma croyance en Dieu. La structure de l'Univers semble être mystérieusement adaptée au développement de la vie. Le moindre petit changement de l'une des constantes fondamentales de la nature (par exemple, de ces chiffres qui décrivent la valeur de la force existant entre deux électrons) ou des conditions initiales de l'Univers (comme la quantité totale de matière) aurait été un obstacle au développement de la vie – telle que nous la connaissons. Pourquoi l'Univers est-il si incroyablement adapté à l'émergence de la vie ? Et, plus encore, pourquoi l'Univers est-il si scrupuleusement adapté à notre existence à nous ? Certains répondent simplement que si cela n'avait pas été le cas, nous ne serions pas là pour nous en poser la question (c'est le Principe anthropique faible). Cependant, cela ne répond pas à la question de savoir pourquoi, parmi l'infinité d'univers qui eussent été possibles, le nôtre soutient et maintient la vie intelligente. Cela semble tellement

---

* Bien entendu, la réponse la plus honnête est que je ne sais pas si quelque chose me ferait arrêter de croire en Dieu. D'autres, dotés d'une foi plus grande que la mienne, l'ont vue se volatiliser face à des tragédies personnelles ou mondiales. J'espère que cela ne m'arrivera pas mais je ne peux en être certain.

** Je me demande parfois si la raison pour laquelle les physiciens sont plus enclins à devenir croyants que ne le sont les biologistes tient au fait qu'ils perçoivent un monde plus simple, propre, ordonné et compréhensible que ne le font les biologistes.

improbable que nombre de personnes en concluent que l'Univers tel qu'il est ne peut avoir été que conçu par un Créateur avisé.

Cela constitue-t-il une preuve scientifique légitime pour prouver l'existence d'un Créateur intelligent ? Cela se pourrait. Reste que cette preuve n'est pas partagée universellement. D'ailleurs, certains scientifiques, plus qualifiés et souvent plus intelligents que moi, des personnes qui connaissent davantage l'ordre et la beauté du cosmos, sont arrivés à une conclusion inverse (de même que de meilleurs scientifiques sont arrivés à la même conclusion que la mienne). L'hypothèse de l'existence d'univers multiples pose la question de la probabilité infime d'obtenir un univers adapté à la vie (bien que cette hypothèse, du moins pour le moment, ne soit pas plus démontrée que la croyance en l'existence d'un Dieu).

J'ai le sentiment (un sentiment grandement dénué de fondement scientifique ou théologique) que nous ne trouverons jamais de preuves scientifiques capables de justifier l'existence de Dieu de façon convaincante. Je soupçonne Dieu de ne pas laisser Ses* « Empreintes » sur Son œuvre. Un sage affirma : « S'il existait des preuves parfaitement convaincantes de l'existence de Dieu, alors, quelle serait l'utilité de la foi ? »

Quoi qu'il en soit, de nombreux scientifiques trouvent la preuve d'ordre scientifique suffisamment imposante et irrésistible pour croire en un créateur doué d'intelligence,

---

* Utiliser des pronoms personnels tels que « Il », ou « Ses » pour se référer à Dieu ne veut pas dire que je crois qu'il est homme. Cela veut plutôt dire que je crois que Dieu est personnel. Je crois que la Bible contient des images de Dieu incarné aussi bien en homme qu'en femme et que seules plusieurs images combinées peuvent nous donner un tableau complet de Dieu. Je crois que Dieu est notre mère, père, sœur, frère, ami et plus encore.

créateur qui aurait fait surgir êtres et mouvements dans tout ce que l'on voit autour de nous. Certains souscrivent à une croyance appelée « le Dieu d'Einstein[*] » : une incarnation de l'intelligence et de l'ordre derrière la Création, cependant dénuée de la personnalité qui serait soucieuse de sa création et interférerait avec elle. En bref, il ne s'agit pas du Dieu de la religion traditionnelle. Il y a autant de variétés de ce genre de croyances qu'il existe de croyants. Ce genre de croyances a suscité une très belle expression poétique[3], dans laquelle une scientifique identifie son hymne favorite : « Immortel, Invisible, Dieu le Plus Sage », par Walter Chalmers Smith (1867) :

> Immortel, Invisible, Dieu le plus sage,
> Dans la lumière inaccessible, se cache de nos yeux,
>
> Tout haut nous t'implorons : Ô ! aide-nous à voir
> La splendeur de la lumière cachée en toi.

« Immortel, Invisible » est une hymne merveilleuse, mais il place Dieu tellement loin des hommes qu'il ne peut figurer sur ma liste des vingt meilleures hymnes ! Parmi mes favorites se trouve « Dans le Jardin », par C. Austin Miles (1913), avec son adorable refrain :

> Et il marche avec moi, et il parle avec moi,
> Et il me dit que je lui appartiens ;
> Et la joie que nous partageons alors que nous restons là,
> Personne ne l'a jamais connue.

« Dans le Jardin » exprime ma croyance dans un Dieu personnel, un Dieu qui est à la fois le créateur de l'Univers

---

[*] Un nombre considérable de discussions a eu lieu autour de ne serait-ce que la vision de Dieu d'Einstein, étant donné qu'il faisait parfois plutôt référence à un Dieu personnel et, à d'autres moments, insistait sur une vision de Dieu plutôt impersonnelle.

et un être intimement concerné par le bien-être des créatures de cet univers. Le « Dieu d'Einstein » n'est pas tout à fait suffisant pour moi. Je crois en un Dieu qui veut de bonnes choses pour nous et qui désire, et attend de nous, que nous nous occupions de nos semblables. Je crois que Dieu souhaite de la sincérité, des relations aimantes autant envers soi-même qu'entre chacun de nous. Je ne sais comment je peux me reposer sur la beauté et la symétrie de la nature, ou sur l'improbable précision du réglage de l'Univers en astronomie pour soutenir ce genre de croyance. Alors pourquoi crois-je en un Dieu personnel et aimant ?

Une autre de mes hymnes favorites me revient en mémoire, peut-être la première que j'ai apprise étant enfant : « Jésus m'aime ! Cela, je le sais, car la Bible me le dit » (Anna B. Warner, 1860). Je crois en la nature aimante de Dieu grâce à ce que l'on m'a appris des Écritures, des traditions transmises de siècle en siècle, et de la sagesse reçue de mes parents et professeurs. Mais il y a plus encore. Je suis persuadé de la véracité de ce en quoi je crois concernant Dieu car je peux sentir la présence de Dieu dans ma vie et dans le monde. La prière me conforte et m'aide à faire de bons choix. Les gens sont gentils et bons, sacrifiant leur bien-être personnel au bénéfice de celui des autres. Tout cela fait partie de « l'évidence des choses invisibles » qui me convainquent de la réalité d'un Dieu aimant. Bien entendu, je suis au courant des débats instaurés par ceux qui y sont opposés et formulent ainsi leur argumentaire : le recueillement laïque peut générer des états équivalents à ceux issus de la prière ; la valeur psychologique et/ou de survie mène à des attitudes altruistes. Quoi qu'il en soit, je crois.

Ces croyances se maintiennent-elles sans le moindre doute ? Difficilement ! Je me suis souvent posé la question de savoir si cette croyance en Dieu était juste une béquille psychologique ou une acceptation de la tradition non remise en cause. De temps en temps, je me demande si je n'ai pas tout faux concernant Dieu : peut-être que Dieu n'est pas une personne mais seulement la somme mal définie d'une myriade de consciences de l'Univers. Reste que je n'ai pas ce genre de doutes concernant la physique, et cela représente une différence importante entre ma science et ma foi. Mais j'accepte que ce genre de doutes fasse partie de la vie de la foi. L'histoire de Thomas (Jn 20, 24-29) fait partie, je pense, de ce qui, dans l'Écriture, peut nous amener à considérer comme normal le fait de douter. Si Thomas, qui était un disciple et un compagnon quotidien de Jésus, a des doutes, alors il n'y a aucune raison pour qu'il soit mal que l'on en ait à notre tour.

Parmi les choses qui fomentent le doute chez une personne de foi se trouvent les questionnements difficiles que doit affronter toute personne, scientifique ou non, se prévalant de croire en un Dieu personnel, aimant et actif. Dans mon esprit, la question principale est : « Pourquoi y a-t-il de la souffrance dans le monde ? » Bien entendu, une partie de la souffrance est le résultat des péchés de ceux qui souffrent. Les gens qui abusent de la drogue et de l'alcool finissent par en souffrir. Ce qui est moins facile à accepter, c'est que des personnes innocentes souffrent à cause des méfaits des autres : les enfants et la famille des personnes qui se droguent, par exemple. Mais si Dieu veut entretenir des relations sincères avec nous, alors nous devons être également libres de le rejeter, ainsi que tout ce qu'il souhaite pour nous. La souffrance des coupables comme celle des innocents, en tant que résultat du péché, devrait nous paraître l'une des dérives inévitables du cadeau que Dieu nous a fait : le libre arbitre. Ce qui pourrait être plus difficile à comprendre, c'est la souffrance de personnes innocentes due à des événements imprévisibles, hors de tout contrôle humain. Pourquoi Dieu a-t-il créé un monde dans lequel les volcans détruisent des villes entières et au sein duquel les maladies provoquent un mal indicible chez de jeunes enfants ? Je n'en sais rien. Cette question est aussi vieille que la religion elle-même, et la réponse reste aussi mystérieuse qu'elle l'a toujours été. Le livre de Job, tel que je le vois, a été écrit afin de poser cette question précise, et ce que je comprends de la réponse qui y est donnée, c'est qu'il y a simplement des choses que nous sommes et serons amenés à ne pas comprendre. Cela peut être celle d'avoir un monde dans lequel les créatures de Dieu sont réellement libres de faire des choix, et au sein duquel Dieu devait permettre la possibilité d'une telle souffrance iméritée. Cela peut être ainsi, mais je n'en ai aucune idée.

Un autre problème difficile – et plus particulièrement pour les chrétiens –, c'est le statut de ceux qui ont une autre foi. En tant que chrétien, je crois que Jésus révèle et dévoile l'existence de Dieu : je crois que Jésus est la preuve vivante du désir de Dieu de communiquer directement avec nous. Jésus, à travers sa vie et sa mort sacrificielles, nous réconcilie avec Dieu et nous garantit la vie éternelle. Alors qu'en est-il de ceux qui n'acceptent pas cette vision de Jésus ? Et qu'en est-il de tous ceux qui acceptent les principes de comportements prêchés par Jésus et qui vivent selon ces principes bien mieux que moi ? Après tout, Jésus a souvent dit qu'il ne faisait que prêcher ce que la Loi et les prophètes avaient enseigné il y a de cela fort longtemps. De nouveau, je n'en sais rien ! Pour moi, Jésus est « le chemin, la vérité et la vie » (Jn 14, 6). Mais je ne peux prétendre (à) parler à la place de Dieu et dire que d'autres, qui empruntent un chemin spirituel différent, sont sur la mauvaise voie. D'ailleurs, l'une des bénédictions du projet de ce livre, c'est d'avoir pu apprendre de l'expérience d'autres scientifiques, dotés de fois différentes. J'ai été bien plus impressionné par les similitudes de nos expériences spirituelles que par leurs différences. Je ne prétendrai bien entendu pas que toutes les religions sont similaires, mais lorsque nombre d'entre elles ont autant de caractéristiques

273

communes, il m'est difficile d'arguer que le Dieu aimant et personnel qui m'est familier n'est pas également en œuvre dans le cœur de ces personnes de fois différentes.

Si je crois que nous comprenons des choses importantes à propos de Dieu et de ses objectifs, je crois également qu'il y a beaucoup de choses que nous ne comprenons pas et ne comprendrons jamais, du moins dans cette vie terrestre. Comme saint Paul le dit : « De même notre vision aujourd'hui est une image confuse dans un miroir dépoli ; mais alors, nous verrons face à face. Ma connaissance aujourd'hui est imparfaite ; mais alors, je connaîtrai comme Dieu me connaît » (1 Cor 13, 12). D'une telle position d'ignorance, je sens que doit découler l'attention à ne pas être trop dogmatique dans mes croyances : je dois rester ouvert aux aperçus que les autres pourraient donner.

La façon dont tout s'ajuste

J'ai affirmé que la croyance basée sur la foi était différente de celle basée sur une évidence scientifique. Pourquoi crois-je qu'il existe ces deux façons d'appréhender les choses ? En tant que scientifique entraîné à accepter uniquement les évidences fiables et reproductibles, observées selon le support d'hypothèses, pourquoi crois-je dans « l'évidence des choses invisibles » ? Et pourquoi pas ? ! Je pense que même les scientifiques qui croient dur comme fer que seules les évidences empiriques mènent à la vérité, peuvent trouver et faire une place, au sein de leur vie, à l'amour et au romantisme. Même s'ils croient que l'amour est uniquement de la biochimie, je doute beaucoup que, dans un moment tendre et romantique, ils ne fassent appel qu'à elle   Si nous acceptons tous l'idée de céder une part importante de notre vie à quelque chose d'aussi éloigné de la rationalité scientifique qu'est l'amour, alors pourquoi ne le ferions-nous pas également avec la foi ? Je ne suis pas en train de prétendre que l'on doit croire en Dieu sous prétexte que la science ne peut pas non plus expliquer l'amour. J'affirme que si la science *pouvait* expliquer l'amour, il y aurait beaucoup de mérite à continuer de percevoir et vivre l'amour de façon non scientifique... Et pourtant je suis certain que la plupart d'entre nous continueraient à le faire. Si nous le souhaitons, et même sommes avides de le faire, pourquoi, dans ce cas, ne ferions-nous pas la même chose avec la foi ?

J'ai conscience du fait que cet argument est un brin désinvolte, reste que je lui trouve du mérite. Il n'y a aucune raison de croire qu'il n'existe qu'une et une seule façon d'appréhender la vie. J'abonde particulièrement dans le sens de l'affirmation du physicien Freeman Dyson[4] selon laquelle la science et la religion regardent la même réalité à travers des fenêtres différentes. Il me semble que la vie serait plutôt assommante si nous ne la regardions qu'à travers la fenêtre de la science.

Un autre aperçu utile, parfaitement expliqué par Howard Van Till[5], est que science et religion posent toutes deux des questions différentes sur la réalité. La science peut poser des questions sur la façon dont les choses fonctionnent et sur la succession d'événements qui a mené aux circonstances actuelles ; la religion peut, elle, poser des questions sur la relation que l'on entretient avec Dieu et sur la façon dont on devrait se comporter les uns avec, et envers, les autres. En réalité, les problèmes n'apparaissent que lorsqu'on pose les mauvaises questions à la mauvaise discipline. Si le livre de la Genèse nous parle de Dieu en tant que le magnifique Créateur (chapitre 1) et parent investi et personnifié (chapitre 2), la cosmologie, elle, nous parle de l'évolution stellaire et la biologie, de l'origine des espèces. Mais essayer d'apprendre la cosmologie *via* la

Genèse constitue non seulement un piètre mélange des genres, mais fait aussi prendre le risque de rater les importants messages spirituels contenus dans la Genèse.

Cette description de la relation entre science et religion peut donner l'impression qu'elles sont deux disciplines totalement séparées, utilisant des méthodes entièrement différentes pour poser des problèmes absolument dissemblables. De mon côté, je ne vois pas les choses de cette façon. En tant que méthodiste, on m'a appris que la croyance se fonde sur les quatre piliers que sont les Écritures, la Tradition, la Raison et l'Expérience (les quatre piliers du méthodisme). Je vois d'importants parallèles entre ces derniers et le fondement de la connaissance scientifique. Les Écritures (la Bible) et la Tradition (la sagesse des penseurs religieux à travers l'histoire) représentent la connaissance reçue. La science recèle également de nombreuses connaissances reçues : si on lit les textes classiques de physique, on accepte généralement pour acquises les descriptions de preuves expérimentales sans, pour autant, avoir besoin de répéter nous-mêmes lesdites expériences. En ce sens, on accepte beaucoup de la science sur simple foi. Cependant, il existe une différence essentielle : en science, on pourrait, en principe, vérifier à tout moment les expériences décrites – d'ailleurs, une multitude de témoins contemporains ont réalisé leurs propres vérifications. Or, cette sorte de vérification n'est généralement pas réalisable pour la connaissance reçue en religion.

Pour moi, raison et expérience sont même encore plus comparables en science et en religion. Il existe une conception erronée selon laquelle la religion doit ignorer la raison et l'expérience en faveur de la connaissance reçue. Pourtant, cela n'est pas du tout cohérent avec la tradition religieuse. Les penseurs religieux – du moins depuis saint Augustin – ont enseigné que, lorsqu'une preuve empirique claire contredit les Écritures, c'est que nous les mésinterprétons.

276

Ainsi, si les méthodes utilisées en science et en religion ne sont pas si différentes les unes des autres et qu'elles regardent la même réalité à travers des fenêtres différentes, la science et la religion peuvent-elles travailler de concert ? Certainement, lorsque des questions d'ordre moral et éthique ont besoin de et font appel à la connaissance scientifique. Cela semble naturel et même impératif qu'il en soit ainsi. Si, par exemple, nous voulons déterminer le bien-fondé du fait de distribuer de la nourriture et des céréales génétiquement modifiées dans des pays pauvres, nous devons évaluer à la fois l'aspect scientifique et éthique de la décision à prendre. Cette sorte de coopération, au sein de laquelle chacun apporte sa pierre à l'édifice commun, paraît valoir vraiment la peine.

D'autre part, les découvertes scientifiques peuvent également représenter un levier pour l'enseignement historique de la religion. Par exemple, l'enseignement de plusieurs traditions religieuses stipule que nous sommes tous frères et sœurs dans la paternité de Dieu. La biologie moderne, pour sa part, confirme l'identité génétique et l'ascendance commune de tous les êtres humains. Si des gestes récurrents d'inhumanité sont perpétrés envers les autres – malheureusement même parfois au sein de la même famille –, donnant un maigre espoir qu'une telle connaissance scientifique altère profondément les comportements, cela confirme néanmoins l'enseignement traditionnel.

Je pense également que si la science et la foi se rencontrent, c'est que Dieu souhaite que nous découvrions l'Univers qu'Il a créé autant que peut se faire. Tout comme de bons parents veulent que leurs enfants apprennent autant de choses que possible par eux-mêmes, je crois que Dieu se réjouit avec nous de chaque nouvelle découverte, qu'Il veut que nous profitions de la fertilité de la vie à travers toutes les opportunités possibles. Et la découverte scientifique en fait partie. Je crois que Dieu nous appelle à faire du monde un lieu meilleur en augmentant la connaissance que nous en avons. Je pense que la recherche scientifique est un appel profondément religieux. C'est l'une des façons dont Dieu fait de nous des partenaires au sein d'une création continue.

Cependant, tout cela n'est qu'une expression de ma croyance religieuse sur la valeur de la science. Qu'en est-il de ce qui lierait plus directement la croyance religieuse à la connaissance scientifique ? Des études portant sur la précision du réglage de l'Univers et le principe anthropique – incluant l'examen d'hypothèses sur des multivers et les contraintes intrinsèques des lois et constantes physiques – pourraient, un jour, donner des preuves bien plus convaincantes de l'existence d'une intelligence prévalant derrière la Création (tout comme elles pourraient ne pas donner de preuves...).

Un autre domaine dans lequel la recherche scientifique pourrait apporter des contributions significatives à la croyance religieuse est celui de la conscience humaine. Je trouve que la conscience humaine et le libre arbitre sont des arguments forts pour l'existence d'une sorte de transcendance. Si nous sommes réellement dotés d'un libre arbitre, si nos actions représentent un vrai choix et ne sont pas uniquement le résultat de réactions biochimiques suivant des processus déterministes ou aléatoires, alors d'où vient cet arbitre ? S'il n'y a que de la physique et de la chimie, d'où nous viennent les décisions que nous prenons ? Bien entendu, peut-être notre libre arbitre est-il illusoire ou peut-être émerge-t-il d'un système complexe dont toutes les composantes sont déterministes ou aléatoires ?

Mais je trouve ces hypothèses peu convaincantes et il me semble plus simple de croire en une transcendance qui fournit quelque chose se trouvant au-delà du déterminisme

ou de la chance. J'appelle cela « transcendance de Dieu ».
Cependant, en considérant le pauvre état d'avancement de
notre compréhension scientifique de la conscience humaine
et du libre arbitre, ma conclusion sur la nécessité d'une
transcendance n'est pas particulièrement bien fondée. Une
meilleure connaissance de la conscience, qui pourrait avoir
lieu *via* de futures recherches scientifiques, pourrait changer cette situation de manière significative.

La science pourrait-elle prouver Dieu ? Imaginons un
instant que l'on trouve de solides preuves selon lesquelles
l'Univers n'aurait pas été construit d'après des contraintes
intrinsèques (c'est-à-dire que d'autres combinaisons de
constantes fondamentales et de conditions initiales auraient
été permises). Imaginons que nous trouvions des arguments
puissants contre l'existence d'univers multiples. Enfin imaginons qu'une recherche poussée confirme indéniablement
qu'une déviation infinitésimale des conditions actuelles qui
règnent dans notre Univers aurait donné lieu à un monde
désert et inintéressant, dénué d'étoiles ou de planètes, rendant impossible la vie intelligente. Une telle situation pourrait facilement amener les personnes les plus raisonnables
à croire que l'hypothèse d'un Créateur intelligent est bien
plus simple que celle d'une naissance de l'Univers indirecte, spontanée et naturelle. En d'autres termes, il pourrait arriver que la croyance en Dieu devienne, de loin, la
conclusion *scientifique* la plus raisonnable.

Cela serait, pour moi et pour de nombreuses personnes,
un dénouement très satisfaisant (bien que je doute fortement que cela arrivera – je doute du fait que Dieu ait laissé
des « empreintes » aussi transparentes). Cependant, ce scénario ne représenterait un support scientifique qu'à une
infime partie de ma croyance en Dieu. En effet, il ne tou-
cherait pas au Dieu personnel et aimant que je connais.

Puis-je d'ailleurs imaginer que la science puisse soutenir ma croyance dans un Dieu personnel, de la même façon que j'ai imaginé qu'elle pourrait fournir un soutien efficace au concept d'un Créateur intelligent ? J'en doute ! Supposons que nous voulions tester Dieu. Est-il actif, aimant et attentionné ? Nous mettons en place une expérience contrôlée pour tester l'efficacité de l'intercession de prières (de telles expériences ont, en réalité, été réalisées, sans succès jusqu'à présent). Imaginons que nous trouvions qu'effectivement ceux pour qui nous avons été assignés de prier guérissent bien plus rapidement que ceux pour qui nous ne prions pas (même les patients eux-mêmes ne savent pas si l'on prie ou non pour eux). Devons-nous en conclure que Dieu est aimant et gentil parce qu'il exerce son pouvoir de guérison, ou qu'il est superficiel car il répond à la souffrance selon un choix arbitraire et hasardeux ?

La difficulté de cette question reflète un dilemme théologique auquel je suis confronté de façon permanente : il me paraît difficile de comprendre la raison pour laquelle mes prières pour un ami souffrant devraient inciter Dieu à exercer un pouvoir de guérison, alors que je crois que Dieu aime déjà mon ami bien plus profondément que je ne l'aime moi-même. Pourtant, malgré cela, je prie. Ainsi, je ne pense pas que des expériences puissent résoudre cette question ou fournir des preuves évidentes sur l'existence d'un Dieu personnel.

Cette discussion amène inévitablement la question : « Comment un Dieu, attentionné et actif au sein de notre monde, accomplit-il des actions entrant dans le cadre des lois de la physique, lois qui ont toujours été perçues comme étant des descriptions irrécusables de la manière dont l'Univers de Dieu fonctionne ? » Van Till[6] cite la validité non faillible de la loi physique en tant que preuve de la loyauté et fidélité de Dieu envers la Création. Dans ce cas, qu'en est-il des miracles ou violations de la loi physique tels qu'ils sont retranscrits dans les Écritures ou dans le récit d'expériences religieuses récentes ? J'ai un grand nombre d'observations à formuler.

En premier lieu, nous devrions reconnaître que ceux qui ont rédigé les Écritures n'avaient pas la même vision de l'immuabilité de certaines lois physiques que celle que nous en avons aujourd'hui. Ce que nous appellerions « magie » était autrefois perçu comme un événement quotidien, et accepté comme faisant partie de la vie. Ainsi, le message spirituel delivré par l'intermède d'un miracle n'incluait pas forcément l'idée selon laquelle Dieu parfois suspend les lois physiques, inaltérables en d'autres circonstances. Je ne dis pas que Dieu ne pourrait pas ou ne voudrait pas faire cela, ou que nous serions aptes à vérifier de telles suspensions si elles avaient lieu (la science, après tout, est principalement l'histoire d'un phénomène reproductible ; les phénomènes non reproductibles sont généralement abandonnés en tant que résultant d'observations non fiables). D'un autre côté, on pourrait imaginer que les interventions de Dieu sont plus subtiles, ayant lieu au niveau de la probabilité quantique – où la physique permet une multiplicité de résultantes plus ou moins probables, à partir desquelles Dieu pourrait choisir, sans entrer en contradiction avec les lois de la physique.

Il s'agit de questions intéressantes et amusantes. Quoi qu'il en soit, je crois qu'elles sont beaucoup moins importantes que celles portant sur la façon dont nous, créatures de Dieu, devrions agir envers nos prochains. Lorsque j'étais enfant, j'aimais beaucoup l'histoire de Samuel (1 S 3, 2-10). L'enfant Samuel entend Dieu l'appeler dans la nuit, et pense qu'il s'agit de son mentor, Éli. Éli renvoie l'enfant au lit, mais lorsque la situation se reproduit une deuxième, puis une troisième fois, Éli, lui, entend que c'est Dieu qui appelle Samuel, et conseille ce dernier sur la façon de lui répondre. Quand, enfant, j'entendais de petits bruits

281

durant la nuit, j'imaginais que j'entendais mon nom et je pensais que c'était peut-être Dieu qui m'appelait ? En grandissant, j'ai pris conscience du fait que les bruits nocturnes se jouaient de notre esprit et qu'aucune de mes pensées imaginaires n'était vraie. À présent, je sais que ma première hypothèse était la bonne : Dieu m'appelle, ainsi que chacun de nous, à chaque instant, pour réaliser le travail qui doit être accompli. Je me souviens d'une autre de mes hymnes favorites, *Here I Am, Lord*, par Dan Schutte, 1981 (troisième verset et chorus) :

> Moi, le Seigneur du vent et du feu,
> Je vais m'occuper du pauvre et du boiteux,
> Je vais dresser un festin pour eux,
> Que ma main sauvera.
> Le meilleur pain, je leur fournirai,
> Jusqu'à ce que leurs cœurs soient satisfaits,
> Je donnerai ma vie pour eux
> Qui dois-je envoyer ?
>
> Ici je me tiens Seigneur.
> Est-ce vous Seigneur ?
> Je vous ai entendu appeler dans la nuit.
> Je vais y aller Seigneur, si vous me guidez.
> Je vais contenir vos disciples dans mon cœur.

L'un de mes passages favoris des Écritures est celui de Matthieu 25, 31-46. S'il est l'un de mes favoris, ce n'est pas tant que j'y trouve du réconfort mais parce qu'il semble me dire clairement ce que Dieu attend de moi. Ici, Jésus est clair sur l'idée selon laquelle la façon dont nous traitons ceux qui sont affamés, malades et oppressés est très importante pour lui. Il nous dit : « Comme vous l'avez fait au dernier de ceux-là… vous me l'avez fait à moi » (Mt 25, 40 [RSV]). Cette responsabilité à aider ceux qui sont dans le besoin est impressionnante et prémonitoire. Il y a beaucoup à faire. Nous devrions probablement nous y mettre.

Remerciements

Je suis infiniment reconnaissant aux nombreuses personnes qui ont forgé ma foi et ma science à travers les années : mes parents, pasteurs, professeurs et mentors, mes amis et collègues, les membres de l'école du dimanche et les classes de catéchisme que j'ai beaucoup appréciées à travers les années et, bien entendu, ma famille qui a toujours été d'un grand soutien. Enfin, je remercie Dieu pour tout l'amour, la beauté et la merveille de, et dans, cette Création.

Khalil Chamcham

Professeur à l'université Hassan II-Ain Chock à Casablanca, il est actuellement chercheur invité à l'université d'Oxford (département d'Astrophysique). Il obtint son premier doctorat en physique nucléaire à l'université Claude Bernard de Lyon en 1983, puis son second doctorat en astrophysique à l'université de Sussex, au Royaume-Uni, en 1995. Sa recherche inclut la stabilité des disques galactiques, la formation des étoiles, l'évolution chimique des galaxies et leur évolution photométrique.

L'autre regard

Introduction

La métaphore du regard est plus pertinente que sa « physiologie », car elle couvre un champ de représentation et de conceptualisation beaucoup plus large que ne peut l'offrir le regard direct. Notre connaissance de l'Univers et de ses objets constitutifs (les galaxies) aussi bien que la représentation que nous nous en faisons, ou bien encore l'idée (et en général le préjugé) que nous avons sur l'autre sont directement liées au regard que nous portons sur le monde extérieur, en relation avec le regard intérieur que nous avons sur nous-mêmes. Le regard sur l'autre est un prolongement du regard sur soi : c'est la partie de soi qui a besoin de l'autre pour s'exprimer, en mal ou en bien. Dans nos liens sociaux, nous avons besoin d'être regardés pour être rassurés dans notre être, et de regarder pour affirmer notre place dans le monde. De ce fait, ramenée à notre niveau individuel, il n'y a pas de « réalité » absolue. Toute réalité est le produit de ce que le monde nous offre et de ce que nous sommes en mesure de percevoir (ou de voir).

La place que nous occupons dans le monde et la dynamique de notre progrès « civilisationnel » ne sont pas déterminées par notre seule existence physique, ici et maintenant. Elles sont également occasionnées par le regard que nous portons sur nous-mêmes et sur notre devenir. La survie de notre culture et le cheminement que suit la formation de notre pensée ne peuvent avoir lieu sans vision ou tension vers ce que nous ne sommes pas – et qui alimente nos aspirations. C'est cette tension qui nous évite de sombrer dans le végétatif et fait que notre histoire ne se réduit pas à notre seule histoire biologique. L'histoire se ressource dans le futur et non dans le passé.

C'est ainsi qu'en cette phase de crise des religions et des liens communautaires – où les regards se fuient et se détournent les uns des autres –, c'est en tournant notre regard sur l'autre que de nouveaux horizons peuvent s'ouvrir et que des crises peuvent se dénouer. Je ne peux donc pas prétendre aller vers l'autre sans changer le regard que je porte sur lui (ou elle) et le regard que je porte sur moi-même, ce qui engage ma prédisposition à perdre une partie de mon narcissisme en faveur de l'autre et une prise de conscience des sentiments de rejet et de violence (destructrice) que je ressens envers lui. Cela suppose la capacité d'une re-naissance de soi et la potentialité d'engager des sentiments d'amour là où la confusion entre notre psychologie et notre identité sociale nous engage dans la haine et le dénigrement de l'autre.

La quête de soi va à contre-courant du repli sur soi et sur ses propres valeurs culturelles et religieuses – quoique des sociétés (ou individus) vivent le repli sur soi comme un signe de force de ces valeurs, quitte à plonger dans la décadence et à se fermer aux mouvements du progrès. Incidemment, cela s'accompagne aussi par le développement de regards fuyants et malicieux, car le croisement des regards expose aux risques de la transparence et peut mener à des situations incontrôlables.

Une quête ne peut pas non plus être unidimensionnelle parce que c'est une invitation à rencontrer le monde et ce qu'il offre dans son devenir. C'est une expérience unique qui se ressource dans les multiples dimensions qui s'ouvrent aux champs du savoir et de la sensibilité. Que ce soit à travers l'art, la religion, la science ou la méditation, le principe directeur reste l'harmonie de l'être et toute dichotomie, vécue ou recherchée, n'exprime que la nécessité pour l'être de rejeter tout vécu de la différence et du questionnement. La quête de soi n'est pas non plus un exercice narcissique : c'est l'exposition de tout l'être aux forces du monde et son engagement à mettre ces forces au service des autres et de la vie.

Dans ce qui suit, j'invite au questionnement sans chercher, autant que possible, à donner des réponses ou des explications. En effet, je ne pense pas qu'il y ait une théorie (et encore moins une doctrine) de la quête : il n'y a que la sensibilité du regard, l'amour du savoir et du nouveau. En revanche, il existe une bibliographie, exhaustive et dense aussi bien en astrophysique qu'en théologie ou en philosophie, en laquelle chacun peut trouver le « menu » qui lui convient et satisfaire autant que possible son questionnement. Ce qui m'importe est que l'invitation se situe aux frontières, et non au niveau, de zones « urbaines » où tout est tracé.

Quête scientifique

Une des caractéristiques de notre Univers est qu'il se laisse découvrir au regard qui l'observe, de même que ses parties (les galaxies et les étoiles), bien que nous soyons limités par l'horizon observationnel et que nous ne sachions pas quelle est la proportion de l'Univers qui nous restera à jamais inaccessible. Aussi l'Univers a-t-il généré les conditions nécessaires pour que la conscience y émerge et développe le langage pour l'interpréter et coder ses lois. Que cela ait été programmé dès l'origine ou bien soit le fruit du hasard auquel sont soumises les lois de l'évolution de la matière, la question dépasse le cadre strict de la science et se laisse interpréter aussi bien par les théologiens que par les philosophes.

L'apparition de l'humanité est parmi les derniers-nés des événements de l'Univers et, à notre connaissance bien entendu, seule notre espèce a pu déchiffrer ses éléments constitutifs et les lois qui les régentent (cela n'exclut pas l'existence d'autres espèces ailleurs dans l'Univers et qui auraient suivi d'autres voies d'évolution). Nous sommes les derniers-nés, mais paradoxalement c'est cette fin de la chaîne qui a permis de reconstituer toute l'histoire de l'Univers jusqu'à l'origine – le big-bang. De l'atome des espaces interstellaires à la physiologie du regard et à la conscience qu'il nourrit, la causalité semble difficile à reconstituer et les traces d'un « programme » éventuel, difficiles à déchiffrer.

À titre d'illustration, les galaxies sont les briques de l'Univers, et l'étude de leur formation et de leur évolution reste l'une des clés majeures dans la compréhension de la structure de l'Univers et de son évolution[*]. Mais toute la lumière de l'Univers nous parvient des étoiles qui sont finalement les corps célestes à travers lesquels (directement ou indirectement) toutes les grandes questions concernant la matière noire, l'origine de la vie ou l'existence d'autres civilisations trouvent leur réponse.

L'histoire des étoiles est essentiellement régulée par le jeu d'équilibre entre la force gravitationnelle, qui a ten-

---

[*] La mosaïque des images publiées sur le site du télescope spatial Hubble en donne une bonne illustration : http://www.stsci.edu

dance à comprimer le gaz primordial à partir duquel elles se forment, et leur pression thermique interne, qui a tendance à s'opposer au travail de la gravitation. Cette force thermique est due aux réactions thermonucléaires qui ont lieu à cause des conditions extrêmes de fortes températures et densités ayant cours au centre de l'étoile.

Les étoiles visibles à l'œil nu sont dans le voisinage « proche » du système solaire et ne représentent qu'une fraction minime des étoiles de la Voie lactée ; elles sont quasiment toutes semblables au Soleil et leur durée de vie est également d'environ 10 milliards d'années. Mais plus la masse d'une étoile est grande, plus sa durée de vie sera courte, en raison de la force gravitationnelle qui augmente avec la masse, précipitant ainsi la combustion nucléaire jusqu'à la rupture de l'équilibre avec la force gravitationnelle. Elle explose alors et son matériel s'éparpille au sein du milieu interstellaire à partir duquel elle s'est originellement formée. Une nouvelle génération d'étoiles va naître à partir de ce matériel, s'engageant dans un nouveau cycle de jeux d'équilibre.

Un autre effet remarquable est que la naissance des étoiles va mener à l'injection d'assez d'énergie à l'intérieur du gaz interstellaire qui les environne pour le rééquilibrer et donc arrêter le processus même de formation d'étoiles. Ainsi, le processus est autorégulé et intermittent, chaque phase se répétant mais à chaque fois avec un degré supérieur de complexité : c'est cette intermittence et la complexité qui l'accompagne qui vont générer les éléments chimiques nécessaires à l'émergence de la vie et les conditions nécessaires à son évolution.

Avec la formation d'étoiles, nous sommes en présence d'un phénomène cosmique d'intermittence autorégulée au cours duquel l'objet produit donne naissance aux causes qui vont entraver sa propre progression et l'absence de l'objet génère les conditions de son émergence. Il serait plus correct de parler du processus sous-jacent à l'objet, plutôt que de l'objet lui-même ; mais l'un et l'autre sont liés par une causalité chaotique qui permet à l'émergence de se produire le long d'une ligne de stabilité. Incidemment, les phénomènes cosmiques les plus remarquables (y compris l'Univers lui-même) évoluent le long d'une « ligne de stabilité » dont les conditions physiques de réalisation sont difficilement négociables.

Comme tous les phénomènes cosmiques, nous n'avons accès au phénomène de formation d'étoiles que par l'intermède du regard (direct ou à travers des instruments), sur une échelle de temps de vie humaine qui ne représente qu'une fraction du millionième de la durée de vie moyenne du processus lui-même. L'information captée par le regard ne peut être puisée que dans le passé – à cause des grandes distances et de la vitesse finie de propagation de la lumière – et nous n'avons accès ni au présent ni au futur de ce que nous observons. Mais tout se passe comme si notre absence physique du monde pendant les milliards d'années de son évolution, avant notre émergence en tant qu'espèce, était rattrapée par notre conscience qui s'exprime à travers tous les processus de savoir. Au moment où nous observons l'Univers, son histoire s'ouvre à nous, et ainsi notre sentiment d'être dans le monde change tout en augmentant notre capital-savoir et notre nouvelle vision du monde et de son origine s'en trouve modifiée. De la contemplation (poétique) à la rationalisation (scientifique), c'est le langage mathématique qui ouvre la voie à de nouveaux horizons (futurs et passés) que ni le sens commun ni la vision directe ou l'expérimentation ne pouvaient déchiffrer ou nous aider à concevoir.

Qu'est-ce, alors, qui relie notre cerveau au monde pour pouvoir le mettre en équations, décrire ses lois et l'expliquer ? Le monde se révèle-t-il à l'intention ou l'intérêt qui se manifeste envers lui, ou bien notre cerveau ne fait-il qu'activer une information qui y est déjà sécrétée ? Dans les deux cas de figure, il y a un aller-retour du regard et le lien entre le sujet-observé et le sujet-observateur n'est pas un lien passif mais un lien dynamique qu'il nous reste à comprendre et dont les clés sont en train d'être révélées par la mécanique quantique et la cosmologie.

D'autre part, qu'est-ce qui siège derrière la capacité de notre cerveau à reproduire l'histoire cosmique – et d'ailleurs toute autre histoire quotidienne ou du monde microphysique – et qui nécessite une capacité à remonter le temps ? Est-ce la nature du temps lui-même, laquelle nature nous reste à comprendre, ou bien l'existence d'un « capital » d'information cosmique qui est accessible en tout point de l'Univers et dont nous portons l'héritage ? Cet héritage se traduirait au niveau de « l'être » – par notre « capacité d'être » et de se « savoir être ». Ces questions mériteraient d'être développées en détail. Cependant, je les pose en préambule à des réflexions sur la question de l'organisation de la « matière » de l'état inerte le plus simple (atome d'hydrogène, par exemple) à un état complexe, réflexif et capable d'analyser son environnement et d'y évoluer en s'adaptant (un virus, par exemple).

Quête de l'origine

En remontant le temps, d'autres regards observaient l'Univers et se faisaient leur propre opinion sur le ciel et ce qui le constitue. Quel regard portaient alors nos ancêtres sur l'Univers ? Quelles informations en recevaient-ils ? Les transformaient-ils en une intelligence additionnelle, comme *Homo sapiens* transforme l'information en savoir ? Se savaient-ils observateurs d'un monde qui les interpellait ?

Si toute information se finalise au niveau du cerveau, peut-on imaginer que le cerveau de nos ancêtres finalisait ses (leurs) observations en savoir ou en vécu intérieur, comme *Homo sapiens* s'exerce à le faire ? Son capital information/ savoir s'en trouvait-il ainsi transformé et son évolution future modifiée ?

L'expansion de l'Univers est en marche et nous lègue à chaque étape des résidus (énergétiques, matériels, spatio-temporels et « biologiques »), exactement comme les premiers instants du big-bang se laissent observer aujourd'hui, après des milliards d'années, par le biais du rayonnement fossile du fond cosmique (les cosmologistes font l'archéologie de l'Univers, exactement comme les archéologues la font pour les sociétés humaines). L'évolution des systèmes biologiques serait-elle de même intimement liée à l'évolution (locale) de la géométrie de l'espace-temps et à ses fluctuations quantiques, qui seraient la « trame de fond » des différentes mutations biologiques dont nous sommes témoins ? Que de questions ! Mais la cosmologie quantique est en train d'apporter un éclairage ici et là sur ce sujet.

Cependant, pour pouvoir rendre compte des dimensions qualitatives aussi bien que quantitatives propres au vivant et à la conscience qu'il porte[*], encore nous faut-il penser la nature d'un éventuel (hyper)-espace-temps (qui inclurait l'espace-temps quadri-dimensionnel de la relativité générale). Cet hyper-espace-temps ne se dévoilerait que partiellement, selon des dimensions bien spécifiques, aux différents regards (ou cerveaux) qui l'observent. L'espace quadri-dimentionnel n'est que l'espace de représentation où nous confinons certains aspects de l'Univers (le mouvement, l'évolution) dans une vision dichotomique du

---

[*] Chaque espèce évoluerait dans un sous-espace dont les dimensions détermineraient la nature de cette structure et ses facultés.

monde : moi (l'ego) d'un côté, l'Univers (le monde extérieur) de l'autre.

Qu'en est-il de l'espace-temps ramené aux lieu et temps que j'occupe en tant que conscience et complexité matérielle et émotionnelle ? Quatre dimensions suffiraient-elles pour rendre compte de cette complexité : mes émotions peuvent-elles y être représentées, opèrent-elles dans l'espace-temps de la relativité générale, ou bien dans un espace-temps de dimension supérieure et qui l'engloberait ?

Quatre dimensions sont-elles alors suffisantes pour rendre compte de mon contenu énergétique, de ma physionomie, de ma conscience, de mes émotions et de mes capacités intellectuelles, outre mes mouvements et mon évolution ? Clairement non, mais dans quel (hyper)-espace se déploient alors ces catégories de l'être ? Sont-elles les mêmes d'une espèce à l'autre et aux différentes phases d'évolution d'un (hyper)-espace donné ? Le texte coranique suggère la possibilité d'existence de ces « mondes » qui seraient propres à chaque créature ; ils seraient inaccessibles les uns aux autres, quoiqu'ils communiquent à certains degrés et dans certaines circonstances. Je ne soutiens pas que cette suggestion est une explication en soi, mais plutôt une invitation à réfléchir et à construire des schémas explicatifs.

L'insinuation par le texte fondateur réveille ainsi l'intuition scientifique, qui doit passer au niveau supérieur de construction d'hypothèses de travail et de formalisation mathématique avant de s'engager dans l'observation à l'échelle cosmique ou dans l'expérimentation en laboratoire. Il y a des niveaux de conscience (qui sont aussi liés à des stades d'évolution de la conscience), comme il y a des niveaux de lecture du texte canonique. Paradoxalement, il ne s'agit pas de pénétrer les secrets du texte (ils ne sont en tout cas pas pénétrables), mais d'en émerger avec une

vision du monde et un outil mathématique et technolo-
gique opérationnels pour accéder à un lien avec ce monde
et à son interprétation (et non à sa conquête et sa destruction). La tentative a réussi dans une certaine phase de
l'évolution de la pensée islamique, mais a été avortée pour
des raisons (internes et externes au monde musulman)
qu'il n'est pas approprié de développer dans ce texte.

Je suppose alors que l'être pris dans son « étantéité » (le
Dasein de Heiddeger) constitue, avec l'espace-temps de
notre expérience, un espace-temps de plus de quatre dimensions, lequel fait lui-même partie d'un hyper-espace-temps.
Chaque sous espace-temps de cet (hyper)-espace-temps se
manifestant par l'émergence d'un regard et d'une conscience
qui l'observe et le soumet à l'expérience et dont l'acces-
sibilité est limitée au type de conscience propre qui s'y
manifeste.

Ainsi il n'y a ni hiérarchie ni privilège entre les différents
sous espaces-temps : ils n'ont que la potentialité d'émerger, dotés ontologiquement de l'auto-organisation comme
principe fondateur. Bien qu'ils héritent de quelque chose
de commun, les dimensions de l'un restent inaccessibles aux
autres, de même que les observations qui s'offrent dans
l'un des sous-espaces ne sont que partiellement accessibles
aux autres. Chaque espèce évoluerait dans un sous-espace
dont les dimensions détermineraient la nature de cette
structure et ses facultés.

Dans ce schéma de représentation, il est insensé de parler de chronologie entre les différents espaces et la question
de leur origine dans le temps perd son sens car elle est loin
d'être celle dictée par notre expérience quotidienne du
temps et même par la représentation que nous en donnons
dans le cadre de la relativité générale. Ce qui importe,
c'est leur connexion, et les processus qui les relient les uns
aux autres. Même dans le cas « simple » d'un univers

« unique », comme celui décrit par la théorie du big-bang (notre Univers), la question de l'origine n'est pas bien élucidée – lorsqu'elle n'est pas évitée. Une origine (de l'Univers) dans le temps doit expliquer l'origine du temps lui-même, car il en fait partie : cela soulève tout le mystère de la nature du temps lui-même. Comment le temps peut-il avoir une origine et servir en même temps à dater l'origine d'un espace-temps avec lequel il a émergé ? Sans doute y a-t-il un lien à élucider entre la réflexivité qui caractérise l'intelligence et la nature du temps (qui n'est pas nécessairement le temps de nos horloges).

Quête de sens

Si tel est le cas et si, en outre, la théorie de la cosmologie quantique nous guide dans la direction des « multivers », par où faut-il commencer pour situer les univers les uns par rapport aux autres et quel sens faut-il donner à la chronologie dans le processus d'émergence de ces univers multiples (les multivers) ? Y a-t-il un ordre chronologique d'apparition de ces univers, ou bien émergent-ils simultanément ?

Dans l'un et l'autre cas, nous devons clarifier si, oui ou non, il existe un lien causal entre eux et la signification à donner au temps (l'émergence de ces espaces est-elle inscrite dans le temps ? Le temps existe-t-il entre ces univers ?). Peut-on imaginer qu'ils émergent çà et là, au hasard, sans lien causal *a priori* ? Mais alors qu'est-ce qui les relie – si lien il y a – et qu'est-ce qui fait que certains « événements » se produisant dans l'un sont également accessibles dans l'autre ? S'agit-il de la contingence des lois ou de la nécessité de se prévaloir l'un par rapport à l'autre pour donner un sens et une consistance à ces lois qui s'y manifestent ?

L'information se manifeste-t-elle de la même façon entre les univers qu'à l'intérieur de chacun des univers ? La problématique se pose de façon identique en paléoanthropologie. Sans remettre en cause le schéma darwinien de l'évolution, la diversité du genre *Homo* ne peut pas être corroborée par une seule et même origine ancestrale. Toute chronologie entre les variétés *Homo* perd son sens car l'émergence des espèces est à chercher dans la dynamique qui sous-tend l'évolution cosmique (échelle macroscopique) et son lien avec l'évolution des structures biologiques (échelle microscopique), et non uniquement dans une filiation entre les espèces et leur adaptation.

Ce qui urge en cette période excitante en données scientifiques, c'est l'émergence de nouveaux paradigmes, notamment un paradigme sur la question de l'origine et de notre conception du temps. Les paradigmes classiques – qui ont bien servi leur cause – constituent en ce moment un blocage dans la lecture et l'interprétation de ces nouvelles données scientifiques et les perspectives qu'elles ouvrent pour une nouvelle vision du monde où la géométrie de l'Univers, son contenu matériel et énergétique, l'émergence de la vie et de la conscience ne sont plus perçus comme des entités étrangères l'une à l'autre, mais englobées dans une vision cohérente non exclusive, où chaque entité – même quand elle s'exprime dans sa singularité – est portée et alimentée par les autres entités.

La science du XXIᵉ siècle ne peut plus se permettre de se cantonner dans le positivisme radical qui a marqué la science durant les trois derniers siècles. La mécanique quantique a ouvert le pas en faisant intervenir l'expérimentateur dans le processus expérimental ; la physique des particules élémentaires a posé le problème du « *fine tuning* » (réglage précis) ; et la cosmologie (non quantique) a posé la question du « principe anthropique ». En outre, la théorie de l'information pose la question du contenu physique de l'information et des mécanismes de fonctionnement du cerveau en relation avec notre « humeur » psychique. Peut-on alors se contenter d'une science qui ne « lit » le monde qu'à travers la causalité et le réduit à des lois physiques scellées une fois pour toutes ?

J'imagine mal que la nécessité réside derrière l'émergence de l'Univers et la complexité de ses structures sans qu'il soit nécessaire à une conscience que l'événement se réalise. La nécessité est une réponse aux besoins d'une conscience qui, elle-même, dénie ses propres besoins et les finalise. Si nécessité il y a, elle existe alors pour finaliser un projet et donc engage la mise en marche d'un processus. Il n'est pas nécessaire d'avoir des étoiles et des galaxies pour qu'un univers existe, comme il n'est pas nécessaire qu'un télescope existe pour que les étoiles et les galaxies existent à leur tour. Mais qu'est-ce qui fait que les étoiles et les galaxies sont nécessaires pour justifier le projet d'un regard qui se place derrière un télescope ? L'Univers aurait-il été ce qu'il est sans une conscience pour l'observer ? Est-il observé par d'autres consciences que la nôtre et, si la réponse est oui, qu'est-ce que cela change à nos conditions d'existence ?

Il me semble que la nécessité est le corollaire de la conscience qui prend conscience d'elle-même, de son environnement et de son devenir. La conscience de soi génère la nécessité des phénomènes – et leur causalité – pour donner un sens au monde et « sécuriser » la continuité du soi : c'est ce qui s'exprime dans la causalité. Mais l'émergence du monde répond-elle alors à une nécessité ? Quelle serait alors cette conscience qui en aurait ressenti le besoin ? Besoin d'être, de devenir, de partager ?

297

L'émergence du monde – et de tout ce qui y émerge – a-t-elle un sens, ou bien la quête d'un sens n'est-elle qu'un simple besoin de l'être conscient : son besoin d'identifier des liens et d'en nouer entre qui il est et ce que le monde est ? D'où me vient alors ce besoin de donner un sens aux choses si elles n'ont pas – elles-mêmes – ontologiquement un sens ? Est-ce que je découvre le sens des choses ou bien est-ce que je le leur donne ? Quels mécanismes se mettent en marche dans mon cerveau pour me permettre d'identifier le processus, de le suivre et d'en être satisfait ? Cette faculté – de découvrir, ou de donner un sens aux choses, ou les deux – est-elle un témoignage ou bien est-elle le fruit du libre arbitre (ou du hasard) qui siège derrière le processus d'évolution ?

D'autre part, quand je donne un sens aux « choses », est-ce que je leur ajoute une qualité qui leur manquait et est-ce que par là je participe au processus de leur création, ou bien ne fais-je que leur tailler sur mesure une identité qui les réduit à mes besoins et me réconforte dans ce que je suis ?

Ce qui nous distingue en tant qu'humains (du moins le croyons-nous), c'est que nous ne sommes pas concernés que par le monde physique et ses lois, mais de façon particulière notre existence évolue autour de nos valeurs spirituelles et autour de la production de cette valeur ajoutée qui est la culture. Notre survie en tant qu'espèce n'est pas déterminée que par les processus (biologiques) de sélection naturelle ; elle est également tributaire des processus « conscients » de production d'art, de science et de ses dérivés technologiques, de morale, de même que de production de valeurs religieuses. Cependant, la religion occupe une place bien particulière dans notre vie sociale : il ne s'agit pas d'un produit « purement » humain puisqu'elle est issue de la volonté divine et communiquée par l'intermédiaire d'un humain bien choisi qui, par la prophétie et la révélation, fonctionne hors des normes « standard » du reste de l'humanité.

Ainsi les mutations ne sont pas que génétiques mais également occasionnées par l'intervention de la prophétie et de la révélation qui ont fait opérer des mutations au sein des sociétés humaines (et continuent à le faire) et qui ont, qu'on le veuille ou non, changé la face de l'histoire de l'humanité. Le phénomène religieux échappe donc à toute rationalité, et toute tentative de le rationaliser se heurte à ce qu'il y a de fondamentalement humain : le besoin de donner un sens au monde et à notre propre existence en relation au monde, et le besoin de sécuriser notre identité culturelle et émotionnelle dans le lien à un groupe semblable. Cela ne s'explique pas par les lois physiques et les arrangements moléculaires tels que nous les comprenons dans le cadre des paradigmes qui motivent la science actuelle, mais appartient à un champ d'investigation duquel nous ne pouvons détourner notre regard.

À quoi donc correspond l'émergence d'une révélation (ou d'une découverte scientifique) ? Qu'est-ce qui fait qu'une nouvelle vision du monde, des valeurs culturelles et des liens sociaux s'offre de façon singulière à une seule (ou quelques) personne(s) en un lieu et un temps bien précis et que cela transforme la destinée de peuples entiers ? Il reste énigmatique que des hommes comme Jésus, le prophète Muhammad ou Mahatma Gandhi (à un autre niveau) aient transformé la face de l'histoire humaine. Les circonstances historiques et politiques sont pour quelque chose dans l'action de ces hommes, mais elles n'expliquent pas tout, tout comme il est simpliste de tout ramener à leur psychologie personnelle. Mais ce qui est clair, c'est qu'ils étaient tous motivés par une quête de soi et la quête d'un idéal élevé au-dessus de la corruption humaine.

Une révélation (ou une découverte), c'est l'imprévu qui vient donner un sens au monde alors que rien ne la prévoyait, mais dont le besoin se faisait sentir. C'est une réponse précise et non attendue à une demande non formulée. Qu'est-ce qui a stimulé la réponse et qui répond ?

Une fois encore, on est en présence d'un regard intérieur s'inspirant de l'espace-temps qui s'offre au regard et trouve un répondant dans la dynamique que lui offre l'histoire. Mais, si la conscience dans le monde est acquise pour chaque créature enfermant dans son regard la lumière du monde, toute créature ne peut, elle, changer le monde. L'espace-temps se sait-il observé ? Se trouve-t-il dans la nécessité d'être observé ? Pour quelle finalité se laisse-t-il découvrir à des êtres bien précis et auxquels il ajoute la valeur de mystère ?

Il me vient à l'esprit que nous (*Homo sapiens*) et l'Univers sommes sujets d'un besoin et d'une nécessité difficilement conciliables pour ceux qui prêchent une vision dichotomique du monde. Nous nous révélons comme une nécessité pour un Créateur qui a donné un sens au monde, en même temps que nous ne voyons de sens au monde et à notre existence que dans une relation au Créateur. Participons-nous d'un acte de création dont la finalité ne se révèle que dans la marche du savoir et le progrès scientifique, ou bien sommes-nous le produit du hasard et toutes nos actions n'ont-elles pour finalité que de répondre à nos besoins ici et maintenant, s'évaporant au rythme de nos satisfactions ?

De même, les différentes révélations dont l'humanité a été témoin et les différentes religions qui en ont émané appartiennent-elles aux mêmes lieu et temps et répondent-elles à la même quête ? Le fait est que, même si nous venons à affirmer que la quête est la même d'une religion à l'autre, cette quête a été progressive et n'a motivé les groupes humains qu'à des stades très distancés (dans le temps) de leur évolution (ou maturation). Le phénomène religieux se veut universel et cosmique mais reste en même temps très spécifique et on n'en trouve résonance qu'entre des groupes humains bien cloisonnés. Cela ouvre la question du rapprochement communautaire (interreligieux) et de ses limites, et du prix à payer pour sa réalisation. Le rapprochement – éventuellement – ne pourra se faire que dans la différence, et le rêve de voir l'humanité vivre sous un drapeau religieux unique semble être un rêve totalitaire, qui nécessite, pour être réalisé, des pratiques sanguinaires.

En tout cas, pour ce qui me concerne, le rapprochement communautaire n'est pas une déclaration d'intention ou une simple prise de position conjoncturelle, mais un acte qui ne prend sens que s'il se donne corps et âme en transformant le regard que chacun a sur lui-même et sur l'autre, aussi bien que sur la représentation qu'il a du monde. C'est d'abord en portant son regard sur l'autre et en interpellant son regard, que l'on va vers lui et qu'on l'invite à venir vers nous. Sinon, chacun reste retranché dans l'idéalité de son propre univers et dans la « nécessaire » universalité de ses valeurs religieuses. Le regard sur l'autre, c'est aussi l'intégration de ses valeurs, sans la peur de perdre les siennes propres, pourvu que les regards se croisent et s'échangent dans la réciprocité.

L'expérience d'Ibn Arabi reste un exemple d'unité et de bienveillance pour tout individu en quête d'unité avec le divin et de dialogue avec l'autre qui se trouve sur l'autre rive. Selon lui-même, « converti » à la « Voie » divine grâce à sa rencontre avec Jésus lui-même, il reste un des fervents représentants de la « Voie » muhammadienne (Tariqa Muhammadia) et un des symboles de l'Islam des lumières. Ibn Arabi reste le symbole de l'unité (Tawhid) des fois, et celui de l'unité de l'être et du monde. Mais ceux des hommes et des femmes qui se sont mis au service

301

du divin n'ont pas de voix sur Terre : la Terre (c)roule sous les pieds de ceux qui ont mis le divin au service de leur pouvoir, contre la dignité du pauvre et du démuni.

Dans mon expérience de quête de soi en tant que musulman, je me suis retrouvé accompagné non (seulement) par le regard de mes proches, mais bien par ce regard de paix et de parole juste porté par Jésus. Par la parole divine (A'issa Kalam Allah) dans l'espace-temps d'un musulman attaché à la révélation par le Verbe du message coranique (Muhammad). Quelle lecture et quel sens donner à cette invitation d'une révélation au sein d'une autre, dans les lieu et temps d'un être pris dans son *Dasein* propre ? Est-ce une invitation à libérer de l'emprise de la religiosité les différents messages révélés, religiosité qui les a sectarisés et dépossédés de leur essence première : la rencontre du divin avec l'humain ?

Peut-être que la science, en se libérant de son mécanicisme, parviendra à ouvrir davantage de dimensions universelles et de perspectives au devenir humain, et que toute religion, en abandonnant l'idée de privilège qu'elle a auprès du divin, se mettra mieux au service de l'humain, car tout besoin est un besoin humain et toute nécessité est une nécessité humaine. Jusqu'à présent, le Dieu au nom duquel tant de guerres et de malheurs ont été perpétrés n'a été que l'invention de ceux qui n'ont eu d'intérêt que dans le chaos des guerres et les soumissions humaines qu'elles engendrent. Le divin a-t-il besoin qu'on défende sa cause quand on a manqué son alliance ?

VI

Synthèse

Michael Heller

Physicien et astrophysicien, prêtre catholique, membre de l'Académie pontificale des sciences. Fondateur du premier Centre d'études des liens entre science et religion dans les anciens pays communistes à l'Institut pontifical de théologie de Cracovie.

Science et transcendance

Les limites du langage et du sens commun

Par nature, nous sommes tous réalistes. Si nous ne l'étions pas, le monde autour de nous nous anéantirait rapidement. Nous devons prendre au sérieux les informations que nous transmettent nos sens. Quand nous traversons la rue, il importe bien plus de regarder soigneusement à gauche et à droite que d'attendre des inspirations extraterrestres – sinon nous serions très rapidement mis hors jeu. Poètes et philosophes nous paraissent ridicules parce qu'ils vivent dans le monde des idées, au lieu de regarder le sol sous leurs pieds. Le bon sens se développe à partir des relations que nous avons avec notre environnement (y compris les embûches sur lesquelles nous trébuchons et les bosses que nous valent le contact avec les objets durs) – le bon sens étant l'ensemble des règles pratiques d'un comportement visant à vivre en harmonie avec le monde.

Pour justifier notre sens commun, nous nous appuyons volontiers sur la science. La méthode scientifique ne serait rien d'autre que le bon sens aiguisé. C'est l'expérience qui formerait le fondement et l'instance finale de la science, et les instruments de mesure employés dans les laboratoires ne seraient rien d'autre que le « prolongement » de nos sens. Le monde de la technique et des inventions, de l'ordinateur sur mon bureau jusqu'à la sonde cosmique, serait le grand triomphe du sens commun qui a su soumettre le monde matériel à son règne.

Une telle conception, aussi bienfaisante qu'elle sonne à l'oreille, est totalement fausse. Les représentations de la science que se fait l'homme de la rue ne correspondent malheureusement que très peu à ce qu'elle est en réalité. C'est à la physique contemporaine – la science actuellement la plus développée – que nous empruntons l'exemple qui remet radicalement en question notre représentation de la science.

Peut-on trouver quelque chose de plus proche du bon sens que le fait de ne pas pouvoir retourner au temps de notre jeunesse ? Le temps est irréversible. Il s'écoule irrévocablement du passé vers l'avenir. Mais, en physique, ce n'est pas une évidence absolue. Nous savons aujourd'hui qu'à chaque particule correspond une antiparticule. Quand la particule rencontre l'antiparticule, elles se transforment toutes deux en énergie. Ce sont des faits expérimentaux.

Cependant, ce n'est pas par l'expérience que nous avons appris l'existence de l'antimatière. Depuis 1926, on sait que le mouvement des particules élémentaires, par exemple de l'électron, se décrit par l'équation de Schrödinger. La découverte de cette équation par Schrödinger représente une réussite immense. C'est elle qui, avec les travaux de Heisenberg publiés à peu près à la même époque, a fondé la mécanique quantique moderne. Toutefois, cette équation de Schrödinger a un grand défaut : elle est non relativiste, c'est-à-dire qu'elle ne tient pas compte des lois de la théorie de la relativité restreinte d'Einstein.
Cette théorie d'Einstein lie l'espace et le temps en physique et, bien que nous puissions l'ignorer en construisant un modèle approximatif du monde qui ne la respecte pas,

nous sommes tout de même obligés de l'incorporer si nous voulons construire un modèle meilleur. C'est Dirac qui, en 1928, a proposé une version relativiste de l'équation de Schrödinger. Or il se trouve que l'équation mène à deux types de solutions : celles du premier type représentaient des particules élémentaires connues alors ; celles du second type représentaient les mêmes particules mais existant dans un temps s'écoulant dans la direction opposée. Comment comprendre cela ? S'agit-il de solutions irréalistes représentant un monde fictif ? Dirac a eu l'audace de stipuler que les particules qui vivent dans un temps inversé existent réellement et il les a appelées « antiparticules ». Il n'a pas été facile de formuler une telle hypothèse. Elle contredisait en effet toute la tradition acceptée jusqu'alors et mettait en question le sens commun. La preuve que cette interprétation de Dirac n'est pas évidente, c'est qu'il a fait usage d'une image inusitée du vide en assimilant les antiparticules aux trous dans le vide. Notre sens commun se sent tout aussi menacé par ces trous que par le temps inversé.

Donnons un autre exemple. Un atome émet deux photons (particules de lumière). Ils se déplacent dans des directions opposées et, après un certain temps, se trouvent éloignés l'un de l'autre (la distance en soi n'importe pas, ils peuvent même se trouver aux deux pôles de la galaxie). Les photons se caractérisent par une propriété nommée « spin » (moment cinétique). Le spin est mesurable et, d'après la mécanique quantique, ne peut avoir que deux valeurs, que l'on désigne symboliquement comme + 1 (plus un) et − 1 (moins un).

Mais la situation est beaucoup plus différenciée que ne le laisse entendre notre langue « grossière ». Plus exactement, on ne peut pas dire d'un photon qu'il a une valeur particulière du spin, comme un être humain pèse 75 kg ou a 10 dollars dans sa poche. Au moment où l'on mesure le spin, le photon se comporte comme s'il avait toujours eu un spin d'une certaine valeur. En réalité, le photon n'a pas de spin défini avant la mesure ; avant la mesure, il n'y a qu'une probabilité objective qu'au cours du processus de mesure apparaisse une valeur définie du spin. Supposons que nous ayons exécuté une mesure et obtenu la valeur + 1, dans ce cas, selon les lois de la physique quantique, le spin de l'autre photon prend immédiatement la valeur − 1. Comment le deuxième photon peut-il connaître sans le moindre délai le résultat de notre mesure, exécutée à une distance plus ou moins grande ?

Cette expérience hypothétique (*Gedankenexperiment*) a été conçue en 1935 par Einstein (avec Podolsky et Rosen), dans le but de montrer à quelle absurdité mènent les lois de la mécanique quantique. Mais les physiciens – à l'opposé d'Einstein – n'ont pas été spécialement surpris lorsque, il y a quelques années, Alain Aspect et ses collaborateurs ont mené à bien le *Gedankenexperiment* d'Einstein et ont trouvé… que la mécanique quantique avait raison. C'est le progrès de la technique expérimentale ainsi que le théorème de John Bell qui ont rendu possible l'exécution de cette expérience-théorème qui précise l'intuition d'Einstein sous forme d'une inégalité permettant la comparaison exacte entre l'attente d'Einstein et le résultat expérimental.

Qu'est-ce qui se passe au fond lors de l'expérience d'Alain Aspect ? Si l'intuition nous trompe, nous devons revenir sur la structure mathématique de la théorie. Deux particules, par exemple des photons, qui n'ont été, même qu'une seule fois, en contact l'une avec l'autre (par exemple, lorsqu'elles ont été émises simultanément par le même atome) se font décrire en mécanique quantique par le même vecteur d'état (dans l'espace d'Hilbert). Plus précisément, le comportement des particules élémentaires est pareil à celui du spin : elles ne se trouvent dans aucun endroit précis de l'espace, tant que leurs coordonnées spatiales n'ont pas été mesurées. Le vecteur d'état contient uniquement l'information sur la probabilité d'obtenir différents résultats de mesure possibles. Nous n'avons pas affaire uniquement à des particules qui vivent dans le flux du temps inversé, mais aussi à des particules pour lesquelles l'espace ne présente aucun obstacle. C'est comme si les particules élémentaires n'existaient ni dans le temps ni dans l'espace ; comme si le temps et l'espace n'étaient que nos notions macroscopiques, dont le sens ordinaire se perd totalement lorsque nous essayons de l'appliquer au monde des quanta. Bien plus, peut-on vraiment parler de l'individualité d'une particule qui ne se trouve nulle part dans le temps et l'espace avant qu'on ait mesuré ses propriétés ? Si l'on considère comme un objet ce qui est décrit par un vecteur d'état, les deux photons situés aux pôles opposés de la galaxie ne forment qu'un seul et unique objet quantique (pour autant qu'ils aient agi l'un sur l'autre auparavant).

C'est ainsi que la physique contemporaine remet en question au sein du monde des quanta l'usage de notions fondamentales telles qu'espace, temps et individualité. Est-ce que cela ne met pas en question le sens commun ?

Quelques philosophes déclarent que ce qui ne se laisse pas exprimer clairement n'a pas de sens. Cette déclaration part d'une intention louable : elle vise à éliminer la confusion et le « bavardage scientifique » qui ne recouvrent rien. Mais la physique moderne a montré que notre langage est limité dans ses possibilités. Notre langue s'effondre aux frontières de beaucoup de domaines de la réalité, par exemple du monde des quanta. Cela ne signifie toutefois pas que la confusion et le manque de clarté soient admis dans ce domaine. La langue mathématique s'avère beaucoup plus puissante que notre langue de tous les jours. Et, bien plus, la mathématique n'est pas seulement une langue qui décrit ce que les sens perçoivent. La mathématique est également un instrument qui dévoile tels domaines de la réalité qui nous seraient inaccessibles sans son aide. Tous les problèmes de l'interprétation de la physique moderne se laissent ramener à un seul problème : de quelle manière peut-on traduire dans notre langue habituelle ce que découvre la méthode mathématico-empirique ?

Je soutiens que la plus grande conquête de la physique moderne a été de découvrir que notre sens commun se limite à un domaine étroit de notre expérience ordinaire. Hors de cette région s'étend une sphère inaccessible à nos sens.

La question de Schrödinger

Le monde de la mécanique classique apparaissait comme simple et évident, bien qu'il ne l'ait jamais été. La méthode découverte par Galilée et Newton ne consistait nullement à faire des centaines d'expériences de chute de corps et de plans inclinés dont les résultats étaient décrits par la suite à l'aide de formules mathématiques. Guidé par une intuition géniale, Newton se risqua à quelques visions courageuses qui suggérèrent la forme mathématique des lois du mouvement et de la gravitation universelle. Ces équations ne décrivent donc absolument pas les résultats de nombreuses expériences. Qui donc a jamais vu un corps se déplacer d'un mouvement constant et rectiligne vers l'infini parce qu'aucune force n'agit sur lui ? Bien plus, il n'existe aucun mouvement de ce genre dans tout l'Univers. Et pourtant, c'est précisément cette loi qui devint le fondement de toute la mécanique moderne (post-aristotélicienne).

En fait, le monde de la mécanique classique est sans aucun doute déjà plus riche que le monde que nous découvrons grâce à nos sens. C'est justement dans la mécanique classique que se dévoile le premier principe de la physique moderne, que seule l'analyse mathématique des lois du mouvement pouvait démontrer, principe selon lequel nos sens sont dépourvus de pénétration. Ce principe, dit d'action minimale, a en effet un contenu extraordinaire. Selon lui, toute théorie de physique – en allant de la mécanique classique jusqu'aux théories les plus récentes – peut se construire suivant la même procédure. Il faut premièrement deviner la forme mathématique d'une fonction correspondant à la théorie en question, fonction dite de Lagrange. Ensuite, on calcule l'intégrale correspondante, nommée action. Finalement, on obtient les lois de la théorie en question, en posant que l'action prend la valeur extrême (la plus petite possible, mais parfois aussi la plus grande possible).

Par ailleurs, les physiciens rêvent d'une théorie unificatrice, qui couvrirait toutes les forces (*theory of everything*). Bien que l'espoir de l'obtenir grandisse, nous n'avons pas encore une telle théorie. Néanmoins, dans un certain sens, on peut déjà parler de l'unification de la méthode. Toutes les théories de la physique obéissent au principe de l'action minimale.

Nous ne pouvons pas percevoir par nos sens qu'autour de nous les corps se déplacent de telle manière qu'une expression mathématique assez simple (l'action) prend toujours la valeur minimale. Mais il en va ainsi. Nous vivons entourés de choses que nous ne pouvons ni voir, ni entendre, ni toucher.

Schrödinger s'est demandé une fois quelles conquêtes de la science ont le plus soutenu une conception religieuse du monde, et il a lui-même donné la réponse : les résultats de Boltzmann et d'Einstein concernant la nature du temps, qui peut changer de direction en suivant les fluctuations de l'entropie ; le temps, qui peut s'écouler de manière différente selon différents systèmes de référence, n'est pas Chronos, le tyran dont le règne absolu anéantirait toutes nos espérances d'une vie hors du temps. Au contraire, le temps devient une grandeur d'ordre physique avec un domaine d'application limité. Si Schrödinger vivait de notre temps, il aurait pu ajouter bien des nouvelles positions à sa liste des découvertes qui nous enseignent le respect du mystère. Selon moi, la principale conquête de la physique moderne, ce ne sont pas les découvertes individuelles, mais c'est la méthode. Les résultats spectaculaires des dernières théories physiques sont un exemple éclatant des potentialités sous-jacentes de la méthode, bien que très peu de personnes l'aient remarqué.

Deux expériences de l'humanité

Arrêtons-nous un moment dans la course aux découvertes et jetons un regard sur les performances scientifiques des deux derniers siècles : nous observons une continuité intéressante. Au XIXᵉ siècle, l'humanité a vécu une période d'efficacité remarquable de la méthode scientifique.

Expérience bouleversante ! En haussant les épaules, nous la nommons aujourd'hui « l'époque de la vapeur et de l'électricité » ; mais nous devons nous rendre compte que le chemin qui mène de l'éclairage primitif par résineux à l'ampoule électrique et de la malle de poste au chemin de fer a dû représenter, pour les contemporains, une révolution bien plus grande que, pour nous, le passage de l'avion à hélice à l'avion à réaction intercontinental.

Au XXᵉ siècle, la technique a fait d'immenses progrès, mais au XIXᵉ siècle, elle est née presque du néant. Pourtant, il était déjà à l'époque bien clair qu'elle allait modifier très rapidement le visage du monde civilisé. Au XIXᵉ siècle, comme jamais auparavant et jamais par la suite, la science était synonyme de progrès et d'un avenir radieux. Le positivisme – qui voyait en la science l'unique source du savoir sûr et précieux, comme le scientisme –, qui voulait remplacer par la science non seulement la philosophie, mais aussi la religion – était en fait simplement une formulation philosophique de ce que l'humanité vivait, à savoir l'expérience de l'efficacité de la méthode scientifique. La supposition qu'il y avait des limites à cette méthode scientifique aurait été une hérésie tellement absurde que, si quelqu'un avait osé la formuler, on ne l'aurait même pas discutée.

Arriva le XXᵉ siècle et avec lui guerres et révolutions. Je pense que la révolution qui s'est produite dans la recherche des fondements de la physique au début du XXᵉ siècle (et qui dure jusqu'à aujourd'hui) n'a pas eu moins d'effet sur notre culture que toutes les ruptures politiques qui ont marqué l'image du monde de notre siècle. Il s'est avéré que la mécanique classique, qui, en fait, avait servi comme théorie à tout faire, est en réalité une théorie doublement limitée dans son utilisation : d'une part, elle est limitée pour ainsi dire « par le bas », parce que les lois de la nouvelle mécanique quantique remplaçaient celles de Newton dans le domaine des atomes et des particules élémentaires ; d'autre part, elle est dans une certaine mesure limitée « par le haut », car la physique classique ne vaut plus pour les objets se mouvant à des vitesses allant jusqu'à la vitesse de la lumière. Et bien plus, les nouvelles théories, elles aussi, sont limitées dans une certaine mesure : la grandeur finie de la constante de Planck limite considérablement le domaine des questions que l'on peut poser en mécanique quantique dans l'application au monde des quanta et, de même, la grandeur constante de la vitesse de la lumière, suivant la théorie de la relativité, définit la barrière de la vitesse de transmission des informations à un observateur.

L'emploi de la mathématique pour analyser le monde est le fondement de la méthode employée par la physique depuis Galilée et Newton (voire, peut-être plus tôt, depuis Archimède). La certitude et l'infaillibilité des conclusions mathématiques se transmettent à la physique et représentent une des sources (à côté de l'expérience contrôlée) de l'efficacité de la méthode physique. Et c'est la raison pour laquelle cela provoqua presque un choc lorsque Kurt Gödel démontra dans les années 1930 son fameux théorème, selon lequel on ne peut créer de structures universelles axiomatiques dont toutes les mathématiques pourraient être dérivées (au moins une partie aussi importante que l'arithmétique) : une telle structure serait soit contradictoire, soit incomplète.

Aujourd'hui, il est hors de doute que le XXᵉ siècle nous a révélé les limitations de la méthode scientifique. Révélation importante que les philosophes n'ont su apprécier que tardivement. Dans la première moitié du XXᵉ siècle, le positivisme fleurissait encore sous la forme radicale de l'empirisme logique, dénommé aussi néopositivisme. Ce n'est que dans les années 1960 que l'on reconnut que l'ancienne et respectable image classique de la science n'était plus acceptable philosophiquement. Non, je ne pense pas aux courants antiscientifiques et anti-intellectuels qui travaillent actuellement contre la science, parfois avec fanatisme, au nom du soi-disant intérêt bien compris de l'humanité. Mais je pense à une philosophie de la science qui reconnaisse la beauté de la science dans son pouvoir de révélation et les possibilités de l'utiliser rationnellement pour le bien de l'humanité, et cela à partir de la reconnaissance adéquate de ses propres possibilités : aussi bien à cause de la clarté et de l'efficacité de la méthode scientifique qu'à cause des limitations qui lui sont inhérentes.

Science et transcendance

La science peut se comparer à un grand cercle. Son domaine intérieur représente la foule des résultats acquis. Ce qui est en dehors du cercle représente les domaines à découvrir. Il faudrait interpréter la circonférence du cercle comme un lieu où se rencontrent ce que l'on sait et ce que l'on ne sait pas, autrement dit la totalité des questions scientifiques et des problèmes non résolus. La science fait des progrès et produit de nouveaux résultats ; cela signifie que le cercle s'élargit. Mais, en même temps que sa circonférence grandit, de nouvelles questions surgissent et une nouvelle problématique se présente. C'est une vérité historique que chaque problème résolu amène de nouvelles questions et génère de nouvelles tâches.

Si l'on comprend par le terme transcendance, selon son étymologie, « ce qui est au-delà », tout ce qui est hors du cercle des résultats scientifiques leur est transcendant. Donc la transcendance permet une graduation. Quelque chose peut transcender la science concrète, toutes les théories connues actuellement, mais aussi quelque chose peut transcender les frontières de la méthode scientifique. Y a-t-il de telles frontières ?

On compte au moins trois domaines de la connaissance qui se dérobent pour toujours à la méthode mathématico-empirique : la problématique de l'existence, les derniers fondements de la rationalité, et la problématique des valeurs et du sens.

Comment justifier et fonder l'existence du monde ? Pourquoi y a-t-il quelque chose plutôt que rien ? Les physiciens optimistes affirment qu'on trouvera une « théorie universelle » dans un avenir pas trop lointain : une telle théorie non seulement expliquerait tout, mais encore serait l'unique théorie universelle. Dans ce sens, tout l'Univers serait explicable, il n'y aurait plus de questions, mais… Mais supposons que nous ayons déjà une telle théorie : la totalité des équations qui, ensemble, décrivent l'Univers (en présentant un modèle, il reste néanmoins un problème à résoudre. Comment passer des équations abstraites au monde réel ?

Qui a rendu possible l'existence même de ce que décrivent les équations ? Qui a « donné le feu vert » aux formules mathématiques ? Sans aucun doute, les sciences étudient le monde de manière rationnelle. La connaissance est rationnelle quand elle est fondée de manière adéquate. Et là se posent deux questions : pourquoi devrions-nous fonder nos convictions de manière rationnelle ? Pour quelle raison la stratégie des fondements rationnels est-elle si efficace dans l'étude du monde ?

Il n'y a pas de réponse rationnelle à la première des deux questions. Essayons de justifier par la raison l'idée que tout doit être fondé sur la raison. Mais notre preuve ne peut pas présupposer ce qu'elle doit prouver. Nous ne pouvons donc pas présupposer que les convictions doivent être fondées sur la raison. Logiquement, nous ne pouvons pas utiliser dans notre preuve des moyens rationnels qui servent à établir une preuve, c'est-à-dire que nous ne pouvons pas établir de preuve.

Il ne nous reste pas d'autre issue que d'accepter que le postulat de s'en tenir aux règles de la rationalité est un choix. Nous avons deux possibilités et nous devons nous décider pour l'une des deux : soit, en faisant de la science, nous nous basons sur la rationalité, soit nous acceptons l'irrationalité. La rationalité est une certaine valeur. Nous le voyons clairement quand nous la comparons à l'irrationalité. Nous jugeons la rationalité comme quelque chose de bon et l'irrationalité comme quelque chose de mauvais. En choisissant la rationalité, nous choisissons le bien, nous avons donc affaire à une décision morale.

L'humanité a pris cette décision lorsqu'elle a commencé à poser les premières questions au monde et qu'elle a cherché des réponses rationnelles à ces questions. Toute l'histoire ultérieure de la science n'a été qu'une répétition de cette décision.

Et maintenant la deuxième question : pourquoi le fondement rationnel a-t-il été si efficace dans l'étude du monde ? À cette question, on peut risquer la réponse suivante : parce que notre étude du monde amène des résultats si sensationnels, notre décision de s'orienter d'après les lois de la rationalité doit bien correspondre dans un certain sens à la structure du monde. Le monde n'est pas un chaos irrationnel, mais bien une rationalité ordonnée. Autrement dit : la méthode rationnelle d'étude du monde est efficace parce que celui-ci est plein de sens. Cependant, il ne faut pas comprendre ce sens comme anthropomorphe, comme quelque chose de lié à la conscience humaine, mais bien comme la qualité du monde grâce à laquelle elle révèle sa structure rationnelle – à condition que soient utilisés des moyens de recherche rationnels.

Encore la question de Schrödinger

Je pense qu'il serait important, après toutes ces considérations, de revenir à la question de Schrödinger. Qu'apporte à la religion la science contemporaine ? Je suis d'avis qu'elle nous rend, plus fortement que jamais, sensibles au mystère. Dans les sciences, nous rencontrons le mystère à chaque pas. Seuls les non-scientifiques et les mauvais scientifiques ont l'impression qu'en sciences tout est d'une clarté évidente. Un bon scientifique sait qu'il avance sur une arête entre ce qui a déjà été étudié et ce qui n'est que pressenti par un nouveau questionnement. Il sait aussi que ces questions nous ouvrent à des mondes qui dépassent de loin notre capacité de compréhension, entraînée à étudier les seuls fragments que nous venons d'arracher aux mystères du monde.

Imaginons-nous un homme de science éminent du XIXᵉ siècle, par exemple Maxwell ou Boltzmann, et supposons que, par un miracle quelconque, son collègue (ou un simple étudiant en physique) cent ans plus jeune recule le temps et parle à cet homme de science des lois, aujourd'hui bien connues et imprimées dans les manuels scolaires, de la théorie de la relativité générale et de la mécanique quantique. Maxwell et Boltzmann le prendraient pour un fou et ne prêteraient pas l'oreille à ses élucubrations. J'en tire la question suivante : comment réagirions-nous si un physicien du XXIᵉ siècle venait nous parler de ce qu'il a appris à l'université ? Seul un scientifique à courte vue contesterait qu'il est entouré de mystère de tous côtés.

En disant cela, je pense à des mystères au sens relatif, à des mystères qui aujourd'hui dépassent notre entendement, mais qui peuvent demain être considérés comme des vérités bien étudiées. Cependant, de tels mystères n'annoncent-ils pas un mystère plus grand ? Est-ce que ce qui dépasse (transcende) les frontières actuelles de la science ne pointe pas vers la transcendance dans le sens plein du mot, c'est-à-dire vers ce qui dépasse toute possibilité de la méthode scientifique ?

C'est intentionnellement que j'ai exprimé ma pensée sous forme de questions. Des phrases affirmatives sont souvent trop raides et trop pauvres pour exprimer une idée ; de telles phrases affirment ce que leurs mots et les liens entre les mots signifient, mais taisent ce qui est en dehors. Restons-en donc aux questions qui nous relèguent, par leurs points d'interrogation, derrière les limitations grammaticales :

— Les conquêtes inouïes de la science qui révolutionnent nos représentations de la réalité (le temps inversé, l'espace déformé, les particules qui perdent leur individualité mais sont en communication sans l'aide du temps ou de l'espace) ne constituent-elles pas un signe suffisamment clair de ce que la réalité ne s'épuise pas à ce que nous pouvons voir, toucher, mesurer et peser ?

— Le fait que le monde n'est pas seulement un concept abstrait, un modèle indescriptible, une équation non résolue, mais au contraire quelque chose qu'on peut mesurer, peser, toucher et éprouver, n'indique-t-il pas la source originelle de l'Être ?

— Le fait que le monde se laisse néanmoins saisir en formules abstraites et en équations ne suggère-t-il pas que l'abstraction, c'est-à-dire la pensée, est plus originelle que le concret, c'est-à-dire la matière ?

— La rationalité du monde, qui présuppose, mais ne peut expliquer, toute recherche scientifique, n'est-elle pas le reflet d'un plan rationnel qui se cache dans chaque question scientifique posée au monde ?

— La décision morale de s'orienter en science d'après les lois de la rationalité n'est-elle pas un signe du bien qui se trouve à l'arrière-plan des décisions correctes ?

Ces questions ne sont pas des questions de « derrière les frontières » éloignées de notre réalité tangible. Le concret de l'Être, la rationalité des lois de la nature, le sens à donner, que nous touchons dans nos décisions, sont présents dans chaque atome, dans chaque quantum d'énergie, dans chaque cellule vivante, dans chaque tissu de notre cerveau.

Il est vrai que le mystère ne se trouve pas dans les assertions de la science mais dans leur horizon. Cependant l'horizon pénètre toute chose.

Postface

Même les plus réfractaires à la teneur de ce livre devront reconnaître que nous vivons une époque passionnante pour déchiffrer et réfléchir aux implications des sciences. Seules quelques périodes de l'histoire des sciences – la Renaissance et la naissance de la science moderne, les débats qui ne se sont pas fait attendre face aux théories de Galilée et Newton, les vives réactions provoquées par les idées de Darwin et les premiers débats face à la théorie de la relativité et la mécanique quantique – ont ainsi représenté des brèches ouvertes permettant de connecter la science et/à la transcendance. Et *aucun* autre moment de l'histoire de la science moderne n'a vu autant de débats distincts converger sur quelques questions primordiales : le monde étudié par la science est-il l'unique réalité ou indique-t-il l'existence d'une réalité plus profonde ? La nature est-elle un processus aléatoire et fortuit ou un projet doté d'un objectif ? L'homme peut-il être entièrement compris en termes de sciences naturelles ou existe-t-il une dimension transcendant l'existence humaine ?

I

Il était tout à fait impossible d'imaginer que la période durant laquelle ont eu lieu les percées les plus spectaculaires

321

de l'histoire de la science mettrait également en lumière les limitations les plus importantes en termes de connaissance scientifique. N'est-il pas ironique que l'équation la mieux vérifiée concernant le mouvement des particules dans l'histoire de la physique – l'équation d'onde de Schrödinger – soit connectée à une limite inhérente à la connaissance du monde quantique ? Et ne fut-il pas surprenant d'apprendre, alors même que nous achevions la configuration du génome humain dans « le projet de Génome humain », que le rêve du réductionnisme génétique était impossible parce qu'il y a trop peu de gènes (seulement environ 30 000) pour coder presque tous les comportements humains ? Il est remarquable que l'homme ait pu obtenir de si bonnes raisons scientifiques de savoir qu'il y a des choses qu'il ne connaîtra jamais : l'emplacement et le mouvement d'une particule subatomique en un temps donné ; les états futurs d'un système « chaotique » – étant donné que son état présent ne peut jamais être mesuré avec exactitude – ou l'état de l'Univers à l'extérieur de notre « cône de lumière » ou avant le big-bang.

Cependant, aucune de ces limitations, ainsi que les très nombreuses autres décrites dans les chapitres précédents, ne montre ou n'implique que le projet de la science ait lui-même failli. Si les limites humilient notre désir de connaissance totale, elles ne sont pas des blessures mortelles dans la recherche humaine vouée à connaître notre monde par l'intermédiaire de moyens scientifiques. Bien sûr, un résultat différent eût été possible. Nous aurions pu apprendre que le projet scientifique est fondamentalement biaisé, que la recherche d'explications scientifiques est absurde parce que, par exemple, la nature n'est pas régie par des lois ou parce que tous les systèmes sont aussi imprévisibles que les systèmes chaotiques. Mais cela n'a pas eu lieu. En effet, le fait que la science soit suffisamment puissante pour démontrer ses propres limitations est un bon rappel de la source effective de savoir qu'elle représente. Néanmoins, il s'est avéré que la science, aide puissante à la connaissance humaine, n'était pas toute-puissante. Nous savons maintenant que, si la science peut mettre en lumière une partie de l'histoire, elle ne peut pas pour autant expliquer l'histoire entière.

Un exemple intéressant de ce nouveau « oui et non » apposé à la science est la discussion sur l'émergence dans le monde naturel[1]. Les scientifiques ont récemment commencé à comprendre la façon dont de nouveaux niveaux d'organisation apparaissent, alors que la complexité de la nature augmente : le biologique à partir des éléments chimiques, le psychologique à partir du neurophysiologique (voir le traitement très utile des différents niveaux de réalité dans la contribution de Thierry Magnin et la discussion sur l'apparition de l'Univers par Khalil Chamcham). Le biophysicien H. Morowitz a même identifié 28 niveaux distincts d'« apparitions » dans l'histoire naturelle. D'une part, les nouveaux phénomènes apparaissant durant l'évolution restent dépendants des niveaux précédents du processus et ainsi des lois biologiques, chimiques et physiques qui gouvernent ces niveaux. La conscience ne peut être entièrement comprise, par exemple, sans que l'on comprenne préalablement la nature du cerveau humain et l'histoire de son évolution ; la même chose vaut pour tous les autres phénomènes émergents ayant cours dans le cosmos. D'autre part, les phénomènes nouvellement émergents ne peuvent être entièrement compris *via* les termes inhérents aux lois prévalant dans les niveaux inférieurs desquelles ils restent dépendants. Le processus d'évolution produit en effet continuellement de nouvelles sortes de systèmes, avec de nouveaux types d'entités et de processus causals. Ainsi, obtenir une pleine compréhension des nouveaux niveaux nécessite *qu'ils soient explicités dans des termes propres aux phénomènes émergents eux-mêmes*. La nouvelle théorie nous apprend que les phénomènes émergents sont irréductibles en ce qui concerne leurs causes, leurs explications et leur vraie nature en tant qu'objets ou processus. Ce qui est vrai pour des phénomènes émergents l'est également pour comprendre la directionnalité du processus lui-même : aucune explication à un niveau « inférieur » ne peut expliquer la raison pour laquelle le processus produirait finalement les phénomènes d'ordre supérieur qu'il a produits. Expliquer le processus dans sa totalité exige une perspective théorique assez large pour englober le point « le plus haut » atteint par le processus jusque-là. En effet, puisque le processus d'évolution continue, nous supposons qu'un point de vue supérieur à tous ceux que la nature a atteints à ce jour, est nécessaire. (C'était également la position défendue par Teilhard de Chardin[2]. Cependant, on peut accepter la théorie de l'émergence sans revendiquer pour autant le degré de connaissance dont sera auréolé l'avenir que Chardin a, lui, revendiqué.)

Chacun des auteurs de ce livre répond d'une façon différente à la nouvelle preuve qui révèle les limitations de la connaissance scientifique. Parmi eux, on peut distinguer trois groupes. Le premier attribue clairement des positions religieuses à la nature de « l'autre réalité » qui transcende la réalité scientifique et, à partir de cette perspective, est capable de parler de ce que la science sait, de ce qu'elle ne pourra jamais connaître et de ce à quoi une « autre sorte de savoir » pourrait ressembler. Les auteurs du second groupe, plus prudents, affirment également que la science ne peut expliquer toutes les parties de notre expérience. Mais leurs arguments sont plus analogues à la *via negativa* classique, dans la mesure où ils évoquent une « réalité plus profonde », une « réalité voilée », qui relativise la réalité connue de la science mais qui, selon eux, ne se donne jamais à connaître.

Un troisième groupe d'auteurs se tient entre les deux précédents, bien que l'on puisse distinguer parmi eux des

différences de position plus marquées. Pour ces scientifiques, la science nous fournit au moins une certaine
connaissance du *Jenseits*, un aperçu de ce qui existe au-
delà. Ils défendent l'idée selon laquelle la science – ou la
science complétée par la philosophie, la moralité ou la
poésie – ne fait pas que révéler ses propres limites ; elle
commence également à indiquer la nature de ce qui existe
au-delà. Certains signes inhérents au monde naturel, que
Peter Berger appelle des « signes de transcendance »,
ouvrent une fenêtre qui nous permet d'apercevoir les horizons d'un autre monde. « De même notre vision aujourd'hui
est une image confuse dans un miroir dépoli ; mais alors,
nous verrons face à face » (1 Co 13, 12), cependant nous
voyons bien *quelque chose* de ce qui existe au-delà. Mais
outre cet accord sur l'idée d'un au-delà, les spéculations
des auteurs de ce groupe diffèrent. Certains d'entre eux
croient en une réalité qui transcende en tout l'ordre naturel, tandis que d'autres discernent un niveau plus profond
qui fonde ou produit tous les faits naturels. Néanmoins, les
penseurs de ce troisième groupe consentent que le monde
naturel, lorsqu'il est scrupuleusement étudié, puisse fournir des signes selon lesquels il y aurait davantage à connaître que ce que les sciences naturelles peuvent nous (en)
révéler. Et c'est la science qui nous donne les premiers
aperçus de ce qu'est ce « quelque chose en plus » et de la
façon dont il peut être connu. Peut-être peut-on y voir
l'esprit de Pascal :

« L'homme n'est qu'un roseau, le plus faible de la nature ;
mais il est un roseau pensant. Il ne faut pas que l'Univers
entier s'arme pour l'écraser : une vapeur, une goutte d'eau,
suffit pour le tuer. Mais quand l'Univers l'écraserait,
l'homme serait encore plus noble que ce qui le tue,
puisqu'il sait qu'il meurt, et l'avantage que l'Univers a sur
lui. L'Univers ne sait rien […]. Ce n'est point de l'espace
que je dois chercher ma dignité, mais c'est du règlement
de ma pensée. Je n'aurai pas d'avantages en possédant des

terres : par l'espace, l'Univers me comprend et m'engloutit comme un point ; par la pensée, je le comprends[3]. »

II

L'homme sage est celui qui sait quelles opinions peuvent être altérées par la force d'un meilleur argument, quels avis pourraient être altérés mais ne le seront pas, et quelles opinions vont totalement au-delà des questions d'argumentation elles-mêmes. Bernard d'Espagnat affirme que le choix entre les deux théories principales sur la réalité qu'il nous présente appartient à la dernière de ces catégories. Je suggère qu'il existe une autre distinction entre les opinions des auteurs de ce livre, qui est également fondamentale, et qui peut *précéder* le débat rationnel plutôt qu'y répondre.

On peut détecter de la prudence ou du scepticisme dans les écrits de certains auteurs vis-à-vis de la science et de ce qui existe au-delà d'elle, et une certaine hardiesse dans la réponse que d'autres lui apportent. Les deux groupes sont représentés dans ce livre et le lecteur n'a certes pas besoin d'une postface pour les distinguer (en effet, il semblerait que les préface et postface de ce manuscrit ont été divisées entre auteurs des deux types !). Force est de constater qu'au cours de l'histoire, ce sont généralement les penseurs audacieux qui ont permis le développement de nouveaux paradigmes de pensée. Ces penseurs perçoivent les implications expérimentales de leur domaine d'étude plus rapidement que d'autres et poursuivent ces implications à l'extérieur dudit domaine, dans l'enceinte d'un nouveau territoire inexploré. Les auteurs audacieux valident plus rapidement « d'autres sortes de savoirs ». Ils recherchent des « connexions plausibles » et une « grande cohérence », et sont davantage enclins à insister sur une idée : comment saurons-nous si le nouveau paradigme est plausible si nous ne l'explorons pas préalablement ? À l'opposé, le penseur prudent ou sceptique est un expert en matière de suspension de croyance, d'agnosticisme équilibré, ou d'*epoché* de Husserl. Peut-être ses yeux sont-ils également entraînés à observer les possibles implications de la connaissance en science et à percevoir les limites de la science ? Néanmoins, il croit qu'il est plus sage de décrire plusieurs connexions ou implications possibles plutôt que de sélectionner et déclarer vraie une théorie portant sur la réalité ultime.

Comme je l'ai dit, les deux types de penseurs sont représentés dans ce livre. Les auteurs audacieux voient dans le monde ordonné de la physique un signe qu'un Créateur l'a ordonné ; dans les larges modèles de développement biologique, ils perçoivent l'indice d'un but inhérent à la nature ; et à travers la conscience, ils voient la preuve que l'homme ne sera compris que lorsque nous inclurons une dimension spirituelle à nos explications. Le penseur prudent ou sceptique encourage, lui, ses lecteurs à prêter attention à toutes les possibilités, à garder l'esprit ouvert, à se demander si le monde ne pourrait pas être largement plus complexe, élusif et mystérieux que nous ne l'avons supposé. Mais là où le penseur hardi voit des preuves, ou tout du moins une preuve d'ordre scientifique, le penseur prudent ne voit rien de plus que des terrains de spéculations. Là où le penseur hardi découvre un nouveau paradigme métaphysique, le penseur sceptique trouve des raisons de reconnaître des limitations dans des paradigmes existants. Là où le penseur hardi est cataphatique, le penseur prudent est apophatique.

On retrouve exactement cette même distinction dans les styles utilisés par les différents auteurs lorsqu'ils abordent la question des limitations du naturalisme. Tous les auteurs de ce livre semblent rejeter le matérialisme au sens traditionnel du terme, sens qui a prévalu dans les cercles scientifiques durant de nombreuses décennies, sinon durant des siècles. Tous ces penseurs affirment qu'il semble y avoir plus dans la réalité que ce que les sciences naturelles n'en ont présenté et sont capables d'en présenter. Mais, au-delà de ce point, leurs réponses varient. Certains des auteurs soutiennent que la science nous a présenté des raisons conclusives de reconnaître la fausseté des suppositions naturalistes. Les penseurs prudents concluent seulement que la supposition de naturalisme est toujours et encore hypothétique ou « méthodologique » puisque, bien que le naturalisme scientifique soit notre meilleur moyen d'atteindre la connaissance rigoureuse, il ne peut comprendre tout ce qui constitue la réalité. La réalité est plus vaste qu'un naturalisme étroit, bien que nous ne puissions avoir les facultés épistémiques pour le comprendre dans toute sa splendeur. Pour les penseurs audacieux, cette réticence est inutilement prudente. « Vous avez devant vous de bonnes raisons de concevoir la réalité selon un nouveau paradigme, répondent-ils, et pourtant, tout ce dont vous allez parler est de *ce que nous ne connaissons pas*. Mais c'est une erreur, ne pas connaître quelque chose scientifiquement ne prouve pas qu'*elle ne peut pas* être connue. » Et ils pourraient être tentés d'ajouter, citant Pascal : « Le cœur a ses raisons, que la raison ne connaît point. »

L'homme sage sait quels désaccords sont fondamentaux – ou d'ordre « personnel », comme l'écrit Bernard d'Espagnat – et je suppose que la différence entre ces deux positions en fait partie. Chaque lecteur se découvrira plus d'affinités avec l'un ou l'autre des deux groupes, et aucun argument n'est à même de le faire changer d'opinion et de groupe. Ce qui, pour une personne, est la preuve que le monde naturel entier est entouré, enveloppé ou révélatoire du divin n'est, pour une autre personne, qu'une simple évidence « qu'il y a plus dans le ciel et sur la terre que vos théories n'en contiendront jamais ». Le fait que je ne sois pas dérangé par ce désaccord – bien que l'ambiguïté n'en soit jamais résolue – détermine peut-être auquel des deux camps je me relie. Il me semble que les deux camps représentés dans ce livre sont finalement des alliés dans leur opposition à toutes les revendications de suffisance de la raison scientifique en tant que moyen de pourvoir à la connaissance dont les humains ont besoin et qu'ils désirent. Ainsi, dans cette perspective, les auteurs de ce livre parlent-ils tous d'une même voix.

Ce qui est vrai concernant la question du naturalisme l'est également concernant celle du sens. Après avoir lu ce livre, même le lecteur prudent doit en conclure que la recherche humaine de sens transcende n'importe laquelle des réponses que les sciences naturelles peuvent fournir. Et cela parce que c'est dans la nature essentielle de la conscience d'être systématiquement *« darüber hinaus »*, c'est-à-dire de poser la question du « pourquoi » face à n'importe quelle déclaration de fait.

Sans parler de l'aspect métaphysique de la pensée humaine en tant que phénomène, elle est caractérisée par la dénomination « tiers [*thirdness*] » (C. S. Peirce), par la faculté de « synthèse » (Hegel), par l'activité incessante de *noesis* (Husserl). La somme totale de faits scientifiques nous donne la *natura naturata* de Spinoza ; mais elle ne peut jamais nous donner sa *natura naturans*, et encore moins la *nous noetikos*, « pensée se pensant elle-même », dans le sens que lui donne Aristote.

Cependant, nous n'aurons attribué un sens au monde que lorsque nous en serons arrivés à comprendre non seulement la totalité des faits qui le constituent, mais également le besoin que nous avons de lui donner du sens. Et ce n'est pas une mince tâche. Comme les grands philosophes existentialistes français l'ont montré, la quête de sens n'est rien moins que la tentative de compréhension de la nature de l'être humain, être humain qui pose cette question. Si la quête de sens n'était pas essentielle à l'existence de l'homme, il l'abandonnerait. Mais l'expérience a démontré que l'homme en était incapable. Ainsi, si la recherche de sens est fondamentale à l'essence de notre être, cela implique qu'elle ne peut être réduite à une explication quelconque de niveau inférieur, car la réduire reviendrait à éliminer la question.

C'est peut-être qu'il existe une réponse à la recherche humaine de sens, un Être ou un monde qui seraient la réponse aux questions vitales les plus profondes. Nombre des auteurs de ce livre ont présenté cette croyance d'une belle façon et je ne peux donner de raisons plus fortes à cette croyance que celles qu'ils en ont déjà fournies. Je souhaite, au lieu de cela, évoquer un point de vue différent que même des penseurs prudents peuvent accepter. Un monde matérialiste, de hasard et de réduction à des explications d'ordre physique, ne peut jamais répondre à la question du sens car il manque de ressources, même pour formuler la question. Ce n'est que lorsque nous renonçons au réductionnisme, comme les résultats fournis par la science suggèrent que nous le fassions, ce n'est qu'à ce moment-là que nous pouvons commencer à poser la question du sens et évoquer ses réponses possibles. Finalement – et il s'agit peut-être du point principal –, renoncer aux philosophies du matérialisme et du hasard est *déjà* avoir découvert la première partie de la réponse. Pour certains lecteurs, ce pas en avant représentera trop peu. Mais ce n'est *pas rien*.

III

La stratégie que nous avons appliquée au naturalisme et à la question du sens va tout d'abord paraître insuffisante pour aborder la question religieuse ou spirituelle. Après tout, la religion ne requiert-elle pas la connaissance d'une source surnaturelle, d'un but cosmique ou d'un être transcendantal ? Néanmoins, la stratégie reste valable et donc utile pour cette question. Dans la discussion sur les sciences, il peut y avoir de la place tout autant pour une croyance religieuse hardie que pour une religiosité plus prudente.

Pour de nombreuses personnes, la religion n'a de valeur que si elle offre une connaissance solide de l'origine de l'Univers et de la façon dont il va s'éteindre, sur l'objectif de notre vie sur Terre et sur la nature de la vie éternelle. Mais il y a aussi des dangers à prétendre en savoir trop. Nous percevons ces dangers à travers les formes de violence que le fondamentalisme religieux revêt parfois. Mais les manifestations moins extrêmes de prétention à en savoir trop sont également dangereuses, comme on peut l'observer à travers la politique menée actuellement par le gouvernement des États-Unis. Les revendications religieuses excessivement simplistes qui semblent prédominer dans la religion populaire aux États-Unis inspirent aujourd'hui la politique internationale du pays et suscitent une attitude belliqueuse tout particulièrement envers le monde islamique. Les Américains (et d'autres) doivent apprendre à faire preuve de moins de hardiesse et d'une plus grande prudence en matière de questions religieuses. Après tout, si les humains sont l'organisme le plus complexe que nous connaissions, et si la dimension religieuse de l'humanité est connectée avec nos comportements personnels et culturels les plus complexes, la religion ne doit-elle pas faire partie des expressions de l'esprit humain les plus subtiles, complètes et ambiguës ? Peut-être les revendications dogmatiques, la méfiance envers la science et l'intolérance envers d'autres traditions religieuses que l'on retrouve un peu dans la religion populaire sont-elles *plus* éloignées de la vraie impulsion religieuse que ne l'est la prudence de ceux qui écoutent et scrutent scrupuleusement les méthodes et les résultats scientifiques.

Ces considérations évoquent la possibilité de réaliser une synthèse vitale réunissant la recherche scientifique et la recherche religieuse ou spirituelle. Je suggère qu'il s'agit là de l'éventualité intrigante la plus fortement soutenue par ce livre. Même le scientifique le plus prudent doit reconnaître qu'il existe des limites inhérentes à ce que l'on peut connaître à travers la méthode scientifique. En même temps, comme tant d'auteurs de ce livre l'ont affirmé, il existe des signes permettant de penser que le monde phénoménal étudié par la science est la manifestation d'une certaine sorte de réalité plus profonde. Peut-être l'homme ne peut-il appréhender cette autre réalité qu'à travers l'intuition, la spéculation ou « un acte de foi » (Kierkegaard), ou peut-être l'homme possède-t-il également les facultés épistémiques permettant la connaissance réelle d'un univers nouménal ? Je dois laisser ici cette question ouverte. Il est néanmoins important de reconnaître que ce livre propose non un, mais deux différents « nouveaux paradigmes » pour répondre à cette question. Le premier paradigme en découvre la preuve *via* les sciences – autant à travers ce que les auteurs peuvent connaître grâce aux sciences qu'à travers ce qu'ils ne peuvent pas connaître – qui indiquent l'existence d'un autre monde et d'une autre sorte de connaissance ; et ce paradigme décrit les moyens – qu'il s'agisse de la foi, de l'intuition ou du sens de l'obligation morale – de poursuivre cette connaissance.

Mais ce livre offre également un second paradigme. Il s'agit du paradigme pour un type de religiosité qui correspond à la prudence de l'état d'esprit et de la méthode scientifique. Ce paradigme doit, bien entendu, intégrer également une dimension spéculative, étant donné qu'aucune religion n'est uniquement basée sur des algorithmes, des déductions logiques et des inférences scientifiques. Néanmoins, ce second paradigme cherche a parcourir la voie religieuse muni d'une sorte d'incertitude dévote, d'agnosticisme saint et d'ignorance mystique. Le « scientifique religieux » reconnaît que les lignes de l'implication se déploient en dehors de ce que la science connaît (et de ce que nous ne pouvons connaître) en direction du divin. Cependant, selon ces mêmes personnes, ces lignes spéculatives disparaissent finalement dans les nuages qui obscurcissent les hauteurs ontologiques, tout comme le téléphérique de l'Aiguille du Midi disparaît dans les nuages gris les jours d'hiver. Bien entendu, si alors quelqu'un tournait le dos à la montagne ou restait en sécurité sur le sol en bas, sa réponse ne serait pas d'ordre religieux. Mais certaines personnes, alors qu'elles commencent la montée, évoquent les montagnes qui les dépassent avec un langage mystique et apophatique, incertaines de ce qui réside au-dessus, mais certaines que c'est grand et toujours plus grand que ce qu'elles peuvent comprendre.

À une certaine époque, la science fut célèbre pour les portes qu'elle avait fermées, les univers qu'elle avait supprimés, les revendications religieuses qu'elle avait réfutées. Ce livre a permis de dissiper le mythe de la science en tant que Grand Auteur de la Défaite de toutes les choses mystiques. Aujourd'hui, au lieu de cela, nous rencontrons une science qui ouvre des fenêtres sur une réalité riche et mystérieuse. Peut-être ne sommes-nous pas d'accord sur la quantité perceptible de cette réalité et sur celle qui sera toujours obscurcie par les brumes de l'ignorance humaine. Mais nous sommes tous d'accord avec l'idée selon laquelle la science ne supprime pas la recherche humaine de sens. Nous convenons également de la grande importance du nouveau rapprochement entre la science, d'une part, et les questions ontologiques et axiologiques, d'autre part. La recherche humaine de sens ne peut être poursuivie indépendamment des sciences d'aujourd'hui, bien que la science ne pourra jamais fournir à elle seule la réponse.

Philip CLAYTON

Références bibliographiques

« UNE RÉOUVERTURE DES CHEMINS DU SENS », PAR BERNARD D'ESPAGNAT

1. B. d'Espagnat, *Traité de physique et de philosophie*, Fayard, 2002 – *cf.* M. Bitbol, *Physique et philosophie de l'esprit*, Flammarion, 2000.

2. R. Weber, *Dialogues with Scientists and Sages*, London, Routledge and Kegan Paul, 1986, p. 95.

3. A. Einstein, *Mein Weltbild*, Amsterdam, 1934 ; trad. fr. : *Comment je vois le monde*, Flammarion, 1934.

« LES MYSTÈRES DE LA VIE : Y A-T-IL "QUELQUE CHOSE D'AUTRE" ? », PAR CHRISTIAN DE DUVE

1. C. de Duve, *Vital Dust. Life as a Cosmic Imperative*, New York, BasicBooks, 1995 ; trad. fr. : *Poussière de Vie*, Fayard, coll. « Le temps des sciences », 1996 – « Constraints on the origin and evolution of life », *Proc. Amer. Philos. Soc.* 142 : 525-32, 1998.

2. C. de Duve, *Life's Messages. Knowledge, Belief, and Ultimate Reality*, Oxford University Press, 2002 ; trad. fr. : *Les Messages du Vivant*, Odile Jacob, 2003.

3. A. I. Oparin, *The Origin of Life on the Earth*, 3rd ed, New York, Academic Press, 1957 (first published in Russian in 1924).

4. P. Davies, *The Fifth Miracle. The Search for the Origin of Life*, London, Allen Lane, The Penguin Press, 1998.

5. M. J. Behe, *Darwin's Black Box. The Biochemical Challenge to Evolution*, New York, The Free Press, 1996.

6. S. B. Prusiner, « Prions », in *Les Prix Nobel 1997*, Stockholm, Norstedt Tryckeri, 1998, p. 268-323.

7. M. Eigen et P. Schuster, « The hypercycle : a principle of self-organization. Part A : Emergence of the Hypercycle », *Naturwissenschaften* 64 : 541-65, 1977.

8. W. A. Dembski, *The Design Inference : Eliminating Chance through Small Probabilities*, Cambridge University Press, 1998.

9. L. Margulis et D. Sagan, *What is Life ?*, New York, Simon & Schuster, 1995.

10. S. A. Kauffman, *The Origins of Order*, Oxford University Press, 1993. – *At Home in the Universe*, Oxford University Press, 1995.

11. P. Davies, *The Mind of God*, New York, Simon & Schuster, 1992 ; trad. fr. : *L'Esprit de Dieu*, Le Rocher, 1995.

12. P. Davies, *The Fifth Miracle. The Search for Origin of Life*, London, Allen Lane, The Penguin Press, 1998.

13. M. J. Denton, *Nature's Destiny. How the Laws of Biology Reveal Purpose in the Universe*, New York, The Free Press, 1998 ; trad. fr. : *La Vie a-t-elle un sens ?*, Fayard, 1997.

14. W. J. Gehring, *Master Control Genes in Development and Evolution. The Homeobox Story*, New Haven, Yale University Press, 1998.

15. J. Monod, *Hasard et Nécessité*, Seuil, 1970.

16. P. W. Atkins, *The Creation*, Oxford and New York, Freeman & Co., 1981.

17. M. Rees, *Before the Beginning*, Reading, MA, Perseus Books, 1997.

18. L. Smolin, *The Life of the Cosmos*, Oxford University Press, 1997.

19. C. de Duve, *Life's Messages. Knowledge, Belief, and Ultimate Reality, op. cit.* ; trad. fr. : *Les Messages du Vivant, op. cit.*

20. S. J. Gould, *Wonderful Life*, New York, Norton, 1989 ; trad. fr. *La Vie est belle*, Seuil, 1991.

« ESSENCE ET CONTINUITÉ DE LA VIE DANS LA SOCIÉTÉ AFRICAINE : SA NATURE ÉVOLUTIVE », PAR THOMAS ODHIAMBO

1. M. Angelou, *Even the stars look lonesome* (« Même les étoiles semblent isolées »), New York, Bantam Books, 1997, p. 15-16.

2. *Idem.* p. 16.

3. H. Olela, « The African Foundations of Greek Philosophy » (« Les Fondations africaines de la philosophie grecque »), in *African Philosophy*, ed. E. Chukwudi Eze, Oxford, Blackwell Publishers, 1998, p. 43-49. Olela cite William N. Huggins et John G. Jackson, *Introduction to African Civilization*, New York, Negro University Press, 1969, p. 77 – L. Cottrel, *The Penguin Book of Lost Worlds*, England, Penguin, 1966, p. 24.

4. M. Bernal, « Athéna noire. Les Racines afroasiatiques de la civilisation classique », (« Black Athena. The Afroasiatic Root of Classical Civilization »), vol. I, in *The Fabrication of Ancient Greece 1785-1985*, New Brunswick : Rutgers University Press, 1987, p. 98-99, 106-109. *Ibid.*, p. 49-52.

5. W. Hansberry, *Les Religions indigènes africaines selon des savants noirs-américains* (*Indigenous African Religions in Africa from the Point of View of American Negro Scholars*, ed. J.A. Davis, Paris, Présence africaine, 1958, p. 89.

6. J. S. Mbiti, *African Religions and Philosophy* (« Religions africaines et philosophie »), Oxford, Heinemann Press, 1969, p. 81.

7. W. Hansberry cite David Von Nyendaci in W. Hansberry, *Indigenous African Religions, op. cit.*, p. 85.

8. *Idem.*, p. 89-90.

9. E.B. Idowu, Olodumare, *God in Yoruba Beliefs* (« Dieu dans les croyances des Yorubas »), London, Longman Press, 1962, p. 40-41.

337

10. J. S. Mbiti, *African Religions and Philosophy*, *op. cit.*, p. 31.

11. K. Gyeke, *The Relation of Okra (Soul) and Honam (Body) : An Akan Conception* (« La Relation entre Okra (Esprit) et Honam (Corps) : une conception akan »), in *African Philosophy*, ed. E. Chukwudi Eze, Oxford, Blackwell Publishers, 1998, p. 59-65.

12. P.A. Talbot, *The Peoples of Southern Nigeria* (« Les Peuples du Nigeria du Sud »), London, Oxford University, 1926, p. 93-96.

13. A.B.C. Ocholla-Ayayo, *Traditional Ideology and Ethics among Southern Luo* (« Idéologie et Éthique traditionnelles chez le peuple luo du Sud »), Uppsala, Scandinavian Institute of African Studies, 1976, p.191-200.

14. *Idem.*, p. 172-174.

15. *Idem.*, p. 55-56.

16. C. de Brosses, *Du culte des dieux fichés*, 1760, cité par W. Hansberry, *Indigenous African Religions*, p. 97-98. Ainsi que L. Wilson, *Western Africa : Its History, Condition, and Prospects* (« L'Afrique de l'Ouest : son histoire, sa condition et ses perspectives »), New York, Harper and Bros, 1858, p. 220.

17. O. Oruka et C. Juma, « Ecophilosophical and Parental Earth Ethics. On the complex web of beings (« L'Éthique terrestre éco-philosophique et parentale »), in *Philosophy, Humanity, and Ecology* vol. 1 : *Philosophy of Nature and Environmental Ethics*, ed. H.O. Oruka, Nairobi : Acts Press and The African Academy of Sciences, 1994, 1 15.

18. Ocholla-Ayayo, *op. cit.*, p. 58-60.

« DIALOGUE DES CIVILISATIONS : FAIRE L'HISTOIRE GRÂCE À UNE NOUVELLE VISION DU MONDE », PAR AHMED ZEWAIL

K. Armstrong, *A History of God : The 4000-Year Quest of Judaism, Christianity and Islam* (« Une histoire de Dieu : les 4 000 années de quête du judaïsme, de la chrétienté et de l'islam »), New York, Ballantine Books, 1993.

Z. Brzezinski, *The Grand Chessboard – American Primacy and Its Geostrategic Imperatives* (« Le Grand Échiquier – La primauté américaine et ses impératifs géostratégiques »), New York, Basic Books, 1997.

J. E. Cohen, *How Many People Can the Earth Support ?* (« Combien d'habitants la Terre peut-elle supporter ? »), New York, Norton & Co., 1995.

F. Fukuyama, *The End of History and the Last Man,* (« La Fin de l'histoire et le dernier homme »), New York, Avon Books, 1992.

S. Huntington, *The Clash of Civilizations and the Remaking of World Order* (« Le Clash des civilisations et la nouvelle version de l'ordre du monde »), New York, Simon & Schuster, 1996.

B. Lewis, *What Went Wrong ? Western Impact and Middle Eastern Response* (« Qu'est-ce qui a mal tourné ? L'impact occidental et la réponse du Moyen-Orient »), Oxford, Oxford University Press, 2002.

A. Zewail, *Voyage through Time – Walks of Life to the Nobel Prize* (« Voyage à travers le temps – Chemin de vie jusqu'au prix Nobel »), Le Caire, The American University in Cairo Press, 2002.

« LA PHILOSOPHIE MORALE, LIEU DE DIALOGUE ENTRE SCIENCE ET THÉOLOGIE », PAR THIERRY MAGNIN

1. F. Jacob, J. Monod, *Le Jeu des possibles*, Fayard, 1981.

2. J. Ladrière, J. Beaufret, « L'abîme » in *Savoir, faire, espérer ; les limites de la raison*, Éd. Bruxelles, Pub. Facultés Univ. Saint-Louis, t. 1, 1976, p. 171-191.

3. G. Holton, *L'Imagination scientifique*, Gallimard, 1991.

4. W. Heisenberg, *La Partie et le Tout*, Albin Michel, 1972, p. 144.

5. M. Jammer, *The Philosophy of Quantum Mechanics*, New York, J. Wiley and Son, 1974, p. 54.

6. S. Lupasco, *L'Expérience microphysique et la Pensée humaine*, PUF, 1941 – *L'Homme et ses Trois Éthiques*, Le Rocher, 1986.

7. B. Nicolescu, *Nous, la particule et le monde*, Le Mail, 1985 – *Science, Meaning and Evolution*, Parabola Books, New York, 1991.

8. B. Nicolescu, *La Transdisciplinarité*, Le Rocher, 1996, p. 25.

9. E. Morin, *Science et Conscience*, Fayard, 1982.

10. J. Ladrière, « L'Éthique et la Dynamique de la raison », in *Rue Descartes* n° 7, « Logiques de l'éthique », Albin Michel, 1993.

11. *Idem.*, p. 58.

12. Pascal, *Pensées*, Éd. Brunschvicg, frag. 5-6-7.

13. E. Weil, *La Logique de la philosophie*, Vrin, 1950.

14. Thierry Magnin, *Entre science et religion*, Le Rocher, 1998.

15. G. Marcel, *Positions et approches concrètes du mystère ontologique*, Nauwelaerts et Vrin, 1949 – *Être et Avoir*, Aubier, 1935, p. 183 – *Les Hommes contre l'humain*, La Colombe, 1951, p. 69.

16. B. Nicolescu, *La Transdisciplinarité, op. cit.*, p. 24.

17. Chapitre « L'objet » in E. Weil, *La Logique de la philosophie, op. cit.*

« COSMOLOGIE MODERNE ET QUÊTE DE SENS : UN DIALOGUE SUR LA VOIE DE LA CONNAISSANCE ? », PAR BRUNO GUIDERDONI

1. Coran 55, 29.

2. *Idem.* 3, 190-191.

3. *Idem.* 35, 43.

4. *Idem.* 30, 30.

5. *Idem.* 55, 5 ; 6, 96 ; 10, 5 ; 14, 33.

6. E. Grant, *Planets, Stars & Orbs, The Medieval Cosmos, 1200-1687*, (« Planètes, étoiles et orbites »), Cambridge University Press, 1994, p. 433.

7. J. D. Barrow et F. J. Tipler, *The Anthropic Cosmological Principle* (« Le Principe cosmologique anthropique »), Oxford University Press, 1986.

8. Coran, 2, 115.

9. *Idem.* 67, 3.

« FOI ORDINAIRE, SCIENCE ORDINAIRE » PAR WILLIAM D. PHILLIPS

L'affiliation institutionnelle n'est donnée que pour les causes d'identification. Ce travail n'a pas été soutenu ni mené par le NIST ou l'Université de Maryland.

1. W. D. Phillips, « Laser cooling and trapping of neutral atoms », *Rev. Mod. Phys.* **70**, 721-741 (1998).

2. M. H. Anderson, J. R. Ensher, M. R. Matthews, C. E. Wieman, E. A. Cornell, « Observation of bose-Einstein condensation in a dilute atomic vapor below 200 Nanokelvin », *Science* **269**, 198 (1995).

3. Ursula Goodenough, *The Sacred Depths of Nature*, Oxford University Press, Oxford, 1998, p. 13.

4. Freeman Dyson, Acceptance Address upon Receiving the Templeton Prize for Progress in Religion, Washington National Cathedral, Washington DC, May 16, 2000.

5. Howard J. Van Till, *The Fourth Day : What the Bible and the Heavens are telling us about Creation*, William B. Eerdmans Publishing Co., Grand Rapids MI, 1986.

6. *Op. cit.*

POSTFACE, PAR PHILIP CLAYTON

1. P. Clayton, *Mind and Emergence : From Quantum to Consciousness*, Oxford, Oxford University Press, 2004 – P. Davies and P. Clayton, eds., *The Reemergence of Emergence*, Oxford, Oxford University Press, forthcoming 2005 – B. Pullman, ed., *The Emergence of Complexity in Mathematics, Physics, Chemistry, and Biology*, Pontificiae Academiae Scientiarum Scripta Varia, 89, Pontifical Academy of Sciences, 1996 – M. Morowitz, *The Emergence of Everything : How the World Began Complex*, Oxford, Oxford University Press, 2002.

2. P. Teilhard de Chardin, *L'Avenir de l'homme*, *Œuvres*, vol. 5, Seuil, 1959 – *Le Phénomène humain*, Seuil, 1955, 1970.

3. B. Pascal, *Pensées*, éd. Philippe Sellier, Le Mercure de France, 1976 ; n° 231 et 145.

Table

Pour en savoir plus
sur les Presses de la Renaissance
(catalogue complet, auteurs, titres,
extraits de livres, revues de presse,
débats, conférences…),
vous pouvez consulter notre site internet :

www.presses-renaissance.fr

Achevé d'imprimer sur les presses de

BUSSIÈRE

GROUPE CPI

à Saint-Amand-Montrond (Cher)
en avril 2005

Composé par Nord Compo
à Villeneuve-d'Ascq

N° d'édition : 0125. — N° d'impression : 051659/1.
Dépôt légal : avril 2005.

Imprimé en France